한국현대
생활문화사
1950년대

한국현대
생활문화사
1950년대

삐라 줍고 댄스홀 가고

김성보 김종엽 이혜령 허은 홍석률 기획 | **김학재 외** 지음

창비

역사는 인간이 만들어나간다

극단의 세기라 불리는 지난 세기 동안 한반도만큼 그 극단을 격렬하게 체험한 지역도 드물다. 20세기가 파시즘, 자본주의, 공산주의 이념이 경합한 시대였다고 한다면 한반도는 20세기에 이 모든 것을 경험했다. 20세기 전반기를 채운 일제 강점기에 식민지 조선인들은 일제 파시즘의 지배를 뼈저리게 경험했다. 후반기인 제2차 세계대전 종전 후에는 동족상잔의 전쟁을 거치며 고착된 체제 대립을 받아들여야 했으며, 내적으로는 파시즘적 정권의 독재를 장기간 감내해야 했다. 그리고 오늘날의 한반도는 여전히 냉전시대가 남긴 분단의 굴레에서 벗어나지 못하고 있다.

20세기를 총력전의 시대라 부른다면 한반도는 전쟁의 영향을 지속적으로 받고 또한 강도 높게 경험한 대표적인 지역이라 할 수 있다. 일제 강점기 한반도가 양차 세계대전의 전쟁터가 되는 것은 다행히 모면했다 하더라도, 수많은 청년과 여성들이 강제로 징병·징용되어 전쟁터로 내몰렸다. 해방 이후 3년간의 잔혹한 전쟁, 여기에 베트남전 참전까지 더한다면 대한민국 수립 이후 한국현대사는 '전쟁을 끌어안은 역사'라 해도 과언이 아니다.

현재 우리의 모습은 극단의 20세기 한반도에 거주한 사람들이 마을 주민에서 대도시민까지 다양한 층위의 지역사회 공동체 구성원으로서, 농민·노동자·자본가 같은 계급적 존재로서, 가정주부·학생·회사원·군인 같은 사회적 직분의 존재로서, 그리고 국민국가의 국민으로서 삶을 영위하며 각각의 정체성을 형성해간 결과물이다. 제국과 국가, 거대 자본이 강요하는 인간형과 이를 위한 제도와 장치, 담론이 체계적으로 작동하는 현실에서 한국인들은 순응, 일탈, 저항 등을 거듭하며 국민, 노동자, 여성, 학생 등 다양한 주체에 새로운 정체성을 불어넣었다. 이는 좀더 인간다운 삶을 누리기 위한 수많은 희망과 선택 그리고 다양한 이해와 욕망이 맞물리는 과정이었다. 역사는 늘 우리의 예상을 뛰어넘어 전개되었고, 그 과정에서 거듭되는 광기와 퇴행을 목도하면서도 우리는 희망의 끈을 놓지 않았다. 역사는 인간이 만들어나간다는 자명한 사실을 알기 때문이다.

21세기 한국사회는 냉전·분단시대가 남긴 굴레를 끊어버리고 근본적인 변화를 모색해야 하는 과제에 직면해 있다. 냉전, 전쟁, 분단 그리고 불평등과 부정 속에서 희망을 일구어간 지난 세기 역사에 대한 성찰은 새로운 변화의 출발점을 찾는 작업이다. 여전히 구시대가 남긴 분단의 굴레에서 벗어나지 못하고, 생활문화에 적극 개입해 대중의 행위와 의식을 철저히 통제한 유신체제가 신화화되는 현실을 마주하고 있기에 한국사회의 변화에 대한 갈구가 더욱 큰 것인지도 모른다. 변화가 어느 순간에 어떠한 방식으로 또 올지는 예견할 수 없으나 구시대의 유제를 털어버리기 위한 정치투쟁을 일상의 영역에서부터 벌이며 조그마한 변화를 만들어갈 때 거대한 변화가 이루어진다는 점은 분명하다.

『창작과비평』 창간 50주년을 기념해 내놓는 '한국현대 생활문화사' 시리즈의 기획의도는 다양한 조건과 행위가 맞물리며 역사가 창조되는 공간으로서 생활문화 영역, 일상 생활문화를 통해 시대의 특성을 불어넣는 인간들의 행위, 그리고 그 과정에서 만들어지는 새로운 주체의 등장과 변화를 풍부하게 보여주고자 하는 데 있다. 즉 이 시리즈가 '생활문화사'를 중심으로 한국현대사를 성찰하는 목적은 정치사, 경제사, 외교사, 지성사, 사회사 등과 같은 다른 분야사와 대립각을 세우기 위함이나, 일상사나 신문화사의 중요성을 부각하려는 데 있지 않다.

생활문화사는 국제정치 질서나 자본주의 경제 질서 또는 이데올로기 같은 구조적 요인에 의해 인간 행위와 선택이 규정된다고 보는 관점이나 사건사 중심으로만 역사를 설명하는 방식은 비판하나, 생활문화를 구성하고 변화를 일으키는 정치, 경제, 사회, 문화의 모든 요인들을 주목한다. 또한 생활문화 영역을 정치와 분절된 영역이 아니라 정치적 성격을 강하게 띤 영역으로서 주목한다. 20세기 제국과 국가 그리고 자본은 정치적·경제적 목적으로 대중의 일상생활 영역에 목적의식적으로 개입하고 지배하려 했다. 남과 북은 이념과 체제를 달리했음에도 불구하고 국민/인민을 만들기 위해 대중 계몽과 생활양식 개편에 힘을 쏟았다.

1950년대부터 1980년대까지 10년 단위로 4권의 책으로 펴내는 '한국현대 생활문화사' 시리즈는 3년간의 전쟁, 4·19혁명과 5·16군사쿠데타, 고도경제성장, 유신체제의 압제와 민주화운동 그리고 냉전체제 해체의 격변 속에서 이어져온 주체들의 삶을 다양한 각도에서 조명하고 있다. 한국뿐만 아니라 북한 생활문화의 주요한 변화상도 2~3개의 장들로 비중 있게 다루고 있어 남과 북을 함께 살펴볼 수 있게 했다. 책의 처음과 끝에도 공을 들였다. 각 권은 시대를 개관한 「크게 본 ○○○○년대」로 열고,

동시대 중국과 일본의 상황을 들여다볼 수 있는 「그때 동아시아는?」으로 닫는 형식으로 구성해, 미시적으로 다룬 생활문화사들을 거시적이며 비교사적인 맥락에서 파악하는 데 도움을 주고자 했다.

끝으로 지난 2년여의 시간 동안 생활문화 영역을 통해 한국현대사를 재조명하는 데 힘을 쏟으신 필자 여러분께 진심으로 감사를 드린다. 모쪼록 '한국현대 생활문화사' 시리즈가 한국사회의 현재를 성찰하고 긍정적인 변화를 만들어가는 데 힘을 보태기를 소망한다.

2016년 여름
한국현대 생활문화사 기획위원
김성보 김종엽 이혜령 허은 홍석률

北

일러두기

1. 이 책의 외국 인명과 지명의 표기는 국립국어원 외래어표기법을 따랐다.
2. 몇몇 용어의 경우 역사적 맥락과 시대상황을 고려해 표기했다.
   - 당대의 용어는 가급적 그대로 표기했다. 예) 국민학교
   - 널리 알려져 형태가 굳어진 북한어는 두음법칙을 적용해 표기했다. 예) 조선노동당
   - 남북한 국가명은 한국과 북한으로 표기하되, 역사적 맥락에 따라 구분해 표기했다. 예) 한국과 북한, 남한과 북한, 대한민국과 조선민주주의인민공화국
   - 재난(災難)과 난리(亂離)가 공존한 시대상황을 반영하고, 재난이 난리를 포괄하는 개념으로 파악하는 국립국어원의 해석을 준용해 '재난을 피해 멀리 옮겨간다'는 의미의 '피난'과 '난리를 피해 옮겨간다'는 의미의 '피란'을 구분하지 않고 '피난'으로 표기했다.
3. 단행본과 잡지, 신문 등의 정기간행물은 『 』, 기사, 논문, 영화, 예술작품 등은 「 」, 노래 제목은 ' '로 묶었다.

[크게 본 1950년대]

종결되지 못한 분단과 전쟁, 그리고 난민의 삶

홍석률

1950

톱질전쟁의 깊은 상처,
생활 속의 분단

1945년 제2차 세계대전의 종결로 한국은 일제 식민지배에서 벗어났지만, 동시에 미국과 소련에 의해 분할 점령되었다. 한반도에서는 미국과 소련의 분할 점령이라는 상황 속에서 탈식민을 둘러싼 한국인 내부의 갈등과 미국과 소련의 패권 경쟁이 대단히 직접적으로 결합해, 제반 정치사회적 갈등이 걷잡을 수 없이 증폭되었다. 일부 정치지도자들이 '좌우합작'과 '남북협상' '국제협조'를 내세우며, 이를 통제해보려 했지만, 결국 민족분단을 막아내지 못했다.

한반도의 분단은 해방 직후 조성된 문제의 해결이나 해소가 아니라 그것이 폭발하는 발화점이 되었다. 많은 사람들이 민족 분단이 가시화된 1947년 가을부터 민족 분단이 전쟁을 불러일으킬 가능성을 경고했다. 1950년 6월 25일 소련의 지도자 스탈린Iosif V. Stalin의 승인과 지원을 받은 북한군이 38선을 넘어 전면 공격함으로써 전쟁이 시작되었다. 전쟁은 표면적으로는 남북한 사이에 시작되었지만, 애초부터 국제전으로 비화될 수밖에 없는 역관계가 이미 내재해 있었다. 유엔의 결의에 입각해 미군이 참전하고, 중국도 '중국인민지원군'이라는 명목으로 군대를 보냈다. 전쟁에 가담한 강대국들의 암묵적 합의하에 전장은 한반도 내부로 제한되었지만, 전세계 동서 냉전 진영의 역량이 총동원된 전투가 총력전·사상전·심리전을 동반하며 3년이나 지속되었다.

1953년 7월 휴전협정의 체결로 전투는 중단되었다. 휴전협정의 체결은 한반도를 둘러싼 강대국 사이의 세력 균형이 한반도 분단 상태의 현상 유지 속에서 불완전하게나마 달성된 것을 의미했다. 중국과 소련은 자신의 국경선을 보호해줄 수 있는 한반도 북쪽의 완충지대를, 미국과 일본은 동아시아 자본주의의 견인차 역할을 하게 될 일본을 보호할 한반도 남부의 완충지대를 확보했다. 휴전 이후 한반도의 분단은 점차 고착화되는 길로 접어들었다. 1945년 해방 이후 8년 동안 조성되었던 극히 혼란스러운 상황이 휴전 상태하의 분단 유지로 일단 봉합된 것이다.

한반도의 민중은 자신들이 겪은 전쟁을 '톱질전쟁'이라 불렀다. 톱질을 하듯이 양쪽의 군대가 밀고 당기면서 반복적으로 피해가 발생했기 때문이다. 살아남은 사람들은 자신들의 삶 자체를 톱질한 전쟁의 후유증을 감당해야 했다. 대체로 제2차 세계대전 이후의 전쟁은 국제전과 내전의 구분이 흐릿해지고, 많은 민간인 희생자와 난민難民을 발생시키는 것이 특징이다.[1] 한국전쟁은 이러한 전쟁의 새로운 양상을 정립한 전쟁이었다. 냉전 속의 열전으로 국제전과 내전이 결합된 전쟁이었으며, 남북 모두 합해서 전체 인구의 10퍼센트 정도인 300만 명가량의 민간인이 목숨을 잃었다. 또한 제2차 세계대전 이후의 전쟁은 평화협정으로 말끔히 종결되는 경우가 드물었는데, 한국전쟁도 휴전 상태로 중단된 후 현재까지 평화협정은 물론이고 공식적인 전쟁의 종결 선언도 없는 상태이다.

1950년대 한국의 주요 작가들은 전쟁의 참상과 상처를 다룬 작품을 많이 남겼다. 작가들은 전쟁의 심각한 폭력성과 참상 속에 와해되어가는 주체들의 분열과 혼란을 그려나갔다. 그러나 "사회 현실을 거시적으로 조망할 수 있는 원근법을 확보하지 못했다."는 평가를 받는다. 1950년대의 전쟁문학은 한국전쟁의 역사적 특성과 전쟁을 발생시킨 갈등구조를 드러내지 못하고 전쟁의 일반적인 측면을 언급하는 데 그쳤으며, 이에 "작품에 등장하는 전쟁은 굳이 한국전쟁이 아니어도 상관이 없다."고 할 정도였다. 전쟁의 충격이 너무 커서, 그 기억이 너무 강하고 생생해서 어떤 거리를 유지하거나 분석적 입장을 투여할 여유를 아직 확보하지 못한 것이다.[2]

휴전 이후 한반도 내외의 정세는 남북 분단이 고착화되는 방향으로 가고 있었지만, 1950년대까지만 하더라도 한국인들이 분단 상황을 불가피한 것으로, 완전히 내면적으로 수용한 상태는 아니었다. 분단의 내면화는 이후 장기적인 분단 상태의 현상 유지가 지속되고, 분단 극복의 가능성이 거듭 실패로 돌아가고 좌절됨에 따라 점진적으로 이루어졌다고 보아야 할 것이다.

1959년 주한 미국대사관 직원들이 강원도 지역을 직접 답사하면서 작성한 보고서가 있다. 당시 북한지역에서 넘어온 월남민들은 여전히 다수가 휴전선 근처에서 살고 있었다. 이 보고서는 많은 월남민들이 통일이 되면 고향으로 즉시 돌아갈 생각에 돈을 벌어도 쓰지 않고, 현금을 많이 쌓아두고 있다고 진단한다.[3] 일부 월남민들은 현지인들과 결혼해 남쪽에 정착할 마음을 품기도 했지만, 여전히 많은 사람들이 가까운 미래에 고향으로 돌아갈 희망을 포기하지 못하고 살았던 것이다.

1957년 주한 미공보원이 한국의 농촌 거주자를 대상으로 한 여론조사

결과도 흥미롭다. 이 조사는 "당신이 이 세상을 살아가는 데 있어서 가장 소원하는 바가 무엇이오?"라는 질문을 던졌고, 응답자들은 주관식으로 답변하도록 되어 있었다. 그런데 이 질문에 대해 "민족의 통일"이라는 응답이 16.39퍼센트로 "더 나은 생활 조건(21.69퍼센트)" "자녀들의 고등교육(20.49퍼센트)"과 함께 가장 많이 언급된 세 가지 답변 중 하나였다. 개인적인 소원을 이야기할 때 "민족의 통일"이 "돈과 부(9.01퍼센트)" "경제안정(8.03퍼센트)" "사회정의(3.39퍼센트)"보다 더 중요한 문제로 거론되었다는 것은 지금으로서는 정말 상상하기조차 어렵다. 그런데 이때의 "민족의 통일"이라는 것은 민족적·국가적 과업 같은 차원은 아니었다. 응답자들에게 통일은 "전쟁 걱정에서 벗어나 발 뻗고 편히 잠들 수 있는" "부모형제가 다시 만나는" 생활상의 요구와 밀접한 관련이 있었다.[4] 이때만 하더라도 많은 사람들이 한국이 당면한 경제적 어려움도 분단 때문이라고 생각했다.

오늘날 개인적인 소원을 물었을 때, 통일 같은 것을 이야기할 사람이 얼마나 있을까? 대다수 사람들은 분단을 쉽게 해결할 가능성이 별로 없는 불가피한 상황으로 생각한다. 그러하기에 삶의 구체적인 문제를 생각할 때 비중 있게 고려되어야 할 변수라기보다는, 당연하게 전제된 상수로서 내면화하고 있다. 따라서 당면한 생활상의 문제를 이야기할 때 분단문제와 결부시켜 이야기하는 경우는 드물다. 그러나 1950년대에는 상황이 달랐던 것이다.

1950년대 한반도의 사람들은 정도의 차이는 있지만, 기본적으로 삶의 터전에 뿌리내리지 못한 난민이라 할 수 있었다. 전쟁의 피해와 상처, 전쟁을 유발한 분단의 문제로부터 자유롭거나 무관심할 수 있는 사람은 거의 없었다. 월남민 등 고향을 떠나온 사람만이 아니라 설령 애초 살던 곳에 계속 머물렀던 사람들이라 할지라도 전쟁은 이미 그들이 맺고 있던 제반 사회적 관계, 지역공동체, 문중 등의 친족공동체를 해체시키거나 심각하게 동요하게 만들었다. 전쟁 중 상호 살상은 전선에만 있었던 것이 아니라, 그곳에서 멀리 떨어진 마을에서도 진행되었다. 전쟁으로 인한 엄청난 파괴로 말미암아 사람들의 기본적인 삶의 뿌리가 흔들렸다. 전쟁 직후 1950년대의 사회는 기본적으로 아직 많은 유동성을 내포하고 있는 상태였다고 할 수 있다.

—

분단 상태에 대한
집권세력의 대응

전쟁으로 인한 파괴와 유동성에 좀더 일찍 적응해 방향을 잡은 것은 북쪽이었다. 북한의 지배집단은 휴전을 자신들의 승리라고 선전했다. 전쟁을 자신들이 일으켰던 만큼 분단 상태하의 휴전을 수용하는 것도 남쪽에 비해 용이한 측면이 있었다. 북한은 휴전 직후부터 소련, 중국, 동유럽 등 공산주의 국가의 후원을 얻어 재빨리 전후 복구 작업에 나섰다. 전쟁으로 강화된 국가권력의 힘을 활용해 조기에 농업집단화를 밀어붙이면서 단일한 사회주의 경제체제를 확립했다. 이 무렵 북한은 한국보다 빠른 전후 복구와 경제성장을 보여주었다.

북한은 산업화에 요구되는 효율성 면에서는 우위를 보였지만, 그것은 정치·사회적인 다양성과 역동성을 파괴하거나 포기함으로써 얻어진 것이었다. 북한의 정치집단은 1950년대 중반까지만 해도 나름대로 다양성을 갖고 있었고, 한국전쟁 무렵까지만 해도 개인적인 소유와 경영에 입각한 상공업자들도 활동하고 있었다. 그러나 휴전 무렵부터 한국 좌익세력의 최대 파벌이었던 박헌영을 비롯한 국내파 공산주의자들이 대거 숙청되었다. 1956년 흐루쇼프Nikita S. Khrushchyov의 스탈린 비판에 고무받아 연안파와 소련파 공산주의자들이 김일성과 만주 빨치산 주류 지배집단에 도전했지만 역시 모두 제거되었다. 1950년대 말부터 북한은 김일성과 만주 빨치산 집단의 단일 지도체계가 확립되었고, 여기에 도전할 만한 정치집단은 존재하지 않았다. 경제적으로도 국가 주도의 사회주의 체제로 완전히 단일화되었다. 이러한 단일화는 빠른 전후 복구와 경제성장을 할 수 있는 효율성을 부여했지만, 북한사회의 정치적·경제적 역동성을 손상시켰다.[5] 북한은 짧은 고도성장과 긴 정체 국면을 맞이해야 했고, 국제적 상황에 대응하는 것에서도 탄력성을 잃어 고립되어갔다.

한국은 휴전 속의 분단이라는 상황을 수용하는 데 상대적으로 큰 어려움을 겪었다. 이승만 대통령은 북진통일론을 내세우며, "통일 없는 휴전은 불가능하다."며 휴전에 반대했다. 북진통일론은 1950년대 말에 접어들면서 점차 수그러들었지만, 공식적으로 폐기되지는 않았다. 1950년대 말에도 이승만은 국무회의에서 지금은 북진통일의 "적당한 시기가 아니다."라고 인정했지만, 여전히 "월남, 대만과 우리가 동시에 나아가 강한 힘을 발휘하는 것"에서 통일은 달성될 것이라고 주장했다.[6] 끊임없이 이른바 자유진영의 "반공십자군운동" 운운하며 냉전 국제주의적 논리를 펼쳤던 것이다. 북진통일론은 북한을 적색제국주의소련과 중국의 지배하에 있는 지역으로 규정하고, 북한 동포를 그 지배하에서 해방하자며 나름대로 저항적 민족주의의 논리를 활용하기도 했다. 그러나 기본적으로 자유진영의, 특히 이를 이끄는 미국의 공세적인 대공산권 정책을 촉구하는 데 주력하는 냉전 진영논리에 기초해 있었다.[7] 그 때문에 냉전 진영논리와 구분되는 민족과 국가의 독자적인 이해관계를 강조하는 데에는 원천적으로 한계가 있었다.

한편 휴전 반대, 북진통일론으로 표현되는 극단적 반공주의는 국제여론상으로는 호전적인 논리로 비칠 수밖에 없었다. 양차 세계대전의 참혹한 결과 때문에 20세기 중반 이후에는 전세계적으로 전쟁 자체를 부정적으로 보고, '평화'를 인류의 보편적 가치로 내세우는 경향이 강해졌다. 북진통일론은 이러한 세계사적 흐름에 배치되는 것이었다. 따라서 북진통일론, 롤백roll back론 같은 극단적인 냉전 진영논리는 국제주의적이기는 했지만 국제적 호응과 지지를 얻기 어려운, 심지어 미국의 주류집단으로부터도 위험시될 수밖에 없는 주장이었다. 북진통일론으로 대표되는 이승만 정부의 극단적 반공주의는 민족주의와 자유진영의 국제주의 사이에서 동요하고, 극단적인 배제와 비타협적인 논리만을 내세울 뿐, 국가와 사회가 지향해야 할 어떤 긍정적인 가치를 제시하거나, 사회 발전의 방향을 제시하지는 못하는 것이었다.[8] 이 시기에 주목받은 소설의 제목처럼 '오발탄' 같은 것이었다.

—
전쟁이 조성한 유동성과 역동성

전쟁 후 한국은 미국의 원조를 가상 많이 받는 나라가 되었다. 그러나 원조가 경제 건설의 토대와 방향을 정립해주는 것은 아니었다. 미국의 대대적인 원조로 말미암아 삼백산업 위주로 산업 생산이 증가하고, 1957년 무렵이면 전시 인플레이션도 진정되면서, 전쟁 전의 경제 수준을 일단 회복하기는 했다. 그러나 1958년부터 미국의 원조가 대폭 감소하면서 경제는 다시 어려움에 봉착했다.[9] 사실 한국의 경제 건설 논의는 이러한 상황에서 미국의 원조에 안주하거나 고마워하기보다는 원조정책의 기본적인 한계와 문제점에 대해 비판하고 불평하면서부터 시작되었다. 1950년대 한국의 국제관계와 정치 및 경제 모두 냉전체제의 압도적 규정력 때문에 파괴를 딛고 일어설 새로운 발전의 전망을 뚜렷하게 형성하지 못한 채, 대단히 유동적인 상황에 머물러 있었다. 그러나 한편으로 이러한 유동성은 또한 다양한 가능성의 분출과 경합을 의미하기도 했다.

뚜렷한 방향을 정립하지는 못했지만 다양한 정치·사회집단 및 개인들이 전쟁이 몰고 온 유동성 속에서, 엄청난 욕망과 욕구들을 분출시키며, 새로운 희망과 방향을 찾아나서는 역동성을 1950년대의 한국사회는 또한 보여주었다. 이러한 역동성을 포착하지 못한다면 1960년에 벌어진 4·19혁명 같은 것을 어떻게 설명할 수 있을까?

분단과 냉전 속의 열전을 연달아 겪은 1950년대의 한국인들은 결핍에 시달렸다. 그러나 원조물자와 미군 피엑스PX 등에서 유출된 미제 물건의 범람 속에서 특히 도시의 사람들은 소비에 대한 엄청난 욕망을 보여주었다. 전쟁 개시 초기 며칠간은 북한 공군이 남쪽으로 내려와 폭격을 했지만, 미군이 압도적인 제공권을 장악함에 따라 전쟁 중에 공산군의 비행기들은 유엔군이 통제하는 지역에 얼씬거리지 못했다. 또한 전쟁 초기 전선은 심하게 오르락내리락 톱질을 하며 엄청난 피해를 발생시켰지만, 1951년 여름이면 지금의 휴전선 지역에 고착되었다. 후방지역은 빨치산이 출몰하는 산악 부근이 아니라면 휴전 전에도 전쟁의 포성을 직접적으로 느끼기 어려웠다. 전시 수도 부산에는 댄스홀을 비롯한 각종 유흥업소가 성황을 이뤘다. 전쟁으로 생사가 엇갈리는 순간을 경험한 사람들은 더욱 향락과 쾌락에 집착했다. 사람들은 굶주렸지만, 허시 초콜릿과 코카콜라, 커피 맛을 보았다. 원조로 분유와 밀가루가 대량 유통되면서 사람들의 식생활도 바뀌어갔다. 많은 사람들이 여전히 집에서 한복을 입고, 한옥에 살았지만, 서양식 댄스 파티가 유행하고 그것을 흉내 내려 무척 노력했다. 1950년대에 제작된 영화를 보면 오히려 지금보다도 더 많은 영어 단어를 사용하고 있다는 인상을 받는다.

일반적으로 "한국전쟁은 한국인들로 하여금 명분과 예의를 중시하던 종전의 가치관을 버리고, 생존을 위해 실용적인 것과 물질적인 것을 중시하는 새로운 가치관을 갖게 했다."고 지적된다.[10] 전쟁 이후 한국사회에는 원조경제에 의존하는, 생산이 뒷받침되지 못하는 과도한 대중소비 문화가 형성되었고, 전쟁에 흔들린 영혼들은 향락과 쾌락에 집착하기도 했다. 그러나 전쟁의 폐허 속에서 거침없이 분출된 욕망은 또 한편으로 사람들로 하여금 새로운 경제 건설과 분단 극복의 가능성을 향해 나아가도록 밑바탕에서 작용하는 추동력이기도 했다.

5·16쿠데타를 거치면서 경제 건설의 방향은 외국 자본의 도입과 세계 자본주의 체제로의 능동적인 편입과 적응 속에서 수출 주도의 산업화에 나서는 것으로 귀결되었다. 그러나 이러한 방향 설정은 단선적으로 결정된 것이 아니라 1950년 말과 4·19혁명을 거쳐 분출된 다양한 경제 건설 논의와의 경합 속에서, 다른 가능성들을 희생시킨 결과로서 나타난 것이었다. 이 당시의 경제 건설론은 수출 주도의 산업화론만 있었던 것이 아니라 민족경제의 토대와 자기완결성을 강조하는 내포적 공업화론, 민주사회주의적인 경제 건설, 더 나아가 반제·반봉건·반매판을 추구하는 민족혁명에 입각한 경제 건설론도 제기되었다. 특히 4·19혁명 직후에는 이와 같은 경제 건설을 둘러싼 논쟁은 선건설 후통일론, 중립화통일론, 남북협

상론 등 분단 극복을 위한 통일 논의와도 긴밀한 연관을 맺고 전개되었다.[11] 전후의 분출된 욕망들은 사실상 이처럼 다양한 경제 건설과 분단 극복의 가능성을 둘러싼 논의를 촉발시키고 가능하게 만든, 그 밑바탕에 깔려 있는 추동력이었다.

전쟁은 당시 한국인 절대다수가 살고 있던 농촌의 삶에도 지대한 영향을 미쳤다. 전쟁 중에 농지개혁이 단행되기는 했지만, 전쟁동원과 잉여농산물 원조 등으로 인해 농민들의 삶은 피폐해졌다. 전쟁으로 인해 인구 이동이 있었고, 민간인 학살로 인해 농촌의 전통적·공동체적 질서는 뿌리뽑히거나 크게 동요했다. 1894년 갑오개혁으로 공식적으로는 철폐되었지만, 사람들의 실제 생활 면에서는 여전히 잔존해 있던 신분적 관념이 점차 사라져갔고, 농촌을 지배한 지주들도 더이상 계급으로서는 존재하지 못하게 되었다. 많은 사람들이 전란의 와중에 농촌을 떠나 도시로 이주함으로써 과잉 도시화가 진행되었으며, 대가족은 줄어들고 핵가족화가 진행되었다. 1950년대에는 1~2세대로만 구성되는 소가족이 도시에서는 평균 81.9퍼센트에 달했고, 농촌에서는 69.4퍼센트에 달했다.[12]

전통적으로 농촌에 큰 영향력을 미쳤던 문중 등 친족집단의 유대는 약화되었다. 전통적인 공동체가 약화되면서 사람들은 소가족 단위로 흩어졌고, 이러한 가족과 국가를 매개해줄 수 있는 다양한 이익단체, 시민단체 등이 발전하지 못하는 상태에서 가족주의가 유례없이 강화되는 양상을 보였다. 전쟁으로 인해 살던 곳을 떠나온 사람들은 협소한 혈족관계로 맺어진 가족들 이외에 어떤 의지할 곳을 찾기 어려웠다. 가족은 당시 사람들에게 절실한 경제·교육문제를 해결해줄 수 있는 기본 단위이자 거의 유일하게 의존할 수 있는 집단이었다. 과거 유교적 가족주의 사회에서는 가족의 윤리와 유대감이 전사회적으로 유기적으로 연결되고 확산되어 공공윤리를 형성하고 있었다. 하지만 1950년대의 '신가족주의' 사회에서는 이러한 공공윤리와 유기적 연결망이 사라졌고, 고립된 가족은 뿔뿔이 흩어져 생존경쟁을 하는 양상을 보였다.[13] 특히 전쟁으로 인해 계층적으로 하향평준화가 이루어진 상태에서, 파편화된 가족들은 교육을 통해 지위 향상을 도모하는 엄청난 교육열을 보이기도 했다.

한국전쟁 중에 징병제와 짝하여 의무교육제도가 본격적으로 확립되었다. 국가와 국민의 형성이 전쟁의 과정을 통해 이루어지는 것은 예외적이라기보다는 보편적이다. 목숨을 건 적과의 대치 국면에서 국민적 정체성은 개인의 몸과 의식에 스며든다. 징집영장과 군대생활, 의무교육은 국가의 국민 만들기의 가장 기초적인 장치라 할 수 있다. 징병제와 의무교육제를 통해 대한민국은 반공국가의 정체성, 분단 국가주의, 냉전 이데올로기에 규율된 국민들을 만들어냈고, 국가권력은 뿔뿔이 흩어진 가족들을 무매개적으로, 일률적으로 국가로 통합했다. 그러나 이러한 장치들이 꼭 한 방향으로만 사람들을 규율하고 영향을 미친 것은 아니었다.

일제 강점기에 한국인에 대한 일반 징병제와 의무교육제가 동시에 공포된 것처럼, 두 제도는 서로 긴밀한 연관성이 있었다. 개인들을 병사로 동원하려면 최소한 문맹을 벗어나게 만드는 기초교육이 필요한 것이다. 이러한 맥락에서 전쟁과 징병제는 전반적으로 교육을 확산시키고, 문맹률을 획기적으로 낮추는 데 기여할 수 있었다. 한국정부는 정부 수립 직후부터 문맹 퇴치 작업을 벌였는데, 이러한 작업이 교육부·내무부·국방부 3개 부서의 긴밀한 협력 속에서 이루어졌다는 것은 의미심장하다. 근거가 지극히 불명확하지만 해방 직후 문맹률은 80퍼센트에 달했다고 이야기되기도 했는데, 1958년 문교부가 작성한 자료에 의하면 문맹률은 4.1퍼센트에 불과했고, 1959년 신뢰할 만한 표본조사에 입각한 연구에서는 문맹률이 22.1퍼센트로 추산되었다. 정확한 조사가 없어 해방 직후 문맹률을 단정하기 어렵고 1950년대 말의 통계도 편차가 무척 크지만, 아무튼 문맹률이 급속히 감소하는 추세임은 분명했다.[14]

교육의 확대와 문맹률의 감소는 정치·사회적으로도 새로운 국면을 조성할 수밖에 없었다. 아무리 국가 주도의 교육이 이루어지고, 냉전과 분단 속에서 이념적 지형이 대단히 협소해진다 하더라도 교육의 보급과 문자 해독률의 증가는 스스로 사고하고 판단할 수 있는 자각되고, 능동적인 시민이 형성될 가능성을 그만큼 높이는 것이었다. 한편 국가가 의무교육과 징병제를 통해 개인들에게 반공주의를 주입한다 하더라도 냉전 진영논리의 한 귀퉁이에는 전체주의적이고 독재적인 공산주의 대 자유민주주의를 대비시키는 논리가 존재할 수밖에 없었다. 이에 자유민주주의가 무엇인지를 학생들에게 가르쳐야 했는데, 반공주의 및 국가주의와 자유민주주의의 구호는 실질적으로 서로 모순되고 상충하며 괴리되는 측면이 있게 마련이었다. 교육을 받은 학생들은 교과서에서 나온 자유와 민주주의가 왜 현실에서는 존재하지 않는지, 학생들을 북진통일운동 등 각종 관제집회에 동원하는 국가가 과연 자유민주주의적 국가인지 의문을 품지 않을 수 없었다. 특히 유년기에 전쟁을 겪고 전후에 교육을 받은 이른바 '한글세대'의 경우, 분단과 전쟁이라는 비극적 상황을 거듭 겪으며 주눅 들고 패배주의에 빠진 기성세대와는 달리 이러한 부조리한 현실에 대항해 "학원의 자유를 보장하라"는 등의 구호를 외치며 행동을 보여줄 수도 있었던 것이다.

전쟁을 겪은
삶을 기록하다

1950년대는 여전히 지속되고 있는 냉전·분단체제의 기본 틀과 한계를 조성한 시대로서, 오늘날 우리가 주목하고 성찰해야 할 여러 문제들을 던져주고 있다. 이 책에 묶인 글들은 1950년대 전쟁을 겪은 사람들의 삶과 의식을 다양한 차원에서, 또한 그것이 갖는 본질적인 질곡과 그 속에서 교차하는 역동성을 포착하며 보여주고 있다.

김학재의 「자유진영의 최전선에 선 국민」은 한국전쟁 이후 한반도에 드리운 냉전논리와 반공주의를 다루고 있다. 냉전 속에 열전을 치른 대한민국은 자유진영의 최전선에 있는 나라로 위치지어졌다. 최전선에 선 국민들은 내외의 이념의 적들에 대해 싸우도록 강요받았고, 이를 거부하면 반역자로 몰렸다. 이 글은 전쟁 이후 반공주의 규율이 강화되는 과정을 징병제, 의무교육, 국민반 활동 등 다양한 차원에서 보여준다. 한편 이 글은 한반도가 아직까지도 냉전 상태에서 벗어나지 못하고, 유엔군사령부, 휴전선 등 냉전의 유물들이 그대로 남아 있는 '냉전의 박물관'이 되고 있다고 지적한다. 자유진영의 최전선이 되었다가, 냉전의 박물관에서 살고 있는 우리의 삶에 드리운 반공주의 그림자를 잘 보여주는 글이다.

이하나의 「전쟁미망인 그리고 자유부인」은 전쟁을 겪은 여성들의 삶을 다루고 있다. 일제 강점기 근우회 선언부터 시작해 1950년대까지의 여성사를 조망해주고, 또한 전쟁으로 인한 신분제·대가족제의 붕괴 등 전반적인 사회변동의 양상을 제시하면서, 이것이 여성의 삶에 미친 영향을 보여준다. 수많은 전쟁 '미망인'의 존재에서 보이듯 여성들은 전쟁의 주된 피해자였지만, 한편으로는 전쟁 중에 생존을 위해 경제활동에 나서면서 사회적 억압을 뚫고 성장하는 모습을 보여준다. 영화 「자유부인」의 내용을 당시 역사적 상황과 구체적으로 연결시켜 풍부하고, 흥미롭게 분석한 부분이 인상적이다.

강성현의 「'난민'이라는 존재의 인식과 삶」은 월남민·피난민으로 도시 빈민이 된 사람들의 삶을 다루고 있다. 1959년 발표된 이범선의 소설 「오발탄」의 내용과 대비시키며, 월남민·피난민들의 생활상을 해방촌, 판잣집 등의 실상을 들어가며 설명한다. 또한 아주 구체적인 사료를 바탕으로 당시 국가의 엉성하기 그지없는 난민 대책의 문제점을 지적한다. 그리고 "개인보다 국민이, 국민보다 국가가 우선한다는 국가안보 논리가 전쟁 상황논리와 결합하면서 인도주의는 자유세계의 이데올로기적 우월성을 선전할 때나 언급될 뿐이었다."는 점을 강조한다. 강성현은 난민들이 국가로부터 구호받지 못하고, 스스로 구제해야 하는 상황을 언급하면서, 오늘날에도 가난한 사람들이 철거 대상이 되어 삶의 터전에서 내몰려 난민으로 전락하는 상황이 지속되고 있다고 지적한다. 분단과 반공주의, 국가주의의 질곡이 남아 있는 한 우리 모두가 언제 '난민'이 될지 모르는 상황 속에서 살아가고 있는 것은 아닌지 생각해보도록 만든다.

오제연의 「팽창하는 학교와 학생」은 1950년대 교육의 팽창을 다룬다. 이 글은 교육의 확대와 발전이라는 국가발전사 차원에서 이 문제에 접근하지 않는다. '우골탑'이라는 단어가 만들어지는 과정을 세밀하게 추적하면서, 당시 교육을 둘러싼 국가와 가족의 관계를 천착하며, 이 시기 교육의 급격한 팽창이 주로 학부모들에게 대부분의 부담을 전가하는 방식으로 이루어졌음을 지적한다. 여전히 지금까지도 지속되는 현대 한국교육이 갖는 근본적이고 핵심적인 문제라 할 수 있다. 오제연은 교육의 팽창이 갖는 정치·사회적 의미도 좀더 복합적으로 그려낸다. 이승만 정권은 학생을 동원하고 통제하기 위해 학도호국단을 만들었지만, 여기서 생겨난 학생들의 네트워크가 학생들의 실제 이해관계를 반영하는 활동을 하거나, 4·19혁명 때 저항의 수단으로 활용되는 양상을 설명해준다.

이하나의 「미국화와 욕망하는 사회」는 한국전쟁으로 '미국화'가 진행되고, 이와 관련해 전쟁 후 분출되는 욕망의 문제를 다루고 있다. 해방 직후부터 한국에서 활동한 주한 미공보원 활동을 살펴보면서, 미국 문화의 전파가 이루어지는 방식을 보여준다. 1950년대 주한 미공보원의 문화 전파 활동은 그 규모와 영향력 면에서 상상을 초월하는 것이었다. 미공보원은 이동영화반 활동 등을 통해 한국 농촌에서 한국정부보다도 더 많은 영화를 상영했다. 미국의 대한 원조와 미군 피엑스에서 흘러나온 물품들은 전후 욕망을 분출하는 한국인들의 마음을 사로잡았다. '미 8군 쇼단'의 활동과 이것이 한국 연예계에 미친 영향, 당시 성행한 댄스홀 문화 등의 풍경 등이 그려진다. 이 글은 한편으로 당시 지식인층들은 유럽 문화에 대해서는 존중하고 동경했지만, 미국 문화에 대해서는 부정적인 평가를 했다는 사실을 지적한다. 또한 미국화는 미국의 것이 그대로, 일방적으로 한국에 전파되는 것이 아니라 "미국화란 실상 미국을 실제로 모방하는 것과는 거의 무관하게, 대중들의 마음속에 '아메리카'가 어떤 식으로 자리 잡아가는 과정이었다."고 이야기한다.

김진호의 「이웃을 향한 열린 문과 닫힌 문, 그리스도인의 전후 체험」은 한국전쟁으로 인해 한국 개신교의 사회적 영향력이 증가해갔지만, 그 내부에 존재했던 딜레마를 지적한다. 이 글에서는 1950년대 개신교의 성장이 "친미와 결합된 반공주의적 호전성과 불가분하게 연결되어 있었다."고 진단한다. 개신교 목사들은 전쟁 때문에 갈팡질팡하는 대중들을 기독교인들이 사랑으로 널리 구원해야 한다고 했지만, 한편으로는 공산주의자들을 악마적으로 묘사하고, 이들을 '궤멸'시키는 것이 하나님의 뜻이라고 설파했다. 사랑을 이야기하지만 또 한편으로는 비반공非反共적인 집단에 대해 엄청난 증오심을 조장한 것이다. 한국인들을 구호하는 활동을 하던 '세계기독교봉사회'의 구호활동 전문가들조차 이들에게는 빨갱이로 규정될 때도 있었다. 그러하기에 "이웃을 끊임없이 적으로 의심했고, 그뿐만 아니라 내부에서조차 적을 색출하려는 욕구에 휘말려" 있었다. 개신교 지도자들의 이러한 태도는 전란에 지친 대중들이 교회에 다가가기 어렵게 만들었고, 개신교도들이 표방한 '사랑'과 '구원'에 대해 의구심을 갖게 만들었다. 이 글은 이러한 양상을 지적하면서, "찬미와 반공을 결합한 배타주의적 신앙"의 문제점을 지적한다.

한성훈의 「전쟁의 공포와 반미 애국주의」는 한국전쟁의 공포와 트라우마 속에 북한에서 '반미주의'가 형성되는 과정을 다룬다. 한국전쟁 중 북한은 연일 폭격을 받아야 했고, 핵전쟁의 위협에 시달려야 했다. 이러한 상황은 북한 주민에게 엄청난 공포감과 트라우마를 남겼고, 북한의 집권자들은 이른바 '애국주의 교양'을 통해 다양한 방식으로 이러한 공포감을 지도자('수령')와 국가에 대한 충성심으로 전환시켜갔다. 그러다가 1958년 미국이 남한에 핵무기를 배치하자, 전쟁의 트라우마는 더 현실적인 위협으로 다가오게 되었고, 이에 북한정권은 한국전쟁기에 발생한 신천학살을 다룬 박물관을 건립하는 등 반미선전을 강화해갔다는 것이다. 한성훈은 "평양이 대외적으로 느끼는 위협은 북한을 전쟁 이후 되풀이되어온 생에 대한 강박관념에 물들게 했다."고 지적한다. 북한이 대외적으로 보여주는 호전적·폐쇄적 모습이 어떠한 맥락에서 형성되었는지를 알 수 있게 해주는 글이다.

김성보의 「농업협동화의 물결」은 북한에서 이루어진 농업협동화를 국가정책적 차원만이 아니라 농촌에서 이루어진 농민들의 삶의 변화라는 각도에서 접근한다. 당시 북한 민속학자들의 농촌 조사 사업 등을 소개하면서 전쟁과 농업협동화가 북한 농민들의 삶에 어떠한 영향을 미쳤는지를 다면적으로 보여주고 있다. 부농·중농·빈농 등 농민 사이에 존재하는 계층적 차이에 따라 농업협동화에 대한 반응이 어떻게 달랐는지, 전쟁 이후 북한 농촌의 변화가 어떻게 남성과 여성의 관계를 변화시켰는지도 알려준다. 또한 제대군인들이 전쟁 이후 농촌사회에서 두드러지게 중요한 역할을 하면서 농업협동조합에 군대식 문화가 전파되고, 농촌의 체제 자체가 전시동원적인 성격이 강해진 것도 지적한다. 이 무렵 남한의 농촌에서도 제대군인들이 향촌사회의 새로운 집단으로 부상해 중요한 역할을 했다. 이 점은 분단과 전쟁이 한국 농촌사회에 미친 영향을 가늠하는 데 많은 시사점을 준다.

이유재의 「북한 사람들의 지구화 경험」은 동유럽으로 간 북한의 아동들과 유학생들의 삶을 다루고 있다. 이유재는 많은 사람들이 막연하게 생각했던 것과는 달리 1950년대의 북한은 놀라울 정도로 "개방적"이었으며, 자본과 물품만이 아니라 수많은 사람들이 국경을 넘나들면서 활발한 국제적 활동을 벌였다고 강조한다. 그러나 북한정부와 이를 주도하는 권력집단은 직업교육을 받는 아동들과 유학생들의 개인적 희망과 욕망을 존중하지 않고, 국가 발전의 필요성에 따라 학생들의 전공을 일률적으로 정하기도 했다. 또한 동유럽에서 교육받은 아동들과 유학생들이 '퇴폐'적이고 '타락'적인 생활을 즐겼을 뿐만이 아니라 정치적으로도 '일탈'하고 있다고 우려했다. 북한정부는 "문화 간의 접촉에서 발생하는 예측 불가능한 새로운 공간의 형성"에 대해 제대로 파악하고 대처할 능력을 보여주지 못했다. 이에 결국 1960년대 초 유학생들을 대부분 소환하며, 문을 닫아버리고 말았다는 것이다. 이유재는 이러한 양상을 보여주면서 "북한정부는 오늘날까지도 1950년대의 지구화의 충격에서 벗어나지 못하고 있는지도 모른다."고 지적한다.

강진아의 「그때 동아시아는?」은 한국전쟁이 일본과 중국에 미친 영향을 주로 다루고 있다. 이 글은 일본이 한국전쟁 특수로 말미암아 어떻게 재도약의 발판을 마련했는지를 잘 보여준다. 한편 중국에서는 한국전쟁을 계기로 토지개혁과 농업집단화 등 사회주의화가 급속도로 진행되었다. 중국은 한국전쟁으로 더욱 소련 일변도 정책을 취하긴 했지만 1950년대 말에 이르러서는 소련과 서서히 갈라서기 시작했다. 베를린장벽의 붕괴와 소련의 붕괴로 서구에서의 냉전은 끝났지만, 동아시아에서의 냉전은 아직도 현재진행중이다. 한국전쟁은 동아시아 냉전구조를 형성하는데 지대한 역할을 했고, 한반도의 분단 상태는 이러한 냉전구조가 좀처럼 변화하지 못하고 장기 지속하게 만드는 중요한 원인 중에 하나로 여전히 작용하고 있다.

1950년대는 한국사회에서 전쟁으로 말미암은 유동성과 그러한 유동성 속에서 거침없이 분출하는 욕망, 이것이 추동하는 다양한 역사적 가능성들이 교차하는 시기였다. 그러나 1953년 휴전으로 고착화되기 시작한 분단체제는 이후 대단히 역동적인 변화를 맞이하기는 했지만, 아직까지도 기본 틀에서는 변함없이 지속되고 있다. 또한 파편화된 가족이 이기적인 지위 상승 경쟁을 벌이는 상황, 가족주의의 연장선에서 조성된 혈연·지연이 민주적 시민사회의 유대감을 압도하는 현상은 정도의 차이는 있겠지만 여전히 현재진행형이다. 엄청난 역동성에도 불구하고, 전쟁을 겪은 사람들, 전쟁으로 뿌리 뽑혀 유동적으로 떠도는 사람들의 난민적 삶의 행태는 현재까지도 우리의 의식과 삶에 좀처럼 깨어지지 않는 어떤 딱딱한 한계를 조성하며 남아 있다. 난민이라는 개념을 근본적인 차원에서 넓게 적용하면 우리는 현재에도 난민 상태를 완전히 벗어나지 못했다고 할 수 있다. 또한 난민 개념을 현상적으로 좁게 적용한다 하더라도 아직도 전쟁을 공식적으로 종결시키지 못하는 휴전 상태, 비평화非平和 상태 속에서, 한국 사람들은 언제나 '난민'으로 전락할 수 있는 위험성을 안고 살아가고 있다.

시간이 많이 흐른 탓에 1950년대는 이제 동시대인에게 들을 수 있는 옛이야기라기보다 역사로 굳어져가고 있는지 모르겠다. 1950년대 생활문화사를 다룬 이 글들은 우리들의 할아버지, 할머니, 아버지, 어머니 들이 겪은 삶이자, 우리의 현재를 만든 아주 가까운 역사로서 1950년대에 주목하고 있다. 이 글들을 통해 1950년대의 아픔과 상처, 현재까지 바뀌지 않은 삶의 조건과 양식뿐만 아니라 그 시대를 살아간 사람들이 만들어낸 다양한 역사적 가능성을 함께 확인하는 계기가 되기를 바란다.

자유진영의
최전선에 선 국민

김 학 재

1950

'자유의 최전선'이
의미하는 것[1]

한국전쟁이 발발하기 직전인 1950년 6월, 미국의 국무부 장관 존 포스터 덜레스John F. Dulles, 1953~59년 재임가 두 번째 총선을 치른 한국을 방문했다. 그는 자유선거라는 새로운 민주주의 제도를 두 번이나 경험한 한국 사람들을 격려하며 "한국인들은 지금 유엔 회원국으로서 자유의 최전선에서 있다. 한국이 인류의 자유라는 위대한 기획에서 맡은 바 사명을 다하는 한 결코 고립되어 있지 않을 것이다."라고 말했다.[2] 제2차 세계대전 이후 최강대국이 된 미국의 외교관이 이제 막 식민지배를 벗어난 아시아 국가를 찾아와 이곳이 19세기 이후 전개된 서구 자유주의 문명의 투쟁사를 이어가고 있다고 치하한 것이다.

그런데 당시 동북아 전체에 극도의 긴장감이 맴돌았음을 기억할 필요가 있다. 불과 1년 전인 1949년 중국 대륙에선 오랜 내전 끝에 중국공산당이 새로운 국가를 세웠고, 한반도 38선 북쪽에는 소련의 지원을 받는 공

분단의 상징이 된 38선
1945년 8월 일본의 포츠담선언 수락 직후. 미국 국방성의 제안에 따라 북위 38도선이 미소 양군의 한반도 분할 점령 경계선이 되었다. 38선은 해방 직후부터 휴전회담이 조인될 때까지 남북을 가르는 분단의 상징으로 기능했다.

산주의 정부가 수립되어 있었다. 따라서 한국이 '자유의 최전선'에 선다는 말은 자유선거를 치르고, 자유주의 사상을 공부하고 개인의 자유와 인권을 신장시키고 자유시장 경제제도를 받아들이는 문제 이상을 의미하는 것이 분명했다.

최전선은 전쟁터에서 사용되는 용어다. 최전선 하면 당장 떠오르는 것이 38선이다. 실제로 1945년 남북한은 38선을 따라 분단되었고, 이후 38선 지대에서는 지속적으로 군사적 충돌이 벌어졌다. 이때까지만 해도 38선은 남과 북의 분단선에 불과했지만 덜레스가 한국을 '자유의 최전선'이라고 부른 지 2주도 지나지 않아 한반도에서 제2차 세계대전 이후 최대의 전쟁이 발발했다. 이렇게 한국은 정말로 전쟁터의 '최전선'에 서게 되

38선 부근을 살피는 덜레스 미 국무부 장관
한국전쟁이 일어나기 일주일 전인 1950년 6월 18일, 덜레스 장관 일행이 의정부 북방 38선 접경에서 북쪽을 살피고 있다. 오른쪽에 망원경을 든 사람은 신성모 전 국방부 장관이다.

었다.

3년여간의 전쟁이 끝난 직후인 1953년 8월 덜레스는 다시 한번 한국을 방문했다. 이번에는 한미상호방위조약 체결 협상을 위해서였다. 그는 이때 또다시 이 조약의 체결 목적이 "전세계에 한국이 자유의 최전선임을 알리는 것"이라고 말했다.[3] 미국은 전쟁을 치른 한국과 상호방위조약을 체결하고, 군사·경제적 지원을 제공하기로 했다. 이로써 한국은 미국의 충실한 우방국으로서, 전쟁을 감수하면 무엇을 얻을 수 있는지를 전세계에 보여준 미국 냉전정책의 시범 사례가 되었다.

한반도는 세계에서 냉전의 영향을 가장 극심하게 받은 지역 중 하나이다. 냉전을 연구한 학자들이 한국을 일컬어 '냉전의 전초기지' 혹은 '냉전의 쇼윈도'라고 부른 것은 그 때문이다. 한반도에서 냉전은 단순히 다른 정치·경제적 이데올로기들이 서로 대립하고 경쟁하는 것에 그치지 않았다. 이념에 따라 세상을 '적과 우리'라는 이분법으로 구획하고, 심지어 그 적을 모두 절멸絶滅하려는 선과 악의 전쟁으로 치달았다. 모든 국민들이 예외 없이 이 전쟁의 최전선에 서야 했다.

이 글에서는 사람들이 이념전쟁의 제일선에 서야 했던 시대를 어떻게 살아갔는지를 알아보고자 한다. 냉전의 대리전으로 불리는 한국전쟁은 사람들의 삶에 어떤 영향을 주었을까? 전쟁을 치르기 위해 국가는 어떤 조치를 취했고, 그것은 사람들의 삶을 어떻게 바꿔놓았을까? 전쟁이 끝난 후 사람들의 삶은 어떻게 바뀌었을까? 한국전쟁을 전후한 1950년대 최전선에 선 사람들의 구체적 삶의 양상들을 확인하며 그 답을 찾아보자.

반공주의와
민간인 학살

> 공산주의를 용인하는 것은 곧 공산주의에 협력하는 것이고, 협력은 곧 반역이며 반역은 국가를 망친다. 공산주의에 반대하는 것은 그것과 싸우는 것이며, 싸우는 것은 공산주의를 멸滅하는 것이고 멸공滅共이 국가를 흥하게 한다.[4]

해방 이후 한반도 남쪽에선 '반공주의' 이데올로기가 특별히 강력한 힘을 갖게 되었다. 앞의 인용문은 이 반공주의의 가장 극단적 형태를 집약적으로 표현한 글로, 1950년대를 풍미한 '사상검사' 오제도의 사고방식이

시신 앞에서 오열하는 유가족과 이를 지켜보는 미국 고문관
1948년 10월, 미국의 종군사진기자 칼 마이던스의 카메라에 순천지역 반군에 의해 희생된 시신과 이를 확인하고 오열하는 가족의 모습이 담겼다.

반영되어 있다. 요즘의 '공안검사'에 해당하는 그의 임무는 위험한 사상들을 적발하고 조사하며 혐의자들을 감옥에 넣는 것이었다. 그의 직업관대로라면, 1948년에 수립된 대한민국이라는 국가의 존재이유는 공산주의 사상과 공산주의자를 절멸하는 데 있다. 특정한 정치이념을 증오하고 적대시하며 정적을 모두 절멸하는 것이 국가의 존재이유라면, 세계사적으로 이렇게 호전적이고 부정적인 목적을 가진 국가는 찾아보기 힘들 것이다.

미국이 한국을 '자유'의 최전선이라고 부른 데는 한국이 '자유세계'의 상징이 되기를 바라는 의도도 있었을 것이다. 하지만 정작 한국에서는 개인의 자유를 절대적 가치로 전제하는 자유주의나, 국민들의 의지와 요구

강을 건너 남쪽으로 피난하는 부녀
인천상륙작전으로 역전시킨 전쟁을 다시 뒤집은 것은 중공군의 참전이었다. 이승만 정권은 1951년 3월,
부산으로 피난할 것을 결정했고, 수많은 피난 행렬이 뒤따랐다. 적진을 뚫고서라도 남쪽으로 가려는 피
난민 부녀의 모습에서 긴박함이 느껴진다.

를 반영하는 민주주의 같은 긍정적 이념과 가치가 모두 사라졌다. 공산주의에 반대한다는 부정적 목표가 존재이유가 되고, '적'을 절멸시키는 행동만이 '국가'를 위한 행위라는 호전적 전체주의만 남게 되었다.

이렇듯 당시 한국사회는 '자유'라는 목적을 추구하기 위해 가장 반자유주의적인 수단을 활용하는, 목적과 수단이 완전히 뒤바뀐 상황이었다. 그리고 그것이 초래한 역사적 결과는 자못 비극적이었다. 생각해보자. 만일 공산주의 세력 절멸에 적극적으로 가담해야만 '애국'하는 것으로 간주되었다면, 그렇지 않은 모든 행동이나 사고방식은 공산주의에 협력하고 용인한 것으로 의심받을 수 있다. 이 논리를 극단으로 밀어붙이면 최전선에서 적의 절멸을 위해 싸우지 않은 모든 사람들을 적으로 간주할 수도 있다. 즉 '외부의 적'과 싸우는 전선에 서지 않은 모든 국민들을 잠재적인 적인 '내부의 적'으로 간주할 수 있는 광기 어린 논리가 탄생하는 것이다.

2005년에 출범해 2010년에 활동을 마친 국가기구 '진실·화해를 위한 과거사 정리위원회'약칭 진실·화해위원회의 조사에 의해 밝혀진 역사적 진실은 다소 충격적이다. 한국전쟁 시기에 군인이 아닌 수많은 민간인이, 북한군이 아닌 대한민국의 군과 경찰에 의해 학살당했다는 것이다. 국가폭력에 의해 희생된 민간인의 규모는 적게는 수십 명에서 많게는 수만 명에 이르렀고, 전국 구석구석 이런 일이 발생하지 않은 곳이 없었다. 한국전쟁 자체가 수백만 명이 희생된, 제2차 세계대전 이후 가장 폭력적인 전쟁이었다. 그런데 이 전쟁에서 군인이 아닌 민간인이, 그것도 적군에 의해서가 아니라 자국 군대와 경찰에 의해 희생되었음은 믿기 어려운 진실이다.

더 놀라운 사실은 한국전쟁 발발 이전부터 이런 비극들이 발생했다는 것이다. 1946년 10월, 당시 한국을 통치하던 미군정이 미곡 수집 정책을 추진하다 실패해 혼란이 생겼다. 미군정은 정책 실패에 불만을 갖고 저항하는 대중들을 경찰과 군을 동원해 폭력적으로 진압했다. 1948년 제주도에서는 남북 분단이 기정사실화되고 정부의 억압이 심해지는 것에 저항한 제주도민들을 정부가 파견한 군대가 잔혹하게 진압한 바 있다. 이때 제주도에선 수만 명의 민간인이 살해당했다(제주4·3사건). 이어서 1948년 10월에는 정부의 제주 4·3사건 진압에 불만을 품은 군인들이 정부의 명령에 불복해 반란을 일으켰다. 정부는 이를 진압하는 과정에서 반란군 부대에 협력했다는 이유로 여수와 순천 일대의 시민 수만 명을 죽거나 다치게 했다(여수·순천사건^{약칭 여순사건}). 이렇게 한국사회에서는 한국전쟁 전부터 냉전적 대립으로 내전 수준의 봉기와 반란이 발생했고, 수만 명의 민간인들이 살해되었다.

'여순사건' 이후 반란군과 이에 가담한 주민들이 지리산으로 들어가 빨치산이 되자 정부는 이들을 '토벌'하는 작전을 전개했다. 1949년부터 1955년까지 약 6년간 지리산 인근지역은 한국전쟁과 무관한 군사작전이 지속된 '내전지대'였다. 발굴된 문서에 따르면, 1949년 12월 24일 경상북도 문경군 석달마을에서 국군 제2사단 군인 70여 명이 '빨치산들에게 음식을 제공했다'는 이유로 주민 86명을 집단 총살했다. 국군 11사단은 1951년 2월 거창, 함양, 산청, 고창 일대에서 공비 토벌 작전을 수행하며 수많은 민간인 희생을 낸 것으로 악명이 높았다.

국가보안법이 제정된 것도 여순사건 직후인 1948년 12월이었다. 60여 년이 흐른 지금까지 남아 있는 이 법은 일제가 한국 독립운동가들을 처벌하고 감시하기 위해 도입한 치안유지법을 모방해 만든 것이었다. 당시 한국정부는 남조선노동당^{약칭 남로당}을 비롯한 좌익 정당과 단체 들을 불법화하기 위해 이 법을 제정했다. 그후로 '자유의 최전선'에 선 국가에서 '사상의 자유'가 사라졌고, 정부에 반대하는 사람들과 단체들은 민주주의의 핵심 기반인 결사와 정치적 활동의 자유를 빼앗겼다. 오늘날 민주주의 국가에서 특정 정치 사상과 활동 혹은 단체와 정당 자체를 금지하고 불법화한 사례는 거의 없다. 모든 나라에 국가안보와 관련된 제도가 있지만 기본적으로 헌법에 명시된 시민들의 인권을 보장하는 범위 내에서 일시적·예외적으로 적용될 뿐이다. 하지만 한국에서는 여순사건과 한국전쟁이라는 특정 '상황'에서 탄생한 일시적이고 예외적인 법이 수십 년간 유지되고 있다.

냉전 갈등이 심해질수록 정부는 모든 국민을 잠재적인 적으로 의심하기 시작했다. 정당성이 약한 권력일수록 모든 것을 잠재적 위협이자 위기로 보는 법이다. 일례로 한국정부는 1949년에 좌익단체에 한 번이라도 가입했거나, 이들의 활동을 지원한 경험이 있는 사람들을 모두 '정치적 전과자'로 간주하고 이들을 특별 관리하기 위해 '국민보도연맹'^{약칭 보도연맹}이라는 단체를 만들었다. 전국적으로 30만 명이 넘는 사람들을 상세한 검증 없이 모두 보도연맹 회원으로 만들어놓고, 그들을 모두 정부 통제하에 두고 감시하고자 했던 것이다.

비극은 한국전쟁의 발발과 함께 시작되었다. 정부는 전쟁 발발 직후 군 정보기관과 헌병, 경찰 등에 일괄적인 명령을 내려 보도연맹에 가입된 사람들을 체계적으로 살해했다. 진실·화해위원회는 전체의 76.5퍼센트에 해당하는 전국 114개 시·군에서 최소 수만 명, 최대 10만여 명이 넘는 보도연맹원이 학살되었음을 밝혀냈다. 그뿐만 아니라 당시 형무소에 갇혀 있던 재소자와 정치범들 또한 비슷한 시기에 정당한 법적 절차 없이 살해되었다.

전쟁이 진행되면서 남과 북은 후퇴와 전진을 반복했고, 정부 관료나 군과 함께 후퇴하지 못하고 전선 주변에 남은 사람들은 자신들을 통치하는

전라남도 담양에서 체포된 빨치산과 소위 '부역자'들
전쟁 기간 동안 인민군에 협력한 사람들에게는 '전쟁 부역자'라는 낙인이 찍혔다. 그들은 전쟁이 끝난 뒤에도 국가와 이웃의 의심과 폭력 속에서 힘겨운 삶을 이어가야 했다.

정부가 수시로 바뀌는 일을 경험하게 되었다. 이로써 또다른 재앙의 씨앗이 뿌려진 셈이었다. 예컨대 전쟁 발발 직후 북한이 점령한 지역에 다시 남한정부가 돌아온 경우, 북한정권에 협력했다는 의심을 받는 소위 '부역자'에 대한 처벌이 시작됐다. 한국정부는 전쟁 발발 직후 '부역자'를 처벌하기 위한 법까지 만들어놓은 상태였다. 정부가 공포한 '비상사태하범죄처벌에관한특별조치령'에 따르면 전쟁 시기에 발생하는 사소한 범죄는 물론 적에 대한 '부역 행위'에 대해서 사형이나 무기, 10년형을 부과할 수 있었다. 실제로 이 법은 전쟁 기간 내내 수십만 명의 사람들을 부역 혐의로 구속·구금하며 재판으로 처벌하는 법적 근거가 되었다. 군 방첩대와 검찰, 경찰이 설립한 군검경합동수사본부가 이 업무를 담당했는데, 이들은 한국전쟁 전기간에 걸쳐 55만 915명을 부역자로 집계했다.[5]

정부가 특별위원회까지 수립해 전국에서 수십만 명의 '부역자'를 등록하고 조사하자, 일반 대중들이 나서 이웃의 '부역자'들에게 폭력을 가하고 심지어 그들을 살해하는 일까지 발생했다. 특히 경기도 지역에서 부역자 학살이 많이 발생했다. 1950년 10월 9일부터 31일까지 고양경찰서 경찰관들이 고양과 파주 지역 주민 153명 이상을 부역 혐의로 집단 총살한 사건도 있었는데 이 학살에는 지역 치안대와 청년단체(태극단)도 가담했다고 한다. 비극의 정점은 냉전의 최전선에 선 정부가 자국 국민을 의심한 결과 국민들이 서로를 의심하며 죽임으로써 공동체와 관계를 파괴하는 씻을 수 없는 상처를 남겼다는 사실일 것이다.

폭력의 광풍이 한반도를 휩쓸고 간 후에도 삶은 안전하지 않았다. 국가 폭력의 광풍 속에서 의심받고 감시당하던 국민들은 자신이 언제든 배신자로 몰릴 수 있음을 너무도 잘 알았다. 가장 위험한 처지에 있던 보도연맹원들은 지역별로 비상대책기구를 구성해 군에 성금과 위문품을 보내고, 정부에 재차 충성을 맹세하고 군 입대에 앞장서는 등 살아남기 위해 발 빠르게 대처했다. 국민을 의심하는 국가에서 살아남으려면 너도 나도 최전선으로 달려가야 했던 것이다. 보도연맹원은 북한정권에도 신뢰를 잃고 감시와 통제를 당했다. 인민군이 남한을 점령했을 때에 북한은 보도연맹을 '반동단체'로 분류하고, 보도연맹원들을 의용군에 대규모로 강제 징집하거나 자위대에 동원했다. 두 정부가 번갈아가며 국민을 의심하고, 배신자를 처단한 셈이다.

그 결과 한반도의 마을마다 이웃들이 적이 되어 서로를 죽이는 일이 발생했다. 의심의 공포 앞에서 이 사건들을 목격한 진실의 기억들은 침묵의 심연으로 가라앉았다. 남편을 잃은 부인은 시신을 찾기 위해 시신이 매장된 장소 주변을 일주일 동안 파냈고, 철사에 손이 묶인 채 사살된 남편을 겨우 찾아냈다. 부인은 그후 한 달간 식사를 하지 못했다. 그럼에도 그녀는 수십 년간 그 사실을 누구에게도 말하지 않았다. 살아남은 자식에게 '빨갱이 자식'이라는 낙인이 찍힐까 두려워서였다. 가족에게 죄의 책임을 묻는 연좌제는 이 기억들을 경찰과 수사기관의 기록으로 묶어 수십 년간 침묵의 감옥 안에 가둬두었다. 이렇듯 냉전의 최전선에 서야 했던 국민들은, 삶을 압도하는 폭력의 소용돌이 속에서 희생당하고 감시당하고 기억을 억누른 채 살아야 했다.

한국전쟁과 징병제, 국민반 그리고 의무교육

전쟁의 최전선에 선다는 것은 폭력의 광풍에 희생될 수 있을 뿐 아니라,

직접 그 폭력의 가해자가 될 수도 있을을 의미했다. 실제로 '최전선' 한반도에서는 많은 사람들이 군인이 되어 전장에 나가 싸워야 했다. 군인들은 '국군맹서'에서 드러나듯 '죽음으로써' 사명을 다할 것을 약속했다. 목숨을 내놓지 않으면, 언제 부역자로 의심받을지 알 수 없는 일이었다.

1. 우리는 대한민국 국군이다. 죽음으로써 나라를 지키자.
2. 우리는 강철같이 단결해 공산침략자를 쳐부수자.
3. 우리는 백두산 영봉에 태극기를 날리고 두만강수에 전승의 칼을 씻자.[6]

'국군맹서'는 이후 약간의 수정을 거쳐 '우리의 맹서'로 바뀌었고 1950년대에 간행된 모든 출판물에 의무적으로 실리도록 강요되었다. 생명을 내건 군인들의 서약이 모든 국민들에게 의무로 지워진 것이다. 국민들도 언제든지 '군인'이 될 수 있도록 준비해야 했던 것일까?

한국전쟁은 지금처럼 최첨단 기술과 전술로 승부하는 전쟁이 아니라 대규모 지상군이 전투를 벌이는 전통적인 전쟁이었다. 하지만 해방 이후 한국에는 군대도 군인도 없었다. 전쟁 발발 당시 병력은 약 15만 명이었는데, 1953년 말에 이르면 군의 규모가 61만여 명으로 여섯 배 이상 팽창했다.[7] 국방부 통계에 따르면 한국전쟁 3년간 국가가 정규군 병력으로 동원한 국민의 수는 거의 100만 명에 육박했다.

어떻게 이것이 가능했을까? 100만 명 가까운 사람들을 단시간에 전선으로 내보낼 군인으로 만들기 위해서는 우선 징병제를 노입해야 했다. 이렇게 노는 국민에게 국방의 의무를 지우는 국민개병제가 한국전쟁기에 도입되었다. 국가보안법과 마찬가지로 전쟁기에 일시적으로 징병제를 도입하는 경우는 있지만, 60여 년 전 발생한 전쟁으로 도입된 강제 징병제

국민방위군에 소집된 장정들
1950년 12월 신속한 병력 동원을 명분으로 국민방위군이 편성되었다. 한겨울에 체계도 없이 수십만 명
을 후방 교육대로 이동시키는 과정에서 수많은 사람들이 굶어죽거나 얼어죽었다.

도가 지금까지 유지되는 경우는 세계적으로도 매우 드물다.

　한국전쟁은 체계적인 징병제도가 자리 잡지 못한 상황에서 발발했다. 전쟁 발발 직후인 1950년 7월 22일 정부는 임시로 '비상시향토방위령'을 공포해, 만 14세 이상 남성 모두에게 향토 방위의 의무를 지게 했다. 역설적이게도 이 제도의 명칭과 성격은 일제 강점기인 1940년대에 실시된 여러 조치의 그것과 매우 흡사했다. 정부는 이런 임시조치에 기대어 정규군이 아닌 '제2국민병', 즉 일종의 예비군을 소집하려 했다.

　그렇다면 예비군 소집은 어떻게 이루어졌을까? 체계적인 병무행정이 자리 잡지 못한 상황이었기에 정부는 길거리에서, 혹은 집집마다 직접 찾아가 병력을 강제로 징·소집하는 방식을 채택했다. 이렇듯 편법적인 방법으로 차출된 병력을 당시 사람들은 '공출병'이라고 불렀다. 정부가 경찰과 군에 징집할 수를 할당해주고 그에 맞추어 사람들을 징집하려 했기 때문이다. 실제로 길 가던 청년이 가족에게 연락할 틈도 없이 끌려가 군인이 되는 경우도 있었다. 문맹자가 다수였던 시절, 주소와 이름을 쓸 줄 모르는 사람이 징집되었다가 전사하면 무연고자로 처리되었다.

1951년 초의 혹독한 겨울, 유엔군이 남쪽으로 후퇴하면서 시행된 정부의 징병정책은 특히 더 비극적인 결과를 낳았다. 평양에서 전면철수하기로 결정한 한국정부는 과거 북한이 점령지 주민들을 인민군으로 동원한 것을 알고 있었다. 이를 막기 위해 한국정부는 서울시민 전체를 후방으로 이동시키는 계획을 세웠고, 이때 만들어진 것이 바로 '국민방위군'이다.

1950년 12월 21일 정부는 '국민방위군설치법'을 공포하고, 경찰서와 파출소를 통해 징병 대상자들을 소집했다. 이렇게 해서 240만여 명의 소집 대상자 가운데 68만여 명이 급하게 소집되었다. 한겨울에 제대로 된 조직도 없이 수십만 명을 후방으로 후퇴시키는 과정에서 여러 가지 문제가 발생했다. 총책임자인 김윤근을 비롯한 지휘부가 국민방위군에게 보급해야 할 물자와 음식을 횡령해 수많은 사람들이 굶어죽거나 얼어죽었다. 무사히 후방 교육대로 도착한 인원은 29만 명에 불과했다. 국회 특별위원회 조사에 따르면 "수천 명이 굶어죽어갔고, 귀환 장병들도 20퍼센트는 생명 유지가 불가능, 80퍼센트는 노동이 불가능"했다.[8] 결국 핵심 간부들이 처형되고, 국민방위군은 창설 5개월 만에 해체되었다.

이외에도 '학도의용군'이라는 명목으로 약식 훈련만 거친 어린 학생들을 전쟁터로 징병하기도 했다. 이때 동원된 학생들, 즉 학도의용군의 수는 27만여 명에 이르렀다.[9] 이밖에도 추가로 제정된 징발법 등에 의거해 가두 소집되어 '보국대' '민간인 운반단' '한국노무단' 등 전투 보조 조직에 동원된 사람의 수는 육군 1개 대대별로 50~60명, 즉 전체적으로는 수십만 명에 달했다. 이런 보조인력을 '지게부대'라고 불렀는데, 이들은 보수도 거의 받지 못한 채 총알과 포탄을 날라야 했다.

수많은 사람들을 전장으로 동원한 정부는 특히 잠재적 '병역자원'인 청년들을 꼼꼼하게 관리하려 했다. 이를 위해 정부는 병역을 기피하는 사람들을 색출해 처벌하기 시작했다. 예비군 해당자를 수시로 등록시키고 소집한 것도 이때부터였다. 모든 젊은 남성들은 징병제로 인해 국가에 의한 일상적 통제를 받게 된 것이다.

군인, 혹은 잠재적 군인들만 엄격한 통제와 노역을 감당해야 했던 것은 아니다. 전쟁 기간 동안 제정된 법들을 보면, 전쟁 중 일상에 어떤 규율과 통제가 부과되었는지를 짐작해볼 수 있다. 예컨대 '국민생활을 혁신 간소화해 전시에 상응하는 국민정신의 앙양'을 목적으로 1951년에 공포된 '전시생활개선법'에 의하면, 오후 5시 이전에는 음식점에서 '탁주'를 제외한 주류를 판매·음용할 수 없었고 노래하고 춤추는 것도 금지되었다. 심지어는 '정부가 필요하다고 인정할 경우' '전시에 상응하지 아니하는' 복장의 착용을 제한·금지할 수 있었다. 정부가 사치품으로 규정한 물건들의 수입·제조·판매도 금지되었다. 사회부 내의 '전시생활개선위원회'는 '학식과 덕망이 있는 인사'로 구성되어 복장과 사치품의 기준을 정했다.

정부는 또 마을 단위의 작은 주민조직인 '국민반'을 만들었다. 정부는 "국책 수행의 신속한 운영과 그 실효를 위해서는 하부말단의 세포적 기구로서 국민반의 기반적 조직 강화가 시급한 국가적 절대요청"이라고 설명했다.[10]

'국민반'을 통해서 시행된 대표적인 정부 정책이 '유숙계'였다. 이는 가족 외의 타인이 집에 머무를 경우 의무적으로 경찰에 보고하게 하는 제도였다. 서울지역의 경우 1950년 10월 이후부터 국민반을 통해 매일 유숙자

명부를 파출소에 제출하도록 했다. 정부는 부역자를 적발하고 처벌할 때에도 국민반을 활용했다. 정부는 국민반을 통해 인민군 점령 시 그들에게 협력한 이웃을 고발하라고 독려했다.

이웃을 감시하고 고발하는 데 앞장선 국민반의 책임자인 '반장'은 일반 시민들에게 '시민증'이라는 신분증을 부여하는 권한을 갖고 있었다. 심지어 서울을 벗어나 타 지역으로 이동할 경우 정부로부터 '여행증명서'를 발행받아야 했는데, 이 증명서를 받기 위해서도 반장과 동회장의 승인을 거쳐야 했다. 전쟁 중에 서울과 수원 지역에서 발행된 '시민증'은 단순한 문서가 아니라 소지자가 '빨갱이'가 아닌 '보통 사람, 양민임을 입증하는 증명서'였다. 따라서 국민반의 반장은 엄격한 심사를 거쳐 시민증을 발급했는데, 반장이 특정 집에 일부러 시민증 발급 신청서류를 주지 않는 경우도 있었다. 소설가 박완서는 시민증 신청서류를 받지 못했던 상황을 다음과 같이 회고했다.

> 그건 밀고를 당할 때보다 더 큰 충격이었다. 시민증이 없으면 죽으라는 소리나 마찬가지라고 여길 만큼 그게 사람노릇 할 수 있는 기본요건이 될 때였다. 반쯤 등신이 된 것처럼 모든 환난을 말없이 견디던 엄마도 땅을 치며 탄식을 했다.[11]

당시 한강을 건너 피난을 가기 위해서는 검문을 받아야 했는데 시민증이 없으면 검문을 통과하기 어려웠다. 사람들은 이웃을 감시하는 한편 자신의 순수함을 문서로 증명해야 했고, 그럴수록 불신에 기반한 상호 감시와 밀고는 '국민의 의무'가 되어갔다.

징병제와 국민반 제도가 자리 잡아가면서 학생들을 대상으로 하는 교육체제 또한 전쟁의 영향 아래 들어갔다. 실제로 한국의 보편 의무교육 제도는 전쟁을 치르면서 확산되었다. 정부가 1951년경 발표한 '전시하교육 특별조치요강'으로 인해 의무교육이 비로소 현실화되었기 때문이다.

한국의 초기 의무교육 제도는 '국민정신의 통합과 반공정신의 확립'을 중요시했다. 특히 초대 문교부 장관 안호상은 '일민주의'를 강조했는데, 여기서 일민주의란 "서구식 자본주의나 공산주의와 다른 한국 고유의 민주주의"였다. 일민주의는 '민족도 하나, 국가도 하나, 국민도, 정치도, 문화도 하나'라는 원칙을 강조했는데, 얼핏 단합과 일치를 강조하는 긍정적인 주장처럼 보이지만, 다양성의 관점에서 보자면 유기체적 전체주의를 강조할 위험이 있었다. 일민주의는 반공주의가 아닌 모든 것을 배제함으로써 전체주의적인 획일성을 강화하려 했다.

한국전쟁기에 문교부 장관을 맡았던 백낙준은 일종의 '전시교육 체제' 구축을 중시했다. 그에 따라 '도의道義교육'과 '국방교육'이 강조되었다.[12] 이 전시교육의 중점은 "민주주의와 공산주의를 구별할 수 있도록, 국민에게 정신적·사상적 신념을 심어주는 것"이었다. 정치적 사상교육이 교육의 주 내용이 된 것이다. 당시 문교부는 정부가 추진한 '제2국민병' 징병 정책에 적극 부응해 학생들을 대상으로 군사훈련을 실시했다. 1952년 10월 제3대 문교부 장관이 된 김법린은 '전시문교' '건국문교' '독립문교'라는 세 가지 시정방침을 천명했다. 여기서 '전시문교'란 교육을 국방력 강화 과정의 일부로 삼는 것이었다. 그는 "전쟁은 무력에만 의존하는 게 아니므로, 종교·교육·학술·예술·문화 기관을 총동원해 멸공성전에 이바지"해야 한다고 주장했다.

이렇듯 한국의 의무교육 제도는 평화, 민주주의, 인권과 다양성 등 시민의 덕목에 대한 교육이 아니라 전쟁의 목적에 부합하는 호전적인 전쟁교육에서 시작되었다. 일제 시기 의무교육제 시행이 일본의 태평양전쟁 수행과 관련된 정책이었음을 상기한다면 한반도에서 지속된 전쟁의 유산이 얼마나 뿌리 깊은지 가늠해볼 수 있다.

"백두산 성봉에 태극기 휘날리고"

> 우리 민족의 살길은 북진통일에 있다. 통일성업 전취에 최후의 1인까지 최후의 1각(刻)까지 총궐기한다.

한국전쟁은 1953년 7월 27일 정전협상이 마무리되며 일단락되었다. 하지만 전쟁이 끝난 이후에도 '최전선'에 선 국민들의 삶은 크게 달라지지 않았다. 불행히도 전쟁 중에 형성된 여러 제도들이 전후에도 지속적으로 효력을 발휘했다. 그와 같은 과정을 보여주는 대표적인 사례가 바로 '북진통일' 정책이다. 정상적인 정부라면 수많은 피해와 파괴를 초래하는 전쟁을 끝내고 협상을 통해 평화를 수립해야 했지만, 당시 한국정부는 휴전에 반대하고 전쟁을 지속해 '북진통일'을 이루자고 외치고 있었다.

정전협상 타결이 임박한 1953년 봄과 여름, 한국에서는 정전협상에 반대하고 북진통일을 외치는 시위가 전국에 걸쳐 일어났다. '북진통일'은 1950년 9~10월 사이에 유엔군이 38선 이북으로 전진해 중국과 북한의 경계지대까지 나아갔을 때부터 확산되기 시작한 용어였다. 당시 내무부장관 조병옥은 평양을 방문해 "남북통일의 성업을 완수하고자 승리의 북진을 단행해… 이제 백두산 성봉에 태극기 드높이 휘날리고 압록강·두만

강의 강안에 애국가 우렁차게" 들려올 것이라고 언급했다. 하지만 중국이 개입하면서 무력으로 북진해 한반도 전체를 통일한다는 목적을 이룰 수 없었다.

당시 이승만 정권은 무력 북진통일 이외의 모든 통일방안을 반대하는 입장을 취했다. 정전협상 타결이 임박하자 정부가 지원하는 휴전반대 시위가 전국에서 발생했다. 1953년 4월 22일 부산에서 일어난 '북진통일 학도 총궐기대회'를 비롯해 전국 각지에서 수십만 명의 군중을 동원한 시위가 개최되었고, 6월 25일에는 정부가 직접 '6·25 북진통일의 날 국민대회'를 조직했다.

당시 한국정부는 미국정부를 압박하며 한국군만으로도 전쟁을 수행할 수 있다거나, 전장에서 한국군을 모두 철수시키겠다고 위협했다. 당시 한미국 관료는 수십만 규모로 성장한 한국군이 있었기 때문에 이승만의 그런 호전적 행위가 가능했다고 분석했다. 강제 징병제와 공출병으로 성장한 한국군은 '아시아에서 가장 효율적인 반공 군대'였다. 이승만은 미국이 이런 한국군을 필요로 한다는 것[13]을 알고 있었고, 이에 기반해 매우 호전적인 입장을 보이며 미국을 압박해, 미국으로부터 상호방위조약 체결과 지속적 지원 약속을 받아냈다.

한미상호방위조약은 1953년 10월 1일 양국 간 서명이 이루어졌고, 다음해인 1954년 1월 26일 미국 상원에서 비준되었다. 조약이 아직 발효되지 않은 1954년 7월 28일 미국을 방문한 이승만은 제3차 세계대전을 촉구하는 초강경 연설을 하고, 8·15 기념사를 통해 북한에 대한 선제적인 '예방전쟁'이 필요하다는 주장을 펼치기도 했다.[14] 하지만 1954년 11월 18일 한미상호방위조약이 발효되고, 한미합의의사록이 정식 조인되면서 '북진통일'에 대한 이승만 정권의 열망이 조금씩 가라앉기 시작했다. 이

북진통일 국민총궐기대회
이승만 정권은 한미상호방위조약을 체결해 체제 유지를 보장받고 자유당 권력을 강화하기 위해 북진통일 정책을 고수했다. 1954년에 있었던 북진통일 국민총궐기대회 역시 정부에 의해 조직적으로 전개된 시위였다.

렇게 보면 이승만 정권의 북진통일 정책은 미국의 냉전전략에 조응해 한국정부의 역할을 보증받으려 한 정치적 전략이었다고 볼 수 있다.

하지만 이승만 정권의 '북진통일' 정책은 한미상호방위조약 체결 이후에도 지속적으로 유지되었다. 왜 한국정부는 전쟁이 끝나고, 미국과 조약을 체결하고도 휴전반대와 북진통일을 주장했을까? 그것은 이처럼 강경한 주장을 통해 지지세력을 결집하고 자신의 정치적 기반인 자유당을 강화하며, 반대를 무마할 수 있었기 때문이다. 실제로 이승만은 1954년 대통령 중임 제한 철폐 개헌을 이루기 위해 북진통일 정책을 활용했다. 이승만 정권은 한미상호방위조약 발효 이틀 후인 11월 20일 개헌안을 상정했고, 27일에 1표가 미달하는 표결 결과가 나왔으나 다음날 공보처장이 개헌안이 통과되었다고 공표했다.[15] 이것이 바로 '4사5입 개헌'이라 불리는 헌정사 초유의 불법적 희극이었다. 이승만 정권은 한미상호방위조약 체결을 통해 체제를 보장받았고 자유당 권력을 강화함으로써 집권을 연장하는 개헌을 관철시킨 것이다. 이승만 정권은 1955년 여름에도 북진통일 운동을 지원했고, 1957년 1월 1일 발표된 대통령 연두교서는 3분의 2가 반공과 북진통일에 할애되어 있었다.

전쟁 중에 만들어진 마을별 행정조직인 국민반도 정치적으로 유용하게 활용되었다. 1950년대 중반 국민반은 매주 반상회를 개최했다. 반상회의 주요 안건은 바로 북진통일 운동이었다. 4사5입 개헌을 주도한 장경근은 내무부 장관에 취임하자마자 전국적으로 국민반 운영을 강화하겠다고 공표하기도 했다. 당시 기록에 따르면 경기도에는 총 2만 2920개의 국민반이 있었고 전라북도는 총 2만 3932개, 전라남도는 3만 1004개, 경상북도에는 3만 1752개의 국민반이 있었다.

정부는 국민반을 '민주정치의 기본조직'이라고 설명했다. 정부의 설명에 따르면 당시에는 라디오 같은 통신시설이 부족했기에 이런 관변 조직을 통해 '모든 시책이 민중 심리에 깊이 침투될 수 있도록' 운영할 필요가 있었다. 이런 조직은 '우리나라 같은 국민의 지적 수준이 낮고 민주국가의 초창기에 있는 곳에는 반드시 있어야 한다'는 것이다.

하지만 당시 언론들이 비판했듯이, 국민반 같은 조직은 '정상적인 민주주의 국가에는 없었던 반면 전체주의 독재국가엔 반드시 존재'하는 것이었다. 무엇보다 국민반은 '군국주의를 위해 운영된 일제의 유물'이었다. 더군다나 '총선거를 앞두고 갑자기 반상회를 강화한다는 것' 자체가 의심의 대상이었다.[16] 이렇게 국민반을 통해 전사회를 통제하고 장악하려던 이승만 정권은 1958년 말 지방자치법까지 개정해 시·읍·면장을 모두 정부가 임명하려 했다.

결국 이승만 정권은 '북진통일' 주장을 통해 대외적으론 한미상호방위조약을 확보하고, 대내적으로는 자유당을 강화해 개헌을 했으며 장기집권 체제를 구축했다. 이어서 그는 면장과 반장까지 상부에서 임명하는 국가를 구축하려 했다. 하지만 권력의 과도한 집중은 결국 1960년의 3·15선거에서 발생한 가장 극단적인 형태의 부정선거를 초래했다. 부정선거는 시민들의 대대적인 반발을 불러일으켰고 결국 '4·19혁명'으로 이어져 독재정권을 무너뜨리기에 이르렀다. 1960년대 초가 되면 북진통일을 유일한 통일노선으로 여기던 분위기가 점차 약해졌고, 유엔 감시하에 남북한 총선거를 이루자는 평화통일 논의가 등장했다. 이렇게 냉전의 최전선에서 미국의 후원을 받던 이승만 권위주의 체제는 북진통일 같은 호전적 수사와 함께 역사의 유물이 되었다.

냉전의 박물관에서
살아온 국민들의 삶

호전적 군사주의를 토대로 권력을 유지한 이승만 권위주의 체제는 사라졌지만, 수많은 냉전의 유물들이 그대로 남아 있다. 한 저명한 한국전쟁 학자는 한국전쟁 당시 창설된 유엔군사령부, 전쟁의 군사분계선이자 분단선인 38선, 정전협상이 진행되던 판문점이 그대로 남아 있고, 전쟁 당시보다 더 성장한 남북한의 군이 여전히 대립하고 있는 한반도 그 자체가 '냉전의 박물관'이라고 말한 바 있다. '자유의 최전선'이 '냉전 박물관'이 된 것이다.

자유의 최전선에 서 있던 국민들은 그동안 극단적 대립의 한복판에서 살아야 했다. 어떤 이들은 강제 징병을 통해 반공투사가 되었고, 이에 가담하지 않는 사람들은 적을 도왔다는 혐의로 희생되기도 했다. 정부는 냉전의 최전선에 선 대가로 한미상호방위조약을 체결하고 미국에 경제원조를 받았지만, 국민들은 북진통일을 외치며 대통령의 재선과 장기집권을 위해 정치적으로 동원되었다.

전쟁과 냉전은 이처럼 한반도에 크고 깊은 상흔을 남겼다. 한국은 최전선에 서서 전쟁을 치른 대가로 자유진영의 지원과 보호를 받으며 급속한 경제성장을 이루었지만, 호전적인 체제 대립을 활용한 권위주의 체제가 들어서고 지속된 탓에 해방된 지 40여 년이 지난 후에야 국민의 뜻에 따라 정치가 이루어지는 민주화를 이룰 수 있었다. 그리고 그 민주화가 이뤄진 후에야 한국사회는 지난 시기를 돌아보며 전쟁과 권위주의가 남긴 상처들을 성찰하고 이를 넘어서려는 노력들을 시작할 수 있었다.

하지만 전쟁이 끝나고 60여 년이 지난 지금까지도 한반도엔 여전히 전쟁의 그림자가 드리워져 있다. 우리가 1950년대의 경험을 통해 깨달아야 할 것은 우리가 얼마나 오랫동안 전쟁과 권위주의 체제의 영향 아래에서 살아왔고, 그것에 익숙해져 있는가 하는 점이다. 전쟁과 권위주의에서 벗어나 평화와 민주주의를 이루는 것은 너무나 어려웠다. 우리는 여전히 전쟁의 그림자를 마주하며 더 많은 평화와 더 많은 민주주의를 요구하고 있다.

전쟁미망인
그리고 자유부인

이 하 나

1950

근대 동아시아
여성의 삶의 조건

오늘날 여자가 진실로 해방을 요구하려면 먼저 경제적으로 남자와 동일한 세력을 얻어야 할 것이지 남성에게 경제적으로 기생하는 생활을 해서는 안 된다.[1]

조선 여성에게 얼크러져 있는 각종의 불합리는 그것을 일반적으로 요약하면 봉건적 유물과 현대적 모순이니 이 양 시대적 불합리에 대하야 투쟁함에 있어서 조선 여성의 사이에는 불일치가 있을 리가 없다. 오직 반동층에 속한 여성만이 이 투쟁에 있어서 회피 낙오할 뿐이다.[2]

근대가 가져온 수많은 변화 가운데에서도 여성의 지위 변화는 가히 혁명적이었다. 일제 강점기에 이미 남녀평등과 여성해방이 말과 실천으로 나타났지만, 급진적 변화가 있기까지는 해방 후에서 전쟁기에 이르는 수

년간의 과도적 상황이 존재했다. 실제 생활에서 여성이 전근대적 굴레에서 벗어날 수 있었던 결정적 계기는 바로 전쟁이었다. 전쟁이 가져온 생활 기반의 파괴와 가치관의 붕괴는 한국사회를 전근대의 유산이 더이상 유지되기 어려운 상황으로 몰고 갔다.

제2차 세계대전의 종전과 함께 일본 제국주의가 몰락하자 식민지였던 조선과 반식민지였던 중국은 물론이고 제국주의 본국인 일본에서마저 혁명적 열기가 들끓었다. 각계에서 분출된 민중의 요구 속에 각종 단체들이 만들어졌다. 그중에서도 여성단체는 당시의 모순을 극복하기 위한 이데올로기적 정치 다툼에도 적극적으로 임해야 할 뿐 아니라 여성의 자유권과 평등권을 획득하기 위해 가부장제와도 싸워야 하는 이중의 과제를 안고 있었다.

전통적으로 남존여비의 관념이 강했던 동아시아 3국의 여성들에게 근대는 여성에 대한 근본적인 시각을 바꿀 수 있는 기회의 시기였다. 1945년 당시 동아시아 여성들이 처한 조건은 이제 막 봉건제에서 벗어났으나 여전히 봉건의 잔재에 묶여 있던 20세기 초반기와 크게 다르지 않았다. 중국이 사회주의 투쟁과 혁명 그리고 1950년대의 경제개발 과정에서 여성의 지위를 높인 반면, 미국의 점령이라는 역사적 경험을 공유한 일본과 한국은 지난 반세기 동안 여성들이 벌여온 투쟁을 무색하게 할 정도로 하루아침에 여성의 기본권이 신장되었다.

패전 후 일본 여성운동은 차별 반대나 전쟁 반대 등을 시작으로 여성의 생활과 직결되는 문제들, 곧 가족제도 부활 반대라든지, 여성의 노동문제 등을 이슈로 하는 대중운동으로 발전했다.[3] 1947년의 신헌법 제정이나 1948년의 민법 개정은 여성에 대한 봉건적 압제와 차별을 법률적으로 폐지한 것이었는데, 이는 일본 내의 보수주의자들로 하여금 위기의식을 느끼게 했다. 여성문제 인식의 획기적인 발전에도 불구하고 1950년대까지 일본 여성은 전근대적인 남녀차별 의식으로부터 결코 자유롭지 못했는데, 이는 한국을 포함해 새로운 역사적 조건에 처한 당시 동아시아 여성의 공통된 현실이었다.

한국에서 1920년대부터 거론되기 시작한 여성해방론은 여성이 경제적으로 평등하고 독립적이어야 한다는 자각을 바탕으로 했다. 하지만 식민지 현실에서 여성의 경제적 평등과 독립은 더욱 요원한 것처럼 보였다. 식민지라는 조건은 근대로의 진입과 더불어 봉건적 속박에서 벗어나고자 했던 여성들에게 '여성'이라는 정체성을 독립적으로 꽃피우기보다는 정치세력과의 연대 속에서 이를 꾀할 수밖에 없는 상황을 제공했다.

해방과 미군의 점령은 여성들이 향후 국가 건설 과정에 한몫함으로써 공적 영역에서 여성의 정치적 권리를 신장하는 데에 주력할 수 있다는 전망을 가져다주었다. 해방 바로 다음날 일제 시기 좌우합작 여성단체인 근우회에서 활동한 선구적인 여성운동가인 황신덕, 박순천, 임영신, 노천명 등이 건국부녀동맹을 결성했다. 이들은 조선 여성의 정치적·경제적·사회적 해방을 위해 남녀평등의 선거 및 피선거권 확보, 언론·출판·집회·결사의 자유 획득, 남녀 임금차별 철폐, 공·사창제 및 인신매매 철폐, 여성의 자주적 경제생활과 문맹·미신 타파 등을 구체적인 행동강령으로 삼았다.

미군정기 여성정책은 기본적으로 남녀평등의 민주질서 확립이라는 목표를 전제로 추진되었는데, 그중에서도 1946년 행정부 내에 여성 관련 업무를 전담하는 부녀국이 설치된 것은 획기적인 일이었다. 그러나 미군 점령 후 공창제가 즉각 폐지된 일본에 비해 한국에서는 미군정이 이에 대해 미온적 태도를 보임에 따라 1947년 11월에야 공창제 폐지령이 공포되고 사창은 도리어 증가했다. 한국전쟁 전에 5만여 명이었던 공·사창 종사자가 전쟁 후에는 30여 만 명으로 늘어난 것은 비대해진 군대 조직과 미군의 주둔 외에도 이 같은 현실이 원인이 되었다.[4] 미군정기에 우익 중심으로 재편된 여성운동은 여성해방을 위한 이념이 부재한 가운데 국가권력 기구와의 유착을 통해 대중과 유리된 여성 명사 중심의 운동에 그쳤다는 점에서 이후의 여성운동과 같은 한계를 지닌다.

미군정기에 이루어진 여성의 법적 지위 향상에서 가장 큰 변화는 여성참정권의 실현이었다. 1948년 3월 17일 법률 175호로 공포된 '국회의원 선거법'에서 여성에게 남성과 동등한 자격의 선거권과 피선거권이 주어졌다. 그러나 전체 유권자의 91.7퍼센트에 달하는 높은 등록률을 보인 제헌국회의원 선거에서 여성 유권자의 등록률이 전체의 49.4퍼센트에 그쳤다는 것은 아직 여성의 선거 참여가 국민들에게 당연하게 받아들여지지 못했음을 의미한다. 여성 후보자는 서울 7명을 포함해 총 18명이었는데, 이 중 한 명도 당선되지 못했다. 서구의 경우처럼 여성참정권이 한 세기 이상의 지난한 투쟁의 과정에서 쟁취*된 것이 아니었기 때문에 여성 스스로도 그것의 소중함을 알지 못했던 것이다.

---

* 1893년 호주에서 처음으로 여성참정권이 인정된 이래 독일은 1919년, 미국은 1920년, 영국은 1928년에 여성참정권이 인정되었다. 반면 그 어느 나라보다도 이른 시기인 1848년에 보통선거제가 도입된 프랑스에서는 거의 100년 만인 1944년에서야 드골(Charles De Gaulle) 임시 정부에 의해 여성참정권이 부여되었다. 그 100년 동안 프랑스에서는 여성참정권을 획득하기 위한 의회 안팎의 노력이 있었는데, 1919년에 여성들의 정치 참여가 불러올 파장을 염려한 상원에 의해 하원에서 통과된 여성참정권 법안이 끝내 거부된 적이 있었다. 결국 보수적인 여성들에게 참정권을 부여해 전후 좌파의 활동을 제약하길 원했던 드골의 정치적 고려가 여성들의 오랜 참정권 획득 투쟁에 종지부를 찍게 했다. 여성참정권을 위해서는 우선 백인 남성만을 보편적 인간으로 규정한 공화주의의 전제를 받아들여야만 했을 뿐만 아니라 여성의 연대 가능성을 무시한 보수성을 인정하는 조건하에서만 참정권을 획득할 수 있었다는 것은 아이러니라고 하겠다. 프랑스 페미니즘 운동에 대해서는 조앤 W. 스콧 『페미니즘, 위대한 역설』, 앨피 2006 참조.

모윤숙(앞줄 맨 왼쪽)과 김활란(앞줄 맨 오른쪽)
이 시기 몇몇 엘리트 여성들은 정부 고위직에 진출하거나 비밀 사교단체를 만드는 등 활발한 정치활동을 벌였다. 하지만 그것이 곧 여성의 지위 향상을 뜻하는 것은 아니었다.

정부 수립부터 한국전쟁에 이르는 기간 동안 세 명의 여성이 장관직에 진출했다. 초대 상공부 장관 임영신, 공보처장 김활란, 무임소장관 박현숙이 그들이다. 이때부터 1979년 이화여대 명예총장 김옥길이 문교부 장관이 되기 전까지 여성 장관이 전혀 없었음을 상기하면 매우 이례적인 일이었다. 이밖에도 미군정기 부녀국장을 역임한 고황경과 제2대, 4대 국회의원을 역임한 박순천, 제3대 국회의원을 지낸 김철안 등을 비롯해 장관이나 국회의원 및 정부 관료로 진출한 다수의 여성 인사들은 모두 이승만과 개인적인 친분이 있던 고학력의 우익단체 인사들이었다.

개인으로서의 여성들은 고위직에 진출하는 등 나름의 성과를 올렸으나 집합적 주체로서의 여성단체 활동이나 역할은 공적 영역에서 점차 축소되어갔다. 일명 '낙랑구락부'*로 불린 엘리트 여성들의 외교활동은 일종의 비공식적인 스캔들로 치부되어 공적 활동으로 인정받지 못했다. 이는 일제 강점기부터 국가의 요구에 부응하는 것을 여성 지위 향상과 동일시했던 엘리트 여성 지도자들의 한계이자, 여성을 정치적 동원 대상으로만 치부했던 이승만 정권의 한계이기도 했다. 실제로 1950년대에 결성된 여성단체들의 활동은 정부의 헤게모니에 귀속된 관제 여성운동의 기원을 이루었다.

전쟁이 여성에게
남긴 것

우리는 군경원호회 서울특별시 지부의 원호 대상자이다. 남편을 모두 전쟁터에 바치고 남편을 태운 재를 머리맡에 놓고도 장례도 못 지내는 형편에 있다. 우리들이 기다린 것은 대한군경원호회에서 원호를 목적으로 관제처로부터 이양받은 남대문 점포 120개 중 조금이라도 얻어서 장사나 하여 살아보려는 것이었다. 들건대 이 점포를 대한군경원호회에서 시장의 연고자들한테 팔아버렸다니 그러면 우리는 어떻게 살란 말인가. 100만 환에 팔기로 하고 현재 50만 환만 받았다는데 서울시장

---

* '낙랑구락부'는 영어를 구사하는 엘리트 여성들이 외교관 및 고급 장교 등 주한 외국인을 대상으로 외교활동을 한 비밀 사교단체이다. 총재 김활란과 회장 모윤숙 등 낙랑구락부의 핵심 인사들은 외교력을 발휘해 남한 단독선거에 반대하던 유엔한국위원단 임시의장 메논(K. P. S. Menon) 대사로 하여금 이승만을 지지하고 남한 단독정부를 찬성한다는 연설을 하도록 만드는 데 일조했다. '낙랑구락부'에 대해서는 외교를 빙자한 실질적인 매춘 행위였다는 평가와 엘리트 여성들의 공적·문화적 활동이었다는 평가가 양립하고 있다. 실제로 메논은 자서전에서 모윤숙이 자신의 마음을 흔들었다고 고백하기도 했다.

님은 지부 책임자이니만큼 책임있는 답변을 하여주오.[5]

분단과 전쟁은 한국인들에게 역사상 가장 심각한 수준의 피해와 씻을 수 없는 상처를 남겼다. 가장 큰 피해는 두말할 것도 없이 직접적인 생명 손실이었다. 국군, 유엔군, 북한군, 중공군을 합해 322만 명의 군인 피해가 발생했고 300만 명의 남북 민간인이 사망했다. 당시 한반도 전체 인구 3000만 명 가운데 사망자는 군인과 민간인을 포함해 400만 명 이상이었다. 또 월남인과 월북인을 아우른 월경 당사자만 100만 명이 넘었고 약 400만 명 이상의 유가족이 발생했다. 곧 전체 인구의 13퍼센트 이상이 사망하고 13퍼센트 이상은 이산가족이 되었으므로, 적어도 전체 인구의 26퍼센트가 사망했거나 가족을 잃었다는 뜻이다. 사망자나 이산 실향민의 상당수는 20~30대 남성이었고,[6] 이 중 상당수는 기혼자였기 때문에 1950년대에는 남북 모두 남성보다 여성 인구가 훨씬 많았다. 인구의 손실과 그로 인한 과부와 고아의 양산은 전쟁이 가져다준 참담한 결과의 하나였다.

분단과 전쟁은 농촌에서 나고 자라 죽을 때까지 같은 곳에서 머물던 대다수의 한국인들이 고향을 떠나 타지로 이동하게 된 계기가 되었다. 월남인, 과부, 고아 등은 고향에 돌아가지 못하고 피난지에 머물거나 삶의 터전을 찾아 도시로 이주했다. 해방 후 일본이나 만주 등지에서 귀환한 동포 150여 만 명과 월남인 50여 만 명도 일자리가 있는 도시로 몰려들었다. 농지개혁 과정에서 농지를 팔고 몰락한 대부분의 소농들 역시 더이상 농촌에 머물 이유가 없었다.

농촌이 피폐해지면서 도시로 이주한 사람들은 대부분 도시빈민이 되었다. 도시 인구 비율은 1949년에 17.2퍼센트이던 것이 1955년에는 24.5퍼

미군 부대에서 빨래하는 여성들
'가장'을 잃은 여성들은 곧장 생활전선에 뛰어들어 생계를 책임져야 했다. 그들은 가족을 부양하기 위해 품팔이, 빨래, 삯바느질 등 고된 노동을 감내했다.

센트, 1960년대는 28퍼센트로 증가했는데, 1949~55년 사이의 급격한 도시 인구 증가 중에 3분의 1은 과거 농촌으로 분류되었던 읍이 시로 승격하면서 발생했고 나머지 3분의 2는 전쟁으로 인한 인구이동의 결과였다. 1950년대 농촌의 인구이동은 서구의 경우처럼 공업화 과정에서 이루어진 도시화의 결과가 아니었다. 이 시기 인구이동은 도시의 인구 유인 요소가 높아져서 나타난 것이 아니라 분단과 전쟁으로 삶의 조건이 피폐해진 민중들의 자구책이었던 측면이 컸다.

도시에서의 삶은 신산하기 그지없었다. 법적·경제적으로 신분제가 완전히 무너지고 친족적 질서도 점차 와해되고 있었다. 가족 형태가 대가족에서 핵가족으로 바뀌면서 3대 이상으로 구성된 가족의 비율이 전국 27.4퍼센트, 농촌 지역도 30.5퍼센트에 불과했다. 전쟁으로 가족적·친족적 유대를 상실한 사람들은 도시에서 원자화된 개인으로 맨몸으로 내던져졌다. 봉건적 가족제도와 가부장제에 기초해 가문과 친족의 번영을 일차적인 목표로 삼던 전통적 가족주의는 가부장제의 존속을 전제로 한 여성의 모성을 중심으로 새롭게 재편되었다. 전쟁으로 가부장이 남성성을 잃거나 사망한 경우에도 가부장제의 파수꾼은 다름 아닌 여성이었다. 핵가족하에서 남편을 잃은 과부들은 생활전선에 뛰어들어 생계를 책임져야 했고, 가부장이 있는 여성들은 육아와 교육에 완전히 몰입해 가족의 부상을 추구하는 것을 최대 임무로 삼았다.

새로운 가족주의는 집안을 일으키는 수단으로서 교육을 중시해 과도한 교육열을 불러왔다. 상호 불신에 가득 차 믿을 것은 오직 돈뿐이었던 도시의 삶에서 배금주의와 가족이기주의가 기승을 부렸고, 사람들은 더욱더 교육에 몰두했다. 계급 상승과 유지의 도구로서 교육이 부상했기 때문에 국민학교부터 대학교에 이르기까지 명문 '일류 학교' 입학을 위해 과외가 성행했다. 사회적으로 문제가 된 '위장전입'이나 '치맛바람' 등의 신문 기사는 은연중에 높은 교육열의 부작용을 여성들 탓으로 돌렸다. 전후 한국 사회를 지탱한 힘은 여성들의 강한 생활력이었음에도 불구하고 여성이 가정 바깥에서 하는 모든 활동은 항상 사회문제로 비화되기 일쑤였다. 전쟁은 여성에게 삶의 무게와 사회적 비난이라는 이중의 고통을 안겨준 것이다.

전사한 남편을 둔 여성을 높여 칭하는 '전쟁미망인未亡人'이라는 용어에는 사실 남편을 따라 죽지 못한 여성이라는 의미가 담겨 있다. 1955년 조사에 의하면 당시 전체 미망인의 수는 100만여 명에 이르며, 이 중 대다수가 전쟁미망인이거나 이산으로 인해 남편의 생사가 확인되지 않은 경우이다. 이산가족은 월남인과 월북인뿐만 아니라 납치된 인물들, 미송환 포로, 미귀환 공작원 등과 유가족들이 포함된다.7 이들 여성 이산가족과 함께 전쟁으로 불구가 되어 돌아온 남편까지 떠맡은 여성들도 사실상 전쟁

'양공주'라 불린 기지촌 여성들
생계를 위해 도시로 나온 여성들 중에는 미군기지 주변에서 '에레나'로 이름을 바꾸고 살아가는 수많은
'순이'가 있었다.

미망인과 다르지 않았는데, 어느 경우에도 여성들의 고생은 이루 말할 수
없었다.

　1951년 피난민들에게는 1인당 하루 평균 양곡 2홉 5작, 부식비 50환이
배급되었고, 피난민증을 받은 월남인들은 양곡이나 밀가루, 안남미, 보리
나 옥수수 가루 등을 배급받을 수 있었다. 그러나 배급은 늘 부족했기 때
문에 생계를 책임진 여성들은 가족들을 굶기지 않기 위해 다양한 방법으
로 먹을거리를 마련해야 했다. 여성들은 풀과 나물, 해초, 심지어는 나무
껍질 등을 채취해 죽을 끓였고, 미군 부대 근처에서 쓰레기로 버려지는 음
식물을 받아다가 양곡이나 국수 등과 함께 끓여 '꿀꿀이죽'을 만들기도
했다. 노동이나 행상, 품팔이, 삯바느질, 음식 장사 등 가족들을 부양하기

위한 여성들의 경제적 투쟁은 전후 여성의 지위와 활동을 규정하는 우선 요인이었다.

살기 위해 도시로 이동했거나 강제로 인신매매를 당한 여성 중에는 미군기지 주변의 기지촌에서 짙은 화장을 하고 미군을 기다리는 '순이'와 '에레나'들이 있었다. 전쟁 후 버려진 기지촌 여성들과 미군 혼혈아의 존재는 전쟁과 미군 주둔이 가져온 가장 가슴 아픈 장면의 하나이다.

전쟁미망인, 이산가족 여성, 불구가 된 남편, 그리고 '양공주'라고 불린 기지촌 여성들은 1950년대 결여된 가부장성을 홀로 지탱하며 곱지 않은 사회적 시선까지 견뎌야 했던 불안한 섹슈얼리티의 상징이었다.

여대생부터 유한마담까지, 그들의 경제활동

경향 각지에서 '산통계'가 성행하고 있는 요즘 당 시내(경주)에서 자살 미수 사건이 발생했다. 즉 시내 성동동에 거주하는 이진우 씨의 첩인 정종환(29) 씨는 중앙미장원을 경영하고 있는데 정씨는 86년 10월부터 계주가 되어오던바, 지난 10일 드디어 1100만여 환의 계가 깨져 이에 피해를 입은 계원 70여 명은 매일같이 전기 이씨의 집에 모여 야단법석을 하는 한편, 계원들은 '청산위원회'를 조직하고 이씨의 동산 부동산 기타 가재를 경매처분해 300만 환을 분배했다고 한다. (…) 당지 '과부조합장'인 김차남(42) 씨의 정부 신보돌(38, 가명) 씨는 전기(前記) 정씨의 계소동으로 인해 쥐약을 먹고 자살을 기도타 미수되는 등의 소동까지 발생해 일대 화젯거리가 되고 있다.[8]

1950년대는 여성이 삶의 주체로서 스스로를 인식하고 다양한 지위를 갖게 된 시기이기도 하다. 당시 여성을 가리키는 용어 중 가장 많이 알려진 것이 바로 '아프레걸'이다. 이 용어는 전후파를 의미하는 프랑스어 아프레게르après-guerre에서 온 말로 전통적인 여성상에서 벗어난 전후의 새로운 여성이라는 뜻이다. 이 말은 주로 미국 문화를 모방하며 방종하는 여성을 비판하기 위해 쓰였다. 하지만 가부장적 지식인들이 어떤 의미로 불렀든 '아프레걸'이 전통적 여인상과 다른 새롭고 현대적인 여성상을 보여준 것만은 분명했다.

전후에 등장한 새로운 유형의 여성들은 여대생, 취업 여성, '양공주' '유한마담' 등이었다. 이 중에서 지적이고 주체적인 사고방식을 가진 여대생은 대단히 매혹적인 존재였다. 1950년대 교육의 양적 증대로 인해 중·고등학교에 진학하는 여성의 숫자는 늘었지만 여성의 대학 진학이 아직 보편화되지 못한 사정을 감안하면 더욱 그러했다.

1950년대 초 1만 명도 안 되던 대학생이 1950년대 말에는 10만 명으로 증가했지만 그중 여학생의 비율은 높지 않았다. 이화, 숙명, 덕성 등 일제 시기 명문 여학원들이 해방 후 종합대학으로 승격하고 남녀공학 대학교에도 여성이 입학하기 시작하면서 여대생은 현대적 '애티튜드'와 지성을 갖춘 여성으로 표상되었다. 그러나 동시대 남자 대학생들이 지식인으로 인식된 반면 여대생들은 그렇지 못했다. 1950년대 영화에서 여대생은 "낮에는 대학에 다니다 밤에는 술집에 나가는" 여성으로 묘사되기 일쑤였다. '낙랑구락부'의 예에서도 보이듯이 여성들은 엘리트라고 하더라도 빈번히 성적인 것과 결합해 상상된 것이다.

1950년대 영화에서 취업 여성은 현대적인 매너와 지성의 소유자로 묘사되었다. 이들은 타이피스트나 산부인과 의사, 양품점 매니저 등 나름의

박인수 사건을 보도한 신문 기사

한국판 카사노바 사건이라 불리는 이 사건에서 박인수는 짧은 기간 동안 댄스홀에 출입하는 여성 70여 명과 무분별한 성관계를 가졌다. 수차례의 공판 끝에 법원은 박인수에게 무죄를 선고했고, 피해 여성들은 도리어 거센 사회적 비난에 시달렸다.

전문성과 책임의식을 가진 여성으로서 남성중심주의에 저항할 수 있는 가능성을 가진 존재였지만 이를 극복할 수 있는 이념이나 논리는 부재했다. 한편 전쟁과 미군 주둔의 부산물인 '양공주'는 기생적인 존재로서 멸시받았다. 영화 속에서 이들은 기구한 과거를 지닌 탓에 스스로 타락했거나 주변 남성을 타락시키는 악녀의 이미지로 재현되었다.

생활이 넉넉해 여가를 즐기는 중산층 여성을 가리키는 '유한마담' 중에는 장바구니를 들고 댄스홀에 드나들며 가정을 등한시하는 '자유부인'들이 많았다. 1950년대 사회문제로 야기된 댄스홀과 춤바람은 자신의 욕망에 솔직한 이 새로운 '부인'들을 주인공으로 한 사회적 스캔들이었고, 그 정점에 '박인수 사건'이 있다. 하지만 이 사건에서 비난의 초점이 된 것은 70여 명의 여성들을 기만한 남성이 아니라 피해 여성들이었다. 박인수가 상대한 여성들 중에 여대생과 고위 관료의 부인들이 다수를 차지했다는 보도는 사회에 큰 충격을 주었고, 이 사건은 "법은 보호받을 자격이 있는 정조만을 보호한다."라는 법원 판결로 일단락되었다. 정절·순결 이데올로기가 여성들의 성적 자기결정권과 성의식 변화에 맞서 승리한 것이다.

당시 여성들은 무엇으로 불리고 어떤 사회적 조건에 처했든 간에, 가부장제 수호와 가족질서의 안녕을 일차적 목표로 삼길 강요하는 굴레 속에서 조금씩 숨통을 틔울 일들을 찾았다. 여성들이 전통적 성역할에서 어느 정도 벗어나게 된 것은 전쟁과 전후의 팍팍한 삶으로 인해 여성들이 생활 전선의 전면에 나서게 되면서부터였다. 삯바느질이나 행상 등을 통해 생계를 꾸린 억척스런 여성들만 적극적으로 경제활동에 나선 것은 아니었다. 전업주부나 부녀자들, '유한마담'들 역시 나름대로의 경제활동을 하고 있었다.

1950년대 영화에는 '유한마담'이 밀수에 손을 대거나 원조품을 불하받아 사업하는 데에 간여했다가 사기를 당하는 장면이 많다. 영화 「자유부인」한형모, 1956에서 주인공 오선영의 친구 최윤주는 오선영을 댄스홀로 이끄는 인물이자 곗돈을 유용해 밀수 사업에 손을 대는 불법 사업가이기도 하다. 본래 유명 인사의 부인인 그녀는 사기를 당해 모든 돈을 날릴 뿐 아니라 언론에 노출되어 망신까지 당해 결국 자살하고 마는데, 이는 '유한마담'에 대한 당시의 통념이기도 하지만 어느정도 현실을 반영하는 것이기도 했다. '유한마담'이 부녀자들을 모아 계를 조직해 자본을 축적하고 이를 바탕으로 요릿집 등을 경영하는 모습은 당시 흔히 볼 수 있는 풍경이었다. '유한마담'뿐 아니라 당시를 살았던 부녀자들이라면 대부분 크고 작은 계 한두 개씩은 하고 있었다. 이처럼 계는 오늘날의 재테크에 해당하는 경제활동 중에서도 독보적 위상을 갖고 있었다.

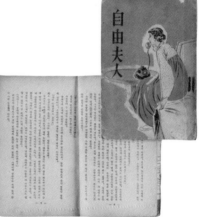

영화 「미망인」과 「자유부인」 포스터, 소설 「자유부인」

1954년 『서울신문』에 연재되어 큰 인기를 끌었던 정비석의 소설 『자유부인』은 2년 후 한형모 감독에 의해 영화로 만들어졌다. 유교 윤리가 지배하던 사회에서 유부녀의 탈선과 성 개방이라는 파격적인 목소리를 담은 이 영화는 한국 멜로영화 최초의 히트작으로서 이후 수차례에 걸쳐 리바이벌되었다. 한국 최초의 여류감독 박남옥의 데뷔작으로 주목받았던 「미망인」 역시 전후 성윤리의 변화상을 섬세하게 그려내 극찬을 받았다.

전통시대부터 사교와 상호부조를 목적으로 만들어졌던 계는 1950년대에 서민 금융을 대신하는 대표적인 공동체 조직이었다. 계는 은행 예금보다 높은 이자를 자랑했으며, 당시 농민과 소규모 기업을 상대로 불법적으로 자행된 고리대보다 접근하기 쉽다는 장점이 있었다. 부녀자들은 소규모의 경제공동체인 계를 통해 소액의 자금을 불려나가면서 목돈을 마련할 수 있었다. 이렇게 모인 곗돈은 자녀의 교육자금이나 집값으로 쓰이거나 각종 생활용품 또는 금반지 등의 사치품을 마련하기 위한 자금으로 쓰였다. 하지만 이 돈이 '유한마담' 등의 계주를 통해 시중으로 흘러나가고 계주가 곗돈을 들고 도망가거나 계가 파탄나는 일이 많아지면서 사회적으로 문제가 되기 시작했다.

전쟁 후 사금융 시장 전체를 장악할 정도로 성행했던 계는 1954년 7000여 개에 이르렀는데, 이해 후반부터 정부의 통화 억제정책으로 자금 융통이 원활하지 않게 되면서 위기를 맞았다. 1955년 1월 광주를 시작으로 서울, 부산, 대구 등 대도시에서 조직된 계의 대부분이 연쇄적으로 파탄났고 계로 인한 살인이나 자살 사건도 급증했다.[9] 계의 파탄에는 통화정책에 실패한 국가의 책임이 컸음에도, 오히려 실질적인 피해자인 계원들, 즉 부녀자들을 비난하는 목소리가 커졌다. 사업이나 계 등 여성들의 경제활동은 '치맛바람' '배금주의' 등의 용어와 결합해 경제 자립을 위한 여성들의 활동 자체를 부정적으로 담론화하는 빌미로 작용했다. 그러나 1950년대의 여성들은 이러한 경제활동을 통해 고정된 성역할에서 벗어나 가족의 부양을 책임지고 미래를 위해 주체적이고 적극적으로 행동하는 첫 번째 세대였다.

보수적인 남성 지식인들은 여성의식과 세태, 풍속의 변화를 미국 문화 탓으로 돌리기도 했는데, 이는 어떤 측면에선 일부 타당한 것이었다. 새로운 문화를 받아들이는 데에는 여성이 남성에 비해 훨씬 개방적이고 자유로웠기 때문이다.

여성문화를 선도한 것은 1950년대 창간된 수많은 여성잡지들이었다. 이 잡지들은 여대생과 취업 여성, 중산층 여성의 교양을 위한 대중지를 표방했다. 여성 관련 기사를 많이 실은『희망』(1951년 창간)과『청춘』(1954년 창간), 월간 여성지인『여성계』(1952년 창간)와『현대여성』(1953년 창간), 기독교 계열 여성지인『새가정』(1953년 창간), 여성 종합 교양지인『여원』(1955년 창간)과『주부생활』(1956년 창간), 화장품업계에서 발행한『장업계』(1958년 창간)와『화장계』(1958년 창간) 등이 대표적이었다.

여성지들은 경쟁적으로 미국영화를 비롯한 다양한 서구 문화를 소개했다. 미국영화의 주요 장면과 여배우들의 패션, 미용 등을 소개하고 '현대적＝서구적＝미국적'이라는 등식 아래 미국식 생활방식을 자세히 설명했다. 이를 통해 '지성과 미모를 겸비한 현대적 여성상'을 유포했고, 젊은 여성들은 미국 문화를 욕망하고 모방함으로써 이를 구현하고자 했으며, 이를 위한 모든 노력이 당시의 여성문화를 이루었다. 여배우의 외양을 따라하고 자유연애를 동경하며 소비의 주체로 거듭난 여성들은 존재 자체가 가부장제에 대한 위협이었다.

당시의 보수적인 남성 인사들은 '도의재건道義再建'을 표방하며 위협받는 가부장제를 회복하고 존속시키고자 했다. 소설과 영화를 계기로 '바람을 피우는 위험한 가정주부'를 의미하는 일반명사가 되어버린 '자유부인'은 사실상 그 자체가 1950년대를 상징하는 용어였다. 1950년대 '자유'라는 말 속에는 미국식 자유민주주의에 대한 선망의 의미도 있었지만 이를 개인주의와 등치시켜 백안시하기도 하는 이중적 감수성이 담겨 있었다.

정숙한 '부인'과, 방종이나 퇴폐 등 정반대의 이미지를 가진 '자유'라는 말의 결합으로 만들어진 '자유부인'은 묘한 호기심과 상상력을 불러일으키는 관음의 상징으로 떠올랐고, 1950년대 사회 풍속을 대표하는 말 중의 하나가 되었다. 그것은 동시에 경제력과 육체적 쾌락을 추구하는 자립적이고 전복적인 주체로서의 여성의 탄생을 의미하는 것이기도 했다.

축첩을 금하고
출산 조절을 허하라

장안의 화제를 집중시키고 있는 전 부흥부 차관 오영재 씨의 처 안순애 씨와 댄스 교사인 전병호 씨 간의 '간통 피고사건' 공판도 18일 결심을 보고 이제 판결만을 기다리게 되었다. 전후 6회에 걸친 동 공판정에는 40대 전후의 가정부인들이 연일 수백 명씩 모여들어 대혼잡을 이루었는데 이들은 한결같이 "동 사건은 바람둥이 남편이 모의 조작한 짓이다."라고 주장하면서 동 공판의 판결이 곧 방탕한 남편을 뒤에서 움직이는 화류계 여자와 순수한 가정부인과의 싸움의 판가름이라고 외치고 있다.[10]

1951년 국회에는 격렬한 논쟁을 불러일으킨 여성 관련 형법안이 제출되었다. 바로 간통죄, 중혼죄, 낙태죄 관련 법안이 그것이었다. 그중에서도 사회에 만연한 축첩 문제를 해결하고 여성의 지위와 권리를 보장할 방안으로 제기된 간통쌍벌죄 관련 법률이 통과된 것은 획기적인 일이었다.

예부터 축첩은 남성의 재력과 권력 그리고 남성성을 과시하기 위한 수단으로 여겨져왔다. 실제로 전쟁 이후 여성 인구 비율이 높아지면서 경제적 후원을 얻기 위해 첩이 된 여성들이 수만 명에 이르렀다. 본처에게는 인내를 요구하고 첩에게는 경멸의 시선을 보내며 축첩을 용인하고 있던 상황에서 1953년 10월 공포된 간통쌍벌죄 법안은 남성들의 축첩 행위를 제재하는 수단으로서 여성에게 고발권을 부여한다는 의미가 컸다. 자손 생산을 여성의 주임무로 여겼던 가부장제하의 순결 이데올로기로 인해 여성의 간통만 처벌했던 관례를 깨고 간통을 저지른 남녀 모두를 형사처벌하도록 한 것이기 때문이다.

간통쌍벌죄가 통과되기까지 여러 논란이 있었다. 훼손된 가부장제의 복원을 위해 전처럼 여성만 처벌해야 한다는 보수주의적 입장부터 성과 사랑의 문제를 국가에서 간여할 수 없으므로 간통죄 자체를 폐지해야 한다는 자유주의적 입장에 이르기까지 다양한 의견이 나왔다. 결국 여자만 처벌하는 간통죄는 남녀평등을 명시한 헌법에 위배된다는 것과, 간통죄를 폐지하면 남성의 외도와 축첩으로 고통받는 여성들을 구제할 방법이 없다는 것을 근거로 간통쌍벌죄가 채택되었다. 1950년대 간통 관련 재판에 여성들이 집단적으로 몰려가 간통죄를 저지른 남녀에게 야유와 욕설을 퍼붓는 일이 빈번했는데, 이는 간통과 축첩으로 고통받던 수많은 여성들의 울분이 표출된 것이었다.

1954년 이른바 '500만 환 위자료 청구소송 사건'과 1959년 '안순애 사건'은 가장 대표적인 간통죄 고소 및 이혼소송 사건이었다. '500만 환 위자료 청구소송 사건'은 여성의 고소로 간통쌍벌죄가 적용된 최초의 형사 사건이었는데, 고소인이 경기여고를 졸업한 엘리트인데다가 당시로서는 거액의 위자료가 걸린 사건으로 주목받았다. 아내 현씨는 남편 한씨가 수차례 이혼을 강요하면서 같은 회사 여직원과 허위 결혼까지 했을 뿐 아니라, 연봉이 400만 환에 육박하고 자산이 1000만 환이 넘으면서도 자신이 시부모를 모시고 시집살이하는 동안 생활비도 주지 않았다고 주장했다. 즉 간통과 중혼 등의 이유를 들어 이혼소송을 제기하고 500만 환의 위자료를 청구한 것이다. 그러나 법원은 남편 한씨에게 형사상 무죄를 선고하고 민사상의 책임만을 물었다. 이 판결은 정조의 의무를 여성의 것으로 한정하고 여성의 간통죄 고소를 재물욕의 소산으로 인식하는 등 전통적인 남성들의 입장을 대변한 것이었다. 하지만 남편의 외도를 이유로 아내가 거액의 위자료를 청구하는 이혼소송을 제기했다는 사실 자체가 과거와는 다른 인식의 변화를 보여주는 것이었다.[11]

'안순애 사건'은 간통죄로 고소된 장본인이 고위 관료의 부인으로서 16세 연하의 남성과 간통한 죄로 고소되었다는 점에서 세간의 지대한 관심을 끌었다. 전 부흥부 차관인 남편 오씨가 아내 안씨와 댄스 교사 전씨를 간통죄로 고소했는데, 피고 안씨는 오히려 남편 오씨가 천하의 바람둥이로 이혼을 위해 사건을 조작한 것이라고 주장했다. 이 사건은 결국 무죄로 결론지어졌다.[12] 남편의 방탕에 항거한 부인이 춤을 추다 만난 남성과 정을 통했으리라는 추측만으로는 죄를 입증할 수 없었기 때문이다. 사실 여부와 상관없이 '안순애 사건'은 간통죄 고소가 반드시 남성의 축첩과 관련된 것은 아니며, 여성의 외도로 (오)인한 경우도 많았음을 짐작하게 해준다. 실제로 '춤바람'이나 계 조직 등의 경제활동을 여성들의 성적 문란이나 물욕, 도덕적 타락 등과 동일시하던 세태에서 정조의 의무를 남성에게도 적용한 간통쌍벌죄는 그 자체로 여성 지위의 향상을 의미하는 것이었다.

여성의 지위와 권리 향상이라는 면에서 1950년대 일어난 또다른 중요한 변화는 여성들이 스스로 출산을 조절할 수 있음을 깨닫기 시작했다는 점이다. 피임과 낙태 등을 통한 여성들의 출산 조절 가능성은 여성들이 제 삶의 주인으로 설 수 있는 조건이 된다는 점에서 매우 중요하다. 1914년 미국에서 시작된 출산 조절 캠페인은 여성에게 피임할 수 있는 권리를 부여하는 발판이 되었고, 출산 조절 기술의 발달을 이끌어 여성들의 의식적인 생식 조절을 가능하게 했다.

1950년대 한국 여성들에게 강한 출산 억제 욕구를 불러일으킨 것은 한국사회의 절대 빈곤이었다. 식구들의 입을 줄이는 것이 절박했던 당시 여성들에게 임신과 출산은 결코 축복이 아니었다. 그 때문에 불법 낙태 수술이 만연해 생활고와 원치 않은 임신으로 고통받는 미혼여성, 미망인, 기혼여성 등이 정식으로 허가받은 병원인지도 알 수 없는 초라한 산부인과를 드나들었다. 당시 전체 가임여성의 35퍼센트가 인공유산 시술을 한 번 이상 받은 경험이 있었으며,[13] 수술 도중 사망하는 일도 허다했다. 서구화와 자유화에 노출된 도시 못지않게 가부장적 속박에 갇힌 농촌에서도 남몰래 낙태하려는 여성들이 많았다.

이러한 상황에서 1958년 대한어머니회가 대한여자의사회와 함께 추진한 출산 조절 운동은 여성이 자신의 몸과 모성을 스스로 선택할 수 있도록 자주적으로 출산을 조절할 수 있는 방법을 보급했다는 점에서 1960년대 이후 국가정책에 귀속된 '가족계획'보다 더 진보적인 여성운동이었다. 한편 초기 이승만 정권은 '산아제한'이라는 이름으로 통용되던 출산 조절 운동을 반대했다. 통일 후 총선에 대비하려면 인구를 늘려야 한다는 것이 그들의 논리였다. 따라서 이 시기에는 출산 조절에 반대하고 자녀, 특히 아들을 많이 낳아 군대에 보내는 어머니가 훌륭한 어머니로 표창되었다. 동시에 출산 조절은 혼외 성관계를 의미하는 타락한 성윤리의 표출로서 인식되었고, 이에 대한 여성들의 욕구 자체가 일탈적이고 반사회적인 것으로 비판받았다.

1950년대 중반 많은 지식인들은 출산 조절의 필요를 인정했지만, 그것을 모성의 임무 완수나 인구의 질 향상과 연관지음으로써 여성을 성과 출산의 주체로 인식하는 데 한계를 보였다. 비록 당시의 출산 조절 운동이 지식 보급과 상담에 치중하면서 건강한 가정을 위해 우량한 국민을 양육한다는 명분을 내세우기는 했지만, 여성을 자기 문제의 주체로서 인식하게 하는 계기가 되었다는 점에서는 그 의의가 적지 않다.

전쟁은 인간과 사회의 모든 것을 근본적으로 변화시키는 거대한 비극이다. 그러나 전쟁은 역설적이게도 역사 변동의 원동력이자 전환점이 되기도 한다. 탈식민과 국가 건설 과정에서 일어난 한국전쟁은 사회를 급속히 재편해야 할 필요성을 부각시켰다. 특히 전쟁으로 신분제와 대가족주의가 붕괴된 것은 여성의 지위 향상에 결정적 계기가 되었다. 그러나 남녀평등과 여성해방의 이상은 멀고도 험난한 미래를 예고했다. 여성은 남성을 비롯한 사회 전반을 변화시키는 것은 물론, 스스로도 변하지 않으면 안 되는 이중의 과제를 안고 있었다. 1950년대 한국 여성의 자화상에는 새로운 가족주의로 무장한 가부장제의 복원이라는 책무를 떠안은 여성과 자기 욕망에 충실한 자립적이고 주체적인 여성이라는 두 가지 얼굴이 모두 들어 있었다. 양자 사이의 모순과 투쟁이야말로 이러한 과제를 현실 속에서 실현해나가는 과정이었다.

'난민'이라는 존재의
인식과 삶

강성현

1950

'오발탄' 같은 삶

「오발탄」『현대문학』1959년 10월호은 그 자신이 월남인이자 피난민인 이범선의 자전적 소설이다. 이 작품은 해방촌에 거주하는 한 월남인 가족의 삶을 통해 전쟁 이후의 상황, 즉 허무, 퇴폐, 부정, 비리, 위선, 기회주의적 풍조가 만연하고 전망마저 없었던 1950년대의 현실을 압축해서 증언하는 '전후소설'로 평가받는다.

소설이 나오고 2년이 지난 1961년 황해도 사리원 출신의 영화감독 유현목이 「오발탄」을 영화로 만들었다. 감독 또한 고향을 떠나온 월남 피난민이었기에 소설 속 장면들은 화면에서 더욱 생생하게 살아났다. 시각적으로 구현된 월남 피난민들의 삶은 1950년대 그 자체였다. 1950년대는 전쟁이 끝난 후에도 전쟁 같은 삶을 사는 갈 곳 잃은 군상들이 유령처럼 배회하던 시대였다. 영화 「오발탄」이 포착한 해방촌이라는 공간은 바로 그 시대를 응축하고 있었다.

그중에서도「오발탄」의 마지막 장면은 목표를 상실한 현실을 압축해서 담아낸 시대적·사회적 축도로 평가받는다. 정신이 혼미한 상태에서 택시를 타 행선지를 자꾸 번복하는 철호를 두고 택시기사는 짜증 내듯 중얼거린다. "어쩌다 오발탄 같은 손님이 걸렸어. 자기 갈 곳도 모르게." 무의식 중에 이 말을 들은 철호는 자신이 "조물주의 오발탄인지도 모른다."고 수긍한다. 아들, 남편, 아버지, 형, 직업인으로서 제대로 자기 구실도 못한 채 사람들 사이에서 갈 곳 몰라 헤매고 있다고 인정한 것이다. 그때 환청으로 들린 어머니의 "가자!" 소리.

월남 피난민에게 '38선 이남' 사회는 어떤 장소였을까? '전후'라는 시간은 어떤 의미로 다가왔을까? 거꾸로 '자유세계'의 도움으로 지켜내고 재건한 한국사회에서 월남 피난민은 어떤 의미였을까?

고향에서 "꽤 큰 지주"로 살았던 철호의 가족은 토지개혁과 핍박을 피해 월남해 해방촌에 정착했다. 고향에서 뿌리 뽑혀 이주해온 삶은 고단하고 고통스러운 것이었다. 철호는 전쟁으로 실성해 시도 때도 없이 '가자'(고향으로, 옛날로 돌아가자는 의미)고 외치는 어머니를 38선 이남의 '자유'를 이유로 설득하지만, 스스로도 현실적 고통을 추상적 가치인 자유로 덮을 수 없어 괴로워한다. 동생인 영호와 명숙은 각자의 방식으로 해방촌에서의 고통스러운 삶에서 벗어나고자 한다. 영호는 국군에 자원입대하지만 결국 상이군인이 되고 만다. 사회적으로 차별받던 그는 신체적으로도 비장애인과 구별되는 장애인이 됨으로써 이중적인 사회적 타자가 된 것이다. 벼랑 끝에 선 영호는 은행강도를 저지르는 데까지 이른다. 여동생 명숙은 소극적이고 무능력한 오빠 철호에 반발해 미군을 상대하는 양공주가 된다. 전쟁으로 갑작스럽게 가장이 된 이 땅의 수많은 누이와 어머니들이 가족의 생계를 위해 몸으로 돈을 벌어들였다. 그럼에도 철호는 명숙에게 못마땅한 심기를 드러내며 말 한마디 섞지 않는다. 양공주가 된 명숙 역시 이중으로 배제당하는 것이다.[1] 살아남기 위해 권총강도가 된 상이군인이나 가족의 생계를 책임지고자 양공주가 된 여성의 이야기는 월남 피난민 가족에 한정된 예외적 비극은 아니었다. 당시 신문지상에서는 비슷한 이야기가 오르내렸기 때문이다. 그런 점에서 「오발탄」은 분단과 전쟁의 상처가 깊게 새겨진 1950년대 사회상의 한 단면을 드러낸다고 할 수 있다.

그런 맥락에서 이 글은 1950년대 '난민'refugee이라는 존재의 인식과 삶에 주목한다. 한국사회에서 난민은 어떤 존재였고, 어떻게 인식되었을까? 이에 대한 원체험은 1950년대 국민 만들기와 되기에 어떻게 작용했을까? 전시 난민의 피난살이는 어떠했을까? 전후에도 오발탄처럼 전쟁 같은 삶을 살았던 월남인의 삶은 어떤 양상을 띠었을까? 주변인이었던 그들은 어떻게 1950년대를 표상하는 존재가 되었을까? 지금 그들을 주목하는 것이 어떤 의미가 있을까?

이에 답하기 위해 전쟁이 발발한 1950년 여름 이후 피난민들이 어떤 존재로 인식되었고 이에 바탕을 둔 피난민 대책이 어떠했는지 확인할 것이다. 그리고 피난민의 삶, 특히 전시 피난민 수용소의 피난살이와 전후 정착지, 특히 '해방촌'의 일상이 어떤 양상을 띠었는지 스케치할 것이다.

'버림받은 국민'과 '비국민'의 경계에서[2]

피난避難은 말 그대로 재난을 피해 이동하는 것이다. 이 땅의 사람들은 크고 작은 재난이 닥칠 때마다 산전수전 겪으며 살길을 찾았다. 여기서 '재난'이란 뜻밖에 일어난 재앙과 고난을 뜻하므로 천재지변뿐만 아니라 전란을 포괄하는 말이다. 이렇게 볼 때 피난은 난리·전쟁을 피해 이동하는 피란避亂을 포괄하는 개념으로, 기본적으로 '안전의 부재' 속에서 안전한 곳을 찾아 이동하는 행위라 할 수 있다.

한국사회에서 피난을 상기시키는 원체험은 한국전쟁기의 피난이다. 도처의 전쟁 관련 박물관과 기념관이 한국전쟁기 피난 서사를 전시하고 있다. 물론 1946년 38선 이북의 토지개혁과 정치적·계급적·종교적 억압으로 자유를 찾아 월남한 전쟁 전 피난 서사도 강력하다.「오발탄」철호 가족의 월남 이야기도 전형적으로 그런 경우다. 흥미로운 사실은 전전戰前과 전중戰中의 월남 피난 서사가 거의 항상 함께 이야기된다는 점이다. 월남 피난이 '자유를 위한 숭고한 선택'이었음을 부각하는 과정에서 둘을 연결하는 것이다. 월남 피난만 두고 생각하면, 1950년 6월 25일은 전쟁이 전면적으로 전개되는 분기일 뿐, 그전부터 이미 전쟁 상태였던 것 같다.

한국전쟁기 피난은 전쟁의 복합적인 성격과 연동되어 난리를 피하는 행위 이상의 의미를 지닌다. 한국전쟁은 북한의 남침으로 시작된 이승만과 김일성 정권 간의 '내전'인 동시에 유엔군과 중국인민지원군이 참전한 '국제전'이었으며, '자유진영'과 '공산진영'이 열전으로 맞선 '이념전'이었다. 또 한반도의 민중이 처음으로 겪은 총력전 양상의 '현대전'이자 전선이 크게 위아래로 요동친 '톱질전쟁'이기도 했다.

이러한 상황에서 전쟁을 관조하듯 방관적인 태도를 취하는 것은 허락되지 않았다. 중도를 유지하는 것도 불가능했다. 양쪽에서 '우리'가 될 것인지 '적'이 될 것인지 강요받았고, 병력과 노동력의 '자발적' 동원이 강제되었다. 한국전쟁은 그 어떤 국가사업보다도 강력한 국민 만들기와 국민

되기를 동반했다.

　개전 초기 혼란 속에서 서울시민 중 일부만이 한강을 건너 피난했고, 나머지는 '잔류'하게 되었다. 본격적인 피난은 6월 26일 오후부터 서울 북쪽에서 내려오는 피난민 대열에 서울시민 일부가 가세하면서 시작되었다. 27일 오전에는 국무위원을 비롯한 정부 요인들이 서울을 탈출했다. 이승만 대통령도 급히 서울을 탈출했다. 사전 연락도 없이 비상국무회의에 참석하지 않은 채 말이다. 대통령과 주요 각료 및 핵심 인사들은 "슬슬 다 도망치고 국민보고만 싸우라고 한 형국"이 되었다. 어떤 이는 트럭에 각종 가재도구와 개까지 싣고 남쪽으로 갔다.[3] 핵심 지배층 외에도 친일 경력을 가진 사람, 군인과 경찰 가족, 정부에서 일정한 지위를 갖고 있던 지배층이나 우파 지식인, 전쟁 이전의 월남인 등이 피난을 떠났다. 이렇게 보면 서울에서의 '엑소더스'는 정치적·계급적 성격을 띤다고 볼 수 있다.

　나머지 110만 명의 잔류자 중에는 북한군의 서울 점령을 적극 바라면서 기다린 사람들도 있지만 그런 사람은 극히 일부였고, 대부분은 피난할 때를 놓친 사람들이었다. 그들이 '때'를 놓친 것은 주저했기 때문이 아니다. 개전 직후부터 국방부 정훈국 보도과가 모든 신문, 방송을 검열하면서 실제 전황과는 다른 허위 방송을 내보냈다. 전선이 급격하게 무너지며 일방적으로 밀리는데도 국군이 적을 격퇴하고 평양으로 진격하고 있다고 선전한 것이다. 그렇다보니 정부 차원의 서울시민의 피난 및 소개疏開 계획은 있을 턱이 없었다. 6월 27일 새벽의 비상국무회의에서 관련 안건이 잠깐 언급되기는 했으나 말 그대로 무계획 무대책이었다. 27일 밤 10시부터는 '안심하라'는 요지를 담은 이승만 대통령의 녹음방송이 서너 차례 반복됐다. 무대책을 넘어 정부가 시민의 피난을 가로막은 것이다. 28일 새벽 2시 30분에는 한강교가 폭파되었다.[4] 채병덕 육군총참모장의 지시로 이루어진 한강교 폭파는 결과적으로 서울 창동과 미아리 등에서 싸우고 있던 수만 국군 병력의 퇴로를 차단했을 뿐만 아니라 서울시민을 강제로 잔류시켰다. 서울시민들은 "그래도 설마 서울이야" 하며 "애써 정부를 믿기로 하고" 있다가 때를 놓쳤다. 큰 죄를 짓지도 않았는데 가족을 이끌고 변이 있을지도 모를 피난길을 떠나는 것은 위험하다는 생각도 했을 것이다. 농사철에 농사일을 버리고 가는 것도 큰 부담이었다. 상황이 이렇다보니 시민들에게는 포성이 그치고 빨리 일상으로 돌아가기를 바라는 마음이 커져갔다. "이왕 힘이 모자랄 바엔 무고한 시민의 희생을 내지 말고 선선히 물러서야만 할 것이 아닌가."라는 반응이 나온 것도 그런 마음에서였을 것이다.[5]

서울시민을 버리고, 피난까지 가로막은 이승만 정권과 도강파渡江派는 '서울 수복' 이후 적반하장으로 나왔다. 잔류파는 '부역자' 혹은 기회주의자로 낙인 찍혔다. 김일성 정권의 '점령' 아래에서 그들은 '반동분자' 심판과 전시 동원의 고초를 겪으며 방관과 중도가 불가능하다는 것을 뼈저리게 체험했다. 이승만 정권의 서울 '수복'도 해방이 아니었다. 서울에 남은 사람들은 대책 없이 자기들을 버리고 도망간 정부에 책임을 묻기는커녕, 자신이 '적치하赤治下'에서 지하에 숨거나 공산주의자에게 부역하지 않았음을 스스로 입증해야 했다. 반공 사상검사였던 정희택은 서울 수복 후 이인 법무부 장관에게 "배신과 기만으로 애국 시민들을 유기하고 도망친 자들이 무슨 염치로 잔류파를 재판한다는 겁니까?"라고 항변했지만, 그것은 개인적 울분 이상이 될 수 없었다.[6]

잔류가 반역이었다면 피난한 사람들은 국민 자격을 인정받을 수 있었을까? 그렇지도 않았다. 정부는 자국 피난민을 보호 대상이 아닌 잠재적인 적으로 간주했다. 피난민을 적 오열五列과 사상불온자가 섞인 무리로

한국정부와 미군의 피난민 인식
사진 속 미군 병사는 웃고 있지만 총구가 봇짐을 향해 있다. 아이를 업은 여성이나 갓을 쓴 노인 모두 전형적인 피난민 가족의 모습인데도 미군은 이들이 불순분자일 가능성을 배제하지 않았다.

보았다. 정부의 첫 피난민 조치였던 '피난민 분산에 관한 통첩'이 그러했다. 피난민 구호 대책이 아니라 피난민 내 사상불온자의 잠입을 방지하기 위한 조치였다. 이를 위해 사회부가 국방부와 내무부의 협조를 얻어 피난민의 신분을 조사하고 '사상 온건 여부' 심사를 통해 피난민 증명서를 교부했다. 이 증명서는 군경이 통제하는 공간에서 절대적인 가치를 지녔다. 증명서가 없으면 이동이 제한되는 것은 물론 심지어 죽는 경우도 있었다. 사상 '온건자'와 '불온자'를 가리는 것이 매우 자의적이었음에도 불온자로 의심되는 사람은 색출되어 학살당했다. 증명서가 물신화되어 삶과 죽음을 관장한 셈이었다. 이후로 수립된 정부의 피난민 조치 역시 피난민 가운데 적이 침투해 있으므로 모두를 잠재적인 적으로 의심하고 감시해야

'위장한' 공산주의자 혐의를 벗기 위한 노력
1950년 7월 19일 24사단 소속 미군이 대전 근처 마을에서 '공산주의자로 보이는' 자들을 색출해 한국군 헌병이 이들을 심문했다. 심문받는 민간인은 잔뜩 겁에 질린 표정이다.

한다는 인식에 바탕을 두고 있었다.

피난민에 대한 인식 수준은 미군과 유엔군의 경우도 별반 다르지 않았다. 미군은 전쟁 초기 연패의 원인이 피난민을 가장한 적의 게릴라 침투 때문이라고 단정했다. 피난 중인 '흰 옷 입은 사람들'이 문제였다는 것이다. 이러한 인식 아래 미군은 검문소를 설치해 피난민을 검문하고 의심 가는 사람들을 색출했다. 당시 한국 담당 국무부 고문은 『뉴욕타임스』*The New York Times*에 미군이 전투지역 내 모든 한국 민간인을 적으로 간주하는 경향이 있다고 말한 바 있다.[7]

영동 노근리에서의 피난민 학살은 그렇게 발생했다. 영동에 투입된 미 1기병사단은 작전지역에 소개령을 내렸다. 이로 인해 피난민을 통제해야

빨치산 혐의를 받고 체포된 사람들
체포한 자들이 보기에 "빨치산과 그 가족"인 사람들이 남원 경찰서에서 심문을 받기 위해 대기하던 중 음식을 먹는 장면이다. 명백히 민간인으로 보이는 이들에게 빨치산 또는 전쟁포로라는 굴레를 씌운 것은 이방에서 온 유엔군이 아니라 한국의 군경들이었다.

할 관할지역 경찰이 소개되었고, 지역 주민들은 살길을 찾아 근방의 산마을로 들어갔다. 임계리가 그런 마을이었다. 임진왜란 때 주변 농민들이 난을 피해 모여들면서 형성된 마을이 임계리라고 할 정도였다. 그런데 미군은 작전지역 내 피난민들을 검문소까지 '통제된 이동'으로 소개한답시고 사람들을 마을에서 끌어내 전쟁터 한복판으로 내몰았다. 이동이 시작되고 얼마 지나지 않아 소개를 지시했던 미군이 사라졌다. 남겨진 피난민들은 목적지인 황간을 향해 남쪽으로 이동했다. 그 과정에서 피난민들은 미군 전투기의 공격을 받았고, 북한군과의 전투에서 정신없이 깨진 7기병연대 소속 병사들을 만났다. 그 결과는 노근리 다리 밑에 피신한 피난민에 대한 무차별 발포와 사살이었다. 노근리 양민 학살 사건은 피난민들이 스

스로 찾아낸 '살길'을 뺏고 '황천길'을 강요한 무책임한 살육행위였다.[8]

피난민에 대한 발포와 사살 지시는 명백한 국제법 위반으로 1949년 제네바협약은 물론 일반적인 전쟁관습법을 위반한 것이었다. 동맹국 국민, 특히 비전투원인 민간인을 공격하지 않는 것은 너무나 상식적인 원칙이었다. 7월 25일 미 5공군의 대구 전방지휘본부 작전참모부장 로저스Turner C. Rogers 대령은 이를 우려하는 메모를 5공군 사령관 팀버레이크Edward L. Timberlake 준장에게 보냈다. '민간인·피난민 기총공격에 대한 정책'이라는 제목이 붙은 이 메모는 "육군이 아군 위치로 접근하는 모든 민간인·피난민들을 향해 기총소사할 것을 공군에 요청했고, 지금까지 공군은 이 요청에 응했다."고 보고하면서 "이 문제는 미 공군과 미국정부를 곤혹스럽게 할 소지가 크기 때문에 북한군이 피난민 행렬에 포함되어 있거나 피난민이 적대 행위를 했다는 명확한 증거가 없는 한 피난민에 대한 공중공격을 금지하는 정책을 수립"할 것을 제안하고 있다.[9]

피난민에 대한 적대적 행위는 1950년 여름 이후에도 계속됐다. 중국인민지원군의 개입으로 수많은 사람들이 엄동설한에 남쪽으로 피난에 나서자 유엔군 지휘관들은 또다시 강력한 피난민 통제 정책을 수립·운용했다. 유엔군은 부대의 안전과 군사작전의 효율성을 확보하려고 했고, 피난민들은 최대한 빨리 안전한 남쪽으로 피하고자 했다. 주요 도로와 다리, 전선 주변에서 유엔군과 피난민이 뒤얽혔다. 이런 상황에서 미 8군 사령부는 피난민에 대한 발포와 사살을 허용하는 명령을 명시했다. 이로써 피난민 사살 명령은 '숨겨진 명령'이 아니게 되었다. 유엔군이 주장하던 '반공인도주의'의 맨살이 드러나는 순간이었다.

한국전쟁 내내 피난민의 처지는 '버림받은 국민'과 '비국민'의 경계에 있었다. 피난민은 국가로부터 보호받기는커녕 '불순분자'가 아닌가 하는

피난민 집단 수용소
서울 영등포의 공터에 세워진 피난민 집단 수용소의 모습이다. 이 사진은 1951년 8월 20일에 한 미군 사진병이 촬영한 것으로, 천막집을 '가축우리 같은 집'이라고 표현한 설명글이 붙어 있다.

의심의 눈초리 속에서 끊임없이 자신의 무고함을 증명해야 했고, 그래야만 구호의 대상이 될 수 있었다. 무고를 증명하지 못하면 '골'로 갔다. 피난 대신 잔류를 택한 사람들에게는 '부역자'라는 천형이 내려졌다. 그렇게 피난은 (반공)국민의 자격과 생존을 인정받을 수 있는 필요조건이 되었다.

수용소 피난살이와
유엔 구원의 신화

피난길은 생사 갈림길의 연속이었다. 국도는 피난민을 잠재적인 적 또

피난민들의 생활
남동생을 업은 여자아이가 끼니로 한 다발의 뿌리를 준비하고 있다. 배급되는 양곡은 죽을 쒀 먹기에도
부족했다. 어른들은 일거리를 찾아 나가고 아이들만 남아 식사를 준비하고 있는 것으로 보인다.

는 군사작전의 방해물이라고 인식하던 군의 통제 아래 있었기 때문에 접근할 수 없었다. 혹시라도 국도로 접근하면 아군의 발포에 노출되었다. 아군의 오폭과 기총소사도 피난민을 호시탐탐 노렸다. 그 때문에 피난민들은 보조도로나 산길 등을 이용해야 했다. 피난길의 열악한 식량 사정과 추위로 굶어죽거나 얼어죽는 사람들이 속출했다.

피난지에 도착해도 상황은 크게 나아지지 않았다. 피난지의 진입 지점인 주요 도로 교차점이나 항구, 열차 터미널 등에 도착하면 사상 및 위생심사를 거쳐 피난민증을 교부받고 임시 피난민 수용소에 수용되었다. 수용소는 정부가 지정한 극장, 공장, 여관, 적산가옥 등이었는데 전체 피난민 규모에 비하면 그 수가 턱없이 부족했다. 수용소 안의 상황도 다르지 않았다. 천막, 식량, 식수, 연료 등 어느 것 하나 부족하지 않은 것이 없었다. 일부 지역에서는 피난민 기아가 심각했고 무수한 병사자가 발생했다. 1951년 1월 17일 국회 8차 회의에서 이진수 의원은 "어제 보고한 사회부장관의 말은 거짓말이다. 나는 오산 지방을 순회하고 와서 피난민이 기아에 떨고 있음을 보고 정부시책에 안심할 수 없었다."고 발언하면서 "피아노와 강아지까지 싣고 피난하는 권력층 가족"의 행태와 비교하며 분개했다.[10]

당시 신문들도 참상에 가까운 피난민 수용 실태와 허울에 가까운 구호상황을 고발했다. 천막이 부족해 가마니 한 겹으로 땅바닥 생활을 겨우 면하는 상황이었다. 배급되는 양곡도 대개 잡곡이고 양이 너무 적어 죽으로만 먹을 수 있었다. 노약자와 부녀자 할 것 없이 어른들은 닥치는 대로 일거리를 찾아 나섰다. 아이들은 어른들 대신 땔감, 석탄 코크스 등 연료가 될 만한 것들을 주워 오거나 더 어린 아이들을 돌봤다. 신문 기사들은 한때의 끼니를 해결하기 위해 '몸을 파는 일'도 다반사였음을 선정적으로 부각시켰다.

　정부는 피난민이 "결코 관습적인 사회적 천대를 받아야 하는 거지가 아니라 공산주의에 반대한 비극의 주인공이며 운명의 수난자들"이라고 언명했지만, 거지나 다름없는 생활고에 시달리던 것이 피난민의 실상이었다. 연기군의 한 피난민 수용소에는 목조창고 4동에 1088명의 피난민이 수용되어 있었는데, 그 수용소의 구호물자 배급 목록을 보면, 담요 4개, 점퍼 2개, 광목 4필, 양말 54개, 비누 51개, 로션 1상자가 전부였다. 이것이 사회부 당국의 구호사업의 실체다.[11]

　주한유엔민간원조사령부UNCACK, 또는 주한유엔민사처*의 한 민사장교는 1951년 초에 충청남도 지역의 기아 상황에 대처하기 위해 UNCACK 본부에 쌀 보급을 요청했는데, 5주가 지나도 쌀이 수송되지 않았다고 보고하고 있다. 크게 실망한 그 장교에게 전달된 것은 기다리던 쌀이 아니라 상관으로부터의 질책이었다. "UNCACK의 최우선의 목적이 기아를 막는 것인데, 한국인들이 기아 상태에 있다는 말은 조직의 실패를 의미하는 것이기 때문에, 앞으로 '기아'starvation라는 단어를 절대 사용하지 말라."는 것이었다.[12]

　피난민 집단 수용소에 아사자와 병사자가 속출한 것은 사회부와 UNCACK, 즉 한국정부와 유엔군의 피난민 구호 활동의 실패를 의미한다. 사실 전쟁에도 불구하고 국내 식량(미곡과 보리 등) 생산량은 그리 나쁘지 않았다. 무엇보다 외부에서 수입·원조된 양곡은 국내 부족량을 충분

---

*　한국전쟁 당시 민간 구호를 전담한 것은 UNCACK였으나 UNCACK는 세간 평가처럼 구호물자를 배분하는 유엔원조기구가 아니었다. 이 조직은 미 8군에 배속된 군 조직으로 애초 점령-군정-민사 조직으로 탄생했다. 그러다가 중국인민지원군의 개입으로 북한 점령지역에서 철수하기 시작하면서 피난민 등에 대한 '인도주의적' 민간 구호활동을 수행하는 조직으로 성격이 변했다. 물론 이 인도주의적 활동은 철저히 군사적 목적에 종속되었다.

'자애로운 구원자' 미군

부산의 한 피난민 수용소에서 한 여성이 미국인대한구호단체(ARK)에서 보내온 옷을 딸과 딸의 친구에게 입히는 모습이다. 미군과 유엔의 인도주의적 구호 모습이 효과적으로 연출됐다.

히 메우고 남는 양이었다. 그런데도 피난민에게 돌아가는 식량은 매우 적었다. 구호미 횡령 등 구호 당국의 부정부패가 만연했고, 말단 행정조직의 미비로 배급 왜곡이 발생했기 때문이다. 상황이 이런데도 구호 당국은 부정부패와 배급체계 왜곡을 시정하지 않고 구호 대상자의 범위를 줄였다. 전시 구호의 장기화에 따라 양곡 수급 사정이 여의치 않아 피난민일지라도 근로가능자는 구호 대상에서 제외시킨다는 것이 그 이유였다.

흥미로운 것은 당시 수용소 현장에서는 사회부·보선부 구호 당국의 무능력과 대비시켜 UNCACK의 구호활동을 칭찬했다는 점이다.

(발안수용소장은) 사회, 보건 양 당국을 가리켜 허울 좋은 그림의 떡이라

DDT 살포를 감독하는 미군
주한유엔민사처는 당시 급성전염병 가운데 두창, 장티푸스, 발진티푸스를 치명적인 적으로 간주해 우선 대응했다. DDT 살포는 발진티푸스를 옮기는 이와 진드기를 없애기 위한 것이었다.

고 했다. 18명이란 아사자가 그것을 여실히 증명하고도 남는 것이 있거니와 지난 2월, 3월의 구호사업이란 정말 유명무실한 것이었다 한다. (…) 도저히 사회부만 믿고 있을 수가 없어 UNCACK 당국과 직접 교섭해 그 후부터는 하루도 어김없이 UNCACK에서 손수 구호미를 운반해주기 때문에 사망자는 물론 없고 당시보다 얼굴이 모두들 나아졌다 한다.

실제 UNCACK를 비롯해 미군과 유엔의 민사 요원들은 곳곳에서 피난민들에게 쌀을 배급했고, 디디티^{DDT} 살포와 예방접종 활동을 했으며, 천막수용소, 고아원, 학교, 집 짓기 프로젝트를 벌여나갔다. 더불어 전쟁고아, 전쟁미망인, 노인들의 반응과 표정(특히 웃는 표정)을 담은 기사와 사진 기록들을 많이 생산했다. 이는 물론 자유세계의 반공 인도주의를 선전

propaganda하기 위해 심리전으로 수행된 것이지만, 제한된 범위 안에서나마 인도주의적 실천을 하고자 했던 민사 요원들의 노력의 결과이기도 했다. 무엇보다 이 민사 요원들과 직접 대면한 대부분의 피난민이나 언론은 그들에게 호의적인 시선을 보냈다. 한국정부의 무능한 구호 당국에 보낸 싸늘한 시선과는 대조되는 것이었다.

그럼에도 이 구원 신화는 정확하게 평가될 필요가 있다. 핵심적인 문제는 이 구원과 활동이 군사작전의 지원 차원에서, 이와 갈등하지 않는 범위에서만 이루어졌다는 점이다. 즉 피난민 구호, 보건·위생, 재정착을 위한 고아원·학교·집 짓기 사업 등 '민간 원조'는 총력전 체제하의 '후방'을 관리하는 군사작전의 관점에서 경제원조와 연동해 입안되고 이행된 것이다. 피난민과 민간인 보호를 표방한 1949년 제네바협약의 인도적 기준은 군사상의 목적이나 방법과 상충할 때 후순위로 밀렸다. 개인보다 국민이, 국민보다 국가가 우선한다는 국가안보 논리가 전쟁 논리와 결합하면서 인도주의는 자유세계의 이데올로기적 우월성을 선전할 때나 언급될 뿐이었다. 더 나아가 이 인도주의는 반공 인도주의로 변형되었는데, 이에 따라 자유세계를 선택해 남쪽으로 피난했고 스스로 적의 불순분자가 아님을 입증할 수 있는 사람들만 보호의 대상으로 인정받을 수 있었다. 다시 말해 그 조건을 충족시키지 못한 사람들은 구호받지 못하고 희생된 것이다.

"양생이 몰려
나간다"

피난민 수용소에 들어가지 못한 피난민들은 알아서 살아남아야 했다.

정부는 이를 "연고자에 기탁되었다"는 말로 에둘러 표현했지만, 결국 그 말은 정부가 '자유피난민'을 국민으로 보호하고 책임질 수 없다고 고백한 것이나 다름없었다. 피난지에 연고가 없거나 비싼 방세를 감당할 수 없는 사람들은 공터에 간이주택인 '바라크'baraque를 지어 지냈다.[13]

구호에서 배제된 피난민들은 스스로 생계를 해결해야 했다. 그 때문에 피난민들이 생계활동을 할 수 있거나 위생문제를 해결할 수 있는 큰 시장과 부두, 공원, 개천 주변에 판잣집들이 몰렸다. 부산의 경우 국제시장을 중심으로 용두산과 복병산에, 부두 근처의 영주동, 초량동, 수정동에, 그리고 영도 바닷가 주변에 피난민 판잣집들이 우후죽순 들어섰다. 그 규모가 수만 호에 달했다. 당감동은 '1·4후퇴' 때 거제도에 수용되어 있던 함경도민들이 새로 정착촌을 개척한 경우였다.

판잣집의 주거 환경은 매우 열악했다. 미군 부대에서 나온 박스, 판자 부스러기로 만든 집은 겨울이면 매서운 바람이 들이치고 가마니 장판 위로 바닥의 냉기가 그대로 올라왔다. 온기라고 해봐야 집 안에 피워놓은 석유 등불이 전부였다. 산비탈에 있는 판잣집의 경우 위생, 상수도, 교통문제가 피난민의 고통을 가중시켰다. 그래도 이런 판잣집이라도 있으면 다행이었다. 판잣집은 높은 가격에 거래되는 소중한 재산이었기 때문이다.

엎친 데 덮친 격으로 당국은 시시때때로 '바라크' 강제 철거를 반복했다. 도시 미관, 화재, 위생, 교통난 등이 그 이유였다. 이승만 대통령이 임시관사로 쓰던 경남도지사 관사 정면의 판잣집들을 미관상의 이유로 철거하라고 지시한 것은 유명한 일화다. 화재도 문제였다. 화재는 그 자체로 피난민을 크게 위협했지만, 정부의 철거 명분이 되었다는 점에서도 위협적이었다. "났다 하면 불"이라는 말이 회자될 정도로 화재가 많았다. 판잣집 내 초롱불, 촛불, 등불, 아궁이불 등이 원인이었고, 한겨울의 강풍과 불에 타기 쉬운 집 재료, 집들이 빽빽하게 밀집된 상태 등이 한데 어우러져 불이 났다 하면 큰 화재가 되었다. 피난민들은 강제 철거에 저항했지만, 계속해서 주변으로 밀려갔고, 그렇게 형성된 것이 부산 사하구 괴정 새마을, 아미동 공동묘지 마을, 영주동 산동네, 영도 청학동 마을 등지의 피난민 정착촌이었다.[14]

피난민의 생계수단은 주로 상업활동이었다. 서울 해방촌 인근에는 남대문시장이, 부산 용두산, 영주동, 보수천 인근에는 국제시장과 자갈치시장이 있었다. 피난민들은 노점상이나 행상 형태의 장사로 하루살이를 했다. 돈을 벌어 점포를 두고 안정적으로 장사하는 경우도 생겨났다. 피난민들은 생필품, 귀금속류, 미군 용품, 원조물자, 사제 연초(담배), 밀수품 등 다양한 물건들을 내다 팔았다.

자본 없이 가진 물건으로만 장사를 했기 때문에 각양각색의 생필품이 거래되었다. 몸에 지니고 있던 귀금속류를 내다 팔아 장사 밑천이나 먹을거리를 마련하기도 했다. 시장에는 미군 용품과 구호물자도 넘쳐났다. 당시 부산에는 "양생이 몰려 나간다."는 말이 있었다. 미군 부대 안으로 염소를 밀어넣고 염소 찾으러 간다는 핑계로 미군 물품을 훔쳐 나온다는 의미다. 피난민 여성 일부는 가족 생계를 위해 '양공주'가 되거나 '특수카페 여급'으로 일했고, 아이들은 유엔군을 상대로 구두닦이를 하거나 미군 '하우스보이'가 되어 보수, 사례, 증여의 형식으로 미군 용품을 받았다. 이 것들이 몇 단계를 거쳐 시장으로 흘러들어갔다. 수용소 피난민들도 분배받은 구호물자를 팔았고, 부정부패한 구호 낭국의 관료들도 빼돌린 구호물자를 시장에 내놓았다.

사제 연초를 만들어 남대문시장에 파는 것은 서울 해방촌 피난민들에게 특화된 생계수단이었다. 해방촌 피난민 대부분이 사제 연초를 만들어

팔았는데, 이 때문에 해방촌이 '제2전매청'이라고 일컬어질 정도였다고 한다. 밀수품은 가까운 일본의 상품을 들여와 팔 수 있는 부산 피난민들에게 특화된 것이었다. 국제시장은 '밀수품의 박람회'라고 불릴 정도로 밀수품으로 가득했고, 장사를 하는 피난민도 상당수 이에 관여했다.[15]

단순 노무도 피난민의 주요 생계수단이었다. 특히 미군 부대는 피난민을 대상으로 많은 단순 노무자를 고용했다. 대부분 일용직이었고 심지어 임금을 떼이는 일도 많았지만, 한국정부나 군에 노무동원될 때보다는 업무 환경이나 임금 수준이 높았다. 부두가 있는 곳은 부두하역 노무, 지게꾼 수요가 많았다.

피난민의 거주공간이 불법화되어 끊임없는 강제 철거에 시달렸듯이 그들의 생계수단인 장사도 마찬가지였다. 정부는 무허가 시장 철거, 무허가 상행위, 미군 물품·밀수품 단속, 영업세 징수 등으로 끊임없이 피난민을 들볶았다. 전란에서 보호받지 못하고 버려졌으며 구호에서도 내팽겨쳐져 스스로를 구제해야 했던 피난민들을 국가가 다시 전쟁 상황으로 내몰았다. 이에 피난민들은 국가에 강하게 저항하거나 서로 결탁하는 방식으로 생존해갔다.

쉽지 않은 대한민국 '국민 되기'

'전후'라고 해서 변한 것은 없었다. 피난지에 정착했든 전쟁 전에 살던 곳으로 '복귀'를 했든 간에, 피난민 정착촌의 거주환경과 생계활동은 그대로였다. 차츰 정착해갔다는 의미에서 피난의 삶은 아니었지만 매우 곤궁한 빈민의 삶은 계속되었다. 특히 1950년대 중·후반 도심 산동네에 위치한 정착촌의 경우 재건·부흥으로 급격하게 도시화·서구화된 장소들과 극명하게 대비되었고, 그 때문에 피난민 정착촌의 빈곤은 더욱 두드러졌다.

영화 「오발탄」은 해방촌을 그런 시선에서 포착한다. 잘 알려져 있듯 해방촌은 1946년 전후 월남인들의 피난과 한국전쟁을 거치면서 형성된 월남민 집단 정착촌이다. 해방촌은 1960년대 산업화 과정에서 농촌을 떠나 도시로 몰려온 사람들의 보금자리 역할을 하기도 했다. 그래서일까? 해방촌은 「오발탄」 말고도 1950년대를 그린 여러 영화에서 서울의 도시빈민의 삶을 압축적으로 보여주는 공간으로 설정되곤 했다.

영화 「오발탄」은 남산 비탈을 도려낸 자리에 무질서하게 빼곡히 들어선 판잣집과 "레이션 갑을 뜯어 덮은 처마가 어깨를 스칠 만큼" 비좁고 구공탄 재로 얼룩진 구불구불한 골목길, 공동수도 터, 재래식 공동변소 등을 종로, 조선호텔, 명동, 아파트 옥상, 쭉 뻗은 도로와 전찻길, 화려한 거리 등과 대비하면서 전쟁과 근대의 그늘이 만든 빈곤을 단적으로 드러낸다.

또한 '전후' 상실의 시대를 형상화한 인물들의 대비를 통한 공간 설정도 인상적이다. 소설이 주인공 철호의 내면의식과 장소의 이동을 중심으로 자원입대했다가 상이군인이 된 남동생 영호, 전쟁의 충격으로 정신이 상이 된 어머니, 양공주가 된 여동생 명숙, 만삭의 아내, 영양부족의 딸 등 가족의 삶을 그린 반면, 영화는 각 인물들이 차지한 공간적 특징을 부각하면서 그들의 삶을 대비시키고 있다. 이와 관련해 한 논평자는 등장인물의 욕망과 경험, 동선에 따라 영화 속 공간을 철호의 방황과 도피의 공간, 영호의 저항과 좌절의 공간, 명숙의 좌절과 치욕의 공간, 노모의 광기의 공간으로 나누기도 했다.[16]

철호 가족에게 해방촌은 그 이름과 달리 결코 자유롭지 않은 폐쇄적인 공간이자 소외된 장소였다. 그들이 해방촌에서 벗어나고자 했던 이유는 상·하수도나 전기시설조차 없는 열악한 거주환경 때문만은 아니었다. 해방촌에서의 삶이 특히 더 고달팠던 건 이곳이 월남인 집단 거주지였기 때문이다. 38선 이북 출신이 모여 사는 이곳은 월남 피난민에게 제2의 고향 같은 곳이지만, 그렇기 때문에 그들의 비국민성이 표상되는 장소이기도 했다. 그곳에 사는 이상 대한민국 '국민 되기'는 쉽지 않았다. 월남 피난민이 대한민국 국민의 자격을 얻으려면 하루빨리 해방촌을 떠나야 했지만, 가난이라는 족쇄가 그들의 '해방'을 가로막았다. 이범선이 소설에서 설정한 해방촌 고유의 장소성도 이런 것이 아닌가 싶다. 이렇게 볼 때 "해방촌이 서울에서도 주변부 끝자락에 놓여 있다는 공간적 주변성과 이곳에 사는 사람들이 월남인이라는 주변인적 성격은 이범선으로 하여금 해방촌을 장소화하는 원동력이 되었다."[17]는 논평은 시사하는 바가 크다. 이런 맥락에서 해방촌 월남인은 이중적 의미에서 해방되지 못한 난민의 삶을 살았으며, 이범선은 이것을 응시함으로써 당대 한국사회의 구조적 모순을 구체적으로 재현하고자 했다.

현재 한국사회는 1950년대와 비교할 수 없을 만큼 경제적·정치적·사회적으로 발전했다. 그러나 국가로부터 보호받지 못한 채 진압과 소탕의 방식으로 핍박받아온 도시빈민들의 난민적 상황은 크게 변하지 않은 듯하다. 안타까운 이야기이지만, 특정 사건을 들먹이지 않더라도 우리 주변에서 어렵지 않게 찾을 수 있기 때문이다. 1950년대 피난민의 삶은 민주주의적 주권 이론이 자명하게 전제하는 국가와 국민 관계의 본질을 다시 한번 생각하게 한다.

팽창하는
학교와 학생

오제연

1950

상아탑?
우골탑!

대학을 흔히 '상아탑象牙塔'이라고 부른다. 상아탑이라는 말은 19세기 중엽1830년 프랑스의 문예평론가 생트뵈브Charles A. Sainte-Beuve가 예술지상주의 시인이었던 알프레드 드 비니Alfred de Vigny의 은거생활을 가리켜 "그는 대낮도 되기 전에 상아탑 속으로 들어갔다."라고 표현한 데서 비롯되었다. 코끼리들은 죽을 때가 되면 사람들이 알지 못하는 깊은 곳으로 들어가서 생을 마감하는데, 시간이 흐르면 그곳에 코끼리의 상아만 남아 높은 탑을 이룬다고 한다. 즉 상아탑은 사회와 단절된 채 자신만의 세계를 추구하는 예술지상주의를 표현하는 말이었다. 이후 그 의미가 대학으로 확장되어, 상아탑은 대학이 사회와 단절되어 오직 학문 연구와 진리 탐구에만 몰두하는 기관임을 상징하는 관용어로 자리 잡았다.

그런데 상아탑 말고 '우골탑牛骨塔'이라는 말도 있다. 과거 오랫동안 한국에서 대학은 상아탑이 아니라 우골탑이라고 불렸다. 한국의 대학은 코끼리의 상아가 아니라 소뼈로 만들어졌다는 것이다. 이 말은 1969년 1월에 생겼다. 당시 정원 초과, 입시부정, 공금 유용 등의 문제로 대학 관련 잡음이 끊이지 않자, 국회는 대한민국 헌정사상 최초로 문교부와 3개 사립대학에 대한 특별감사를 벌였다. 국회의원들은 대학총장들을 불러 각 대학에 제기된 의혹들을 추궁하고, 이들 대학을 제대로 감독 관리하지 못한 정부 당국을 질타했다. 그리고 그 과정에서 한 국회의원이 다음과 같은 유명한 발언을 했다.

> 사대(私大)의 팽창은 농민의 소 판 돈으로 충당되었소. 삐죽삐죽한 대학 정문이나 건물들은 농우(農牛)의 뿔로 세워진 '우골탑'이 아니고 뭐요?[1]

'우골탑'이라는 속물스런 단어는 속세에 물들지 않은 고고한 진리의 전당을 의미하는 '상아탑'과 대비되어 사람들에게 강렬한 인상을 남겼고, 곧 유행어가 되었다. 이때부터 '우골탑'은 시기를 소급해 1950년대 이래 국민들의 교육열을 이용해 부정하게 재산을 불린 한국의 대학을 풍자하는 대명사로 자리 잡았다. 한국 대학이 우골탑으로 전락한 데에는 학교의 운영을 전적으로 등록금에 의존하면서 한 명이라도 학생을 더 뽑으려 한 대학의 탐욕에도 원인이 있었지만 그것이 전부는 아니었다. 논을 팔고 밭을 팔고 소를 팔아서라도 기필코 자식을 교육시켜 대학에 보내려 한 사람들이 그만큼 많았기 때문이기도 했다. 그 바탕에는 결국 개개인이 가지고 있는 '입신출세'에 대한 욕망이 깔려 있었다. 예나 지금이나 한국인에게 대학 진학은 개개인의 입신출세를 위한 가장 중요한 발판 혹은 통로였던 것이다.[2]

입시지옥과
과외의 성행

한국인의 교육열은 1950년대 의무교육 실현을 위한 정부의 정책과 조응해 교육 팽창의 원동력이 되었다. 1950년대 한국사회에서 벌어진 괄목할 만한 현상 중 하나가 교육의 팽창이었다. 1948년부터 1960년 사이에 정부는 총예산 중 연평균 10.5퍼센트의 예산을 교육 부문에 투여했다. 같은 기간 동안 총예산의 약 3분의 1이 국방비로 할당된 점에 비춰볼 때 이는 결코 적은 액수가 아니었다.[3] 무엇보다 정부가 역점을 두어 추진한 의무교육 정책 덕분에 이 시기 초등교육의 취학률은 '완전' 취학에 가까워졌다. 그 결과 1945년 136만 명이던 국민학생 숫자는 1960년 362만 명으로 3배 가까이 증가했다.[4] 국민학교만이 아니었다. 같은 기간 중학생, 고등학생, 대학생 수는 거의 10배 정도 늘었다. 그만큼 학교도 많이 만들어져서, 서울의 경우 1946년 37개에 불과하던 중등교육 담당 학교가 1960년에 중학교 100개교, 고등학교 95개교로 급증했다.[5]

1950년대 한국인들의 교육열은 먼저 대학 진학의 통로인 중등학교, 그중에서도 '일류' 학교 진학에 대한 열망으로 나타났다. 1951년 7월 31일 문교부는 남한의 수복지구 전지역에서 중학교 입학 지원자에 대한 국가고사를 실시할 것을 공표했다. 국가고사는 한국전쟁으로 초래된 학생 거주지의 유동, 수업 진도의 차이 문제를 해소하는 한편, 종래부터 사회 폐단으로 지적되어온 정실입학, 부정입학, 입시지옥 문제를 해결하기 위한 목적으로 만들어졌다. 국가고사의 성적증명서는 한 장씩 교부되므로 이중 지원을 없애 입학경쟁을 완화할 수도 있었다. 또 고사 성적을 공개하기

전시수도 부산에 설치된 임시학교의 학생들
1950년대는 전쟁 피해로 대단히 어려운 상황이었지만 한국의 교육열은 오히려 더 커졌다. 번쩍 손을
든 여자아이의 모습에서 배움에 대한 열망이 느껴진다.

때문에 입학자를 성적순으로 선발하게 되어 부정입학을 방지할 수 있었다. 이 제도는 3년 동안 무리 없이 시행되었다.

한국전쟁이 끝나자 국가 주도로 시행하던 중등학교 입학시험을 반대하는 주장이 제기되기 시작했다. 특히 중등학교 교장들은 학생신발권을 돌려달라고 문교부에 요청했다. 반면 국민학교 교장이나 학부형들은 국가고사의 존치를 지지하는 입장이었다. 중학교가 개별적으로 입학시험을 실시할 경우, 중학교 입시문제가 국민학교 교육 내용과 관련 없이 출제될 가능성이 높고 이는 국민학교 교육을 시험을 위한 교육으로 왜곡한다는 것이었다. 또한 중학교가 학생 선발의 전권을 장악할 경우 보결생 입학 같은 부정입학을 자행할 수 있다는 우려도 있었다. 그러던 중 1954년 국가고시 제도에 따라 입학 지원을 마감할 단계에, 대통령이 돌연 입학시험을 일체 백지화하고 중학교에 일임하라는 유시를 발표했다. 이는 일대 혼란을 일으켰다. 결국 1954년 국가고시 제도는 폐지되었고, 1956년까지 중학교에서 개별적으로 입학시험을 실시했다.

이후에도 국민학생들의 과중한 입시 부담 때문에 중학교 입학시험 제도에 대한 논란이 끊이지 않았다. 1956년 9월 열린 전국장학관회의에서는 논란을 극복하기 위한 새로운 방안으로 무시험제를 제안했다. 이에 따라 1957년에 처음 도입된 무시험제는 1958년에 와서 급속도로 퍼져나갔다. 서울시에서도 대부분의 학교들이 무시험 전형에 동참했다. 소위 명문학교들 역시 정원의 3분의 1 정도를 무시험 전형으로 뽑았다.

많은 학교가 무시험제를 채택했음에도 불구하고 무시험제에 대한 불만은 훨씬 커졌다. 무시험제 때문에 오히려 입학경쟁률이 더 높아졌으며, 중학교 간 격차가 더 심화됐다는 것이었다. 무엇보다 출신 국민학교에 따라 학생들의 실력차가 크기 때문에 이 학생들을 같이 평가하기 어렵다는 지적이 많았다. '실력' 평가의 공정성 문제는 무시험제를 흔든 중요한 이유 가운데 하나였다. 결국 1959년 이후 대부분의 중학교, 특히 소위 명문 학교들은 모두 무시험제를 포기하고 유시험제로 회귀했다. 유·무시험을 병행하겠다고 한 학교들도 무시험 전형으로 1차 합격자를 발표한 후, 2차 전형에서 다시 필답고사를 보는 방식을 채택했다.[6]

중등학교 입시제도의 혼란은 이후에도 계속되었고, 입시지옥도 좀처럼 해소될 기미를 보이지 않았다. 과열된 입시 열풍 속에서 자연스럽게 과외가 성행했다. 서울 시내 일부 국민학교, 중학교에서는 상급 학교 진학에 대비해 교사가 중심이 되는 과외그룹을 만들어 학생들에게 과도한 공부를 시키고, 학부모에게 그 비용을 부담시켰다. 실제로 한 국민학교에서는 성적이 좋은 학생들을 책임지고 일류 학교에 입학시켜준다는 조건으로 담임교사 집에서 과외공부를 시키고 학부모들에게 돈을 걷기도 했다.[7] 입시지옥과 과외의 성행으로 학부모와 학생들은 이래저래 괴로울 수밖에 없었다.

우골탑을 쌓는 학부모들

1950년대 교육 팽창 과정에서 학부모들은 정부투자보다 더 큰 규모의 자금을 부담했다. 중등교육은 말할 것도 없고, 의무교육인 초등교육조차도 학부모의 부담은 교육재정에 없어서는 안 될 요소였다. 정부는 이를 '수익자 부담의 원칙'이라고 합리화했다. 즉 교육을 수익사업으로 간주하고 교육에 소요되는 재정 조달의 책임을 국가에서 학부모로 이관한 것이다.

국민학교 취학통지서와 사친회 영수증
이 시기 정부는 전체 예산 가운데 10.5퍼센트를 할당할 만큼 교육 부문에 대대적인 투자를 했으나 늘어
난 교육 수요를 감당할 수 없었다. 그 때문에 교육비 부담은 고스란히 학부모에게 넘어갔고, 각 학교에
서는 사친회라는 이름의 후원회를 만들어 학교 운영에 필요한 자금을 조달했다.

이 원칙은 미군정기에 임시방편으로 채택되어 제한적으로 사용되다
1950년대에 이르러 국가재정의 결핍을 이유로 자연스런 관행이 되었다.

미군정기부터 학교 '후원회'가 광범위하게 설립되었다. 후원회는 학급
증설이나 학교 신축은 물론 학교 운영에 필요한 경비를 조달했다. 이들 후
원회 조직은 1952년부터 미국의 사례에서 빌려온 '사친회師親會'로 이름을
바꿔 1960년대 초반까지 지속되었다. 후원회는 영향력 있는 학부모가 책
임자였으나, 사친회는 학교장이 책임자였다. 이에 따라 교장 책임 아래 학
부모의 재정 부담을 통해 학교를 운영하는 것이 제도화되었다. 학부모는
학용품 구매와 같은 순수 사교육비 외에 자녀의 수업료와 입학금을 부담
했는데, 사립학교에서는 학교 시설에 필요한 기성회비는 물론 각종 기부
금과 의연금까지 부담했다. 국민학교 평교사의 경우 봉급의 약 40퍼센트
가 사친회비에서 충당되었다. 중·고등학교의 경우는 사친회비가 훨씬 더
큰 비중을 차지했다. 1953년 중등교육 전체 재정 가운데 사친회비가 차지

하는 비중은 평균 53퍼센트 정도였다. 사친회의 지원이 없으면 학교 운영이 안 될 정도였다. 이처럼 국민학교를 비롯한 각급 학교의 급격한 팽창은 학부모의 재정 부담이 있었기에 가능했다.[8]

수익자 부담의 원칙은 학교 설립에도 적용되었다. 특히 중등 및 고등 교육기관의 설립에서 사학私學 의존도가 두드러졌다. 그중에서도 사학에 의존한 1950년대 초·중반 대학의 급격한 팽창은 많은 부작용을 낳았다. 우선 학생 수 증가를 따라가지 못하는 열악한 학교 시설과 빈약한 교수진이 문제가 되었다. 이는 필연적으로 대학 교육의 질적 저하를 초래했다. 또한 당시 한국의 경제상황에서 대학 졸업생이 갈 수 있는 일자리는 매우 제한되었다. 즉 비싼 등록금을 내고 대학을 졸업해도 대부분이 고등실업자로 전락할 수밖에 없었다.

정부는 한동안 이러한 상황을 방관했다. 고등교육까지 책임지기에는 국가의 재정 능력이 크게 부족했기 때문이다. 1952년을 전후로 1도 1교 원칙에 따라 지방 국립대학을 추가로 설립하기는 했지만, 급증하는 대학 수요를 감당하기에는 턱없이 모자랐다. 결국 고등교육의 책임은 대부분 사학의 몫으로 떠넘겨졌다. 사학은 이러한 상황을 이용해 급속히 몸집을 불렸다.

대학의 지나친 팽창을 더이상 방치할 수 없게 되자 드디어 정부가 나섰다. 1955년 '대학설치기준령'을 제정해 일정 시설 기준을 맞추지 못한 대학의 정원을 통제하는 정책을 추진하기 시작한 것이다. 이 정책은 일시적으로 효과를 거두어 1950년대 후반에는 대학생 수 증가가 다소 억제되었고 각 대학의 시설도 어느정도 확충되었다. 그러나 사립대학들은 운영상의 어려움을 앞세워 정부의 대학정비책에 끊임없이 저항했다. 한편에서는 정부가 규정한 정원을 무시하고 학생들을 계속 초과 모집했고, 다른 한

1950년대 대학 입시 풍경

1950년대 교육 팽창 흐름에 따라 고등교육에 대한 수요도 급증했다. 이때 급조된 대학들은 비싼 등록금과 열악한 시설, 빈약한 교수진을 갖췄을 뿐이나 당시의 학생과 학부모들에게는 여전히 선망의 대상이었다. 교실 대신 운동장에서 시험을 보는 장면이 눈길을 끈다.

편으로는 '대학설치기준령'의 유예를 지속적으로 요구했다. 재정적으로 사립대학을 지원할 능력이 없던 정부는 결국 사립대학의 지속적인 저항에 굴복해 1958년 8월 '대학설치기준령'의 유예기한을 3년 더 연장하기로 했다. 다음해부터 대학생 수는 다시 급증하기 시작했다.

대학의 팽창과 더불어 대학의 모리謀利 행태도 날로 심해졌다. 본래 재단이 대학운영비의 절반 정도를 부담하는 것이 원칙이었으나 1960년에 들어서는 43개 사립대학 재단 중 11개에서 기본재산 수익이 전연 없다는 이유로 학교운영비 전액을 학생들이 부담하게 했다. 전체 평균을 봐도 학생 또는 학부형이 부담하는 학교운영비가 92.56퍼센트였던 반면, 재단이 부담하는 경비는 7.4퍼센트에 불과했다. 오히려 많은 재단들은 재단의 수익사업체로 전국 각지에 공장, 호텔, 염전, 극장, 요정 등을 운영하면서 학교재산이란 간판 아래 법인세를 합법적으로 탈세했다. 심지어 일시에 들어오는 막대한 등록금을 재단 또는 관련 기업의 운영자금으로 유용하거나 고리대로 활용하는 경우도 있었다. 이 때문에 1950년대 대학은 '모리배의 소굴'이라는 오명에 시달려야만 했다. 대학에 대한 비난은 '대학망국론'에서 정점을 찍었다. 1950년대 후반부터 신문이나 잡지 등에는 '대학망국'이란 단어가 심심치 않게 등장하기 시작했다. '국가의 발전을 위한 대학'이 실제로는 국민들의 경제적 부담을 가중시켜 오히려 '국가를 망치는 대학'이 되었다는 비판이었다.[9] 이러한 상황은 1960년대에도 크게 달라지지 않았고, 결국 '우골탑'이라는 말까지 만들어냈다.

1950년대 학생들은
어떻게 살았을까?

학생들은 일반적으로 '책'을 통해서 지식을 얻는다. 해방 후 날로 증가하는 학교와 학생에 비례해서 학생들이 읽어야 할 책도 그만큼 늘어갔다. 그 결과 1954년 20개에 불과하던 전국의 도서관 수는 1957년 113개, 1958년 125개, 1960년 133개 등으로 크게 증가했다. 그럼에도 불구하고 도서관의 팽창이 학교와 학생의 팽창 속도를 따라잡지 못해 도서관은 1950년대 내내 부족한 실정이었다. 공공도서관이나 대학도서관은 그나마 점진적인 증가 추세를 보였으나, 초·중·고 학교도서관의 설치는 아직도 요원한 일이었다. 게다가 도서관 이용자의 다수가 학생들이었음에도 도서관의 장서 대부분이 외국 서적(주로 일본 서적)이어서 외국어를 해독하지 못하는 학생들의 경우 다양한 책을 접하는 데 한계가 있었다. 여기에 과도한 입시경쟁이 교과서 위주의 교육으로 이어져 학생들의 독서 풍토에 큰 걸림돌이 되었다.

그렇다면 1950년대 학생들은 주로 어떤 책을 읽었을까? 아이들의 경우 만화책 읽는 것으로 독서를 대치하거나 탐정물 등에 탐닉하는 경우가 많았다. 중·고등학생의 경우 문학작품을 많이 읽었는데, 여학생들을 대상으로 한 조사에 따르면 김동리의 소설과 김소월의 시, 앙드레 지드의『좁은 문』, 토마스 하디의『테스』, 펄 벅의『대지』등이 주요 독서 대상이었다.[10]

1950년대 학생들은 '잡지'도 즐겨 읽었다. 국민학교를 다니던 어린 학생들은『새벗』『소년세계』를 주로 읽었고, 중·고등학교 학생들은『학원』을, 대학생들은『사상계』『여원』을 많이 읽었다. 그중『학원』은 당시 일간신문에 맞먹는 매월 10만에 가까운 발간 부수를 기록하면서, 동시대 어떤 잡지와도 비교할 수 없는 큰 영향력을 발휘했다. 잡지의 뛰어난 기획력과 더불어, 전쟁의 여파로 따로 읽을거리가 없었다는 점, 해방 후 한글세대의 급증이『학원』의 성장 요인이었다. 당시『학원』은 서구적 지식을 중요한 '교양'으로 인식했다. 이 잡지가 한국전쟁 중 발간되어 다양한 자료를 구하기 어려웠다는 점에서 서구 지향은 어쩔 수 없는 선택이었다. 이는 반공주의와 함께 친미가 정책적으로 조장되던 당시의 사회적 분위기와도 관계가 있다. 어쨌거나『학원』이 선택한 서구적 교양은 당시 젊은 학생들에게 많은 영향을 미쳤다.[11]

1950년대 학생들, 특히 도시의 학생들은 '영화'를 통해서도 서구의 영향을 받았다. 당시 큰 인기를 끈 미국의 서부영화들은 학생들에게 미국식 영웅주의와 인종주의를 심어줬다. 부패정치와 가부장적 권위가 판치던

1950년대 한국사회의 젊은 대학생들에게 '제임스 딘'James B. Dean의 이유 있는 반항은 일종의 '근대성' 체험이었다. 대학생을 중심으로 한 고학력 젊은이들은 『타임』Time을 읽고 미국영화를 보면서 선진화된 정체성을 확립했다. 미국의 문화와 물건을 소비하는 것으로 미국적인 선진 문화의 주체라는 자의식을 가지려 한 당시 대학생들의 욕망의 이면에는, 합리적인 제도와 민주주의적인 문화에 대한 선망의 심리와 열등감이 내재되어 있었다. 그러나 미국 문화에 대한 선망이나 열등감은, 1960년 4·19혁명을 거치면서 '전통'이나 '민족'의 회복을 통해 후진성을 극복하고 자기를 개발하는 방향으로 전환되었다.[12]

학생들은 여가시간에 영화관 이외에 '빵집'(중·고등학생)이나 '다방'(대학생)을 즐겨 찾았다. 1958년 서울, 부산, 대구, 광주 등 4개 도시에 있는 각급 학교 333개교 주변의 상점 조사에 따르면, 과자점이 5154개소, 빵집이 1323개소, 다방이 508개소, 당구장이 160개소가 있었다.[13] 당시 언론에 비친 빵집이나 다방의 이미지는 대체로 부정적인 것이었다. 빵집은 학생들이 시간과 돈을 낭비하는 곳, 또는 불량 청소년들이 탈선을 일으켜 풍기를 문란하게 하거나 용돈 갈취 등 범죄를 저지르는 장소로 자주 언급되었다. 실제로 1961년 4월, 당시 광화문에 있던 '덕수빵집'을 근거로 세종로 일대에서 갖가지 범행을 저지른 학생강도조직 '이빨단' 단원 200여 명이 적발된 바 있었다.[14] 그 때문에 학교에서는 종종 학생들의 빵집 출입을 금지시키기도 했다. 다방 역시 '사치와 유흥의 온상'이라는 비난을 받았다. 그러나 학생들의 일상생활에서 빵집과 다방은 오늘날의 패스트푸드점이나 커피전문점처럼 만남과 휴식의 장소로서 기능했다. 특히 빵집은 1950년대 미국의 원조를 통해 밀가루가 대량으로 들어오면서 빠르게 확산되었고, 다방은 전쟁이라는 극한 상황과 정치적 독재와 부패, 경제적 빈곤과 실업 속에서 살아가던 대학생들에게 일종의 안식처 역할을 했다. 그리고 1960년대에 들어 학생들은 이러한 빵집이나 다방에서 4·19혁명 같은 학생운동을 모색하기도 했다.

"아이, 공부해야 되는데"

1950년대 학생들은 국가의 정치적 목적에 따라 지속적으로 통제·동원되었다. 이 과정에서 국가가 학생들에게 주입한 이데올로기는 역시 '반공'이었다. 전후 반공교육은 하나의 교과목이 아닌 전교육과정과 학교생활을 통해 이루어졌다. 1950년대 학교에서 이루어진 반공교육을 이해하기 위해서는 먼저 학교에서 사용된 반공교육 교재를 살펴볼 필요가 있다. 초등교육용 『반공독본』의 경우 한국전쟁 당시 어린이의 일기를 제시해 마치 학습자가 자기 경험을 진술하는 듯한 착각이 들게 하고, 이로써 허구의 이야기를 객관적 사실처럼 받아들이도록 했다. 또 남과 북, 자유주의대 공산주의 등 이분법적 사고체계를 강요함으로써 학생들이 전체 속에서 개별적 인격체로서 행동할 수 없도록 만들었다. 이 같은 반공교재의 서술은 매우 효과적인 이데올로기 전달 전략이었다. 또한 당시 교과서에서는 민족의 수난사가 많이 다뤄졌다. 이때 민족 수난 극복의 영웅으로 여러 인물이 등장했는데, 가장 대표적인 인물이 이순신이었다. 이순신을 신격화하고 충효사상과 같은 국가주의적 전통을 대대적으로 창안하는 작업은 대중을 국가에 종속된 국민으로 만드는 데 효과적이었다.[15]

1957년 도의·도덕 교과서가 발행되면서 반공교육은 그 속으로 편입되

국민학교 5학년 반공독본 교재
전체 65면, 9개 단원으로 구성된 이 책은 반공과 통일의 당위성 강조를 골자로 한다. 본문에는 내용과 관련된 삽화를 실었고, 각 단원의 첫머리와 마지막에 학습 목표와 익힘 문제를 넣었다.

었다. 이때도 반공교육은 직접적인 전쟁 경험을 되살려 공산당에 대한 적개심을 갖고 반공에 대한 신념을 굳건히 하자는 내용이 주를 이루었다. 1959년부터는 도덕교육 시간을 증설하고 교재의 분량을 늘렸으며, 공산주의에 대한 적대적 이론 학습 체계를 구축했다. 또 1959년에는 학생들을 대상으로 한 이선근, 김일평, 손도심, 오제도 등 사회 저명인사들의 '반공애국정신 앙양 계몽강연회'를 전국 각 지역을 순회하며 개최하기도 했다. 이러한 학교 반공교육은 강력한 학교규율의 뒷받침 속에 강제되었다. 특히 조회, 주훈, 용의와 학용품 등에 대한 정기적 생활검사와 함께 국가 상징물 신성시 등이 강조되었는데, 이는 일제 강점기 황민화교육에서 행해진 통제교육의 방법들로 해방 이후에도 온존해 있던 관행들이었다. 이렇듯 일제의 잔재는 그 역시 일제의 용어인 '도의道義'라는 명분을 앞세워 1950년대에도 반공교육의 기초로 기능하고 있었다.

1950년대의 반공교육은 글짓기대회, 웅변대회, 포스터 그리기 등의 행사활동을 통해서도 시행되었다. 이들 행사는 주로 한국전쟁이 발발한 6월에 집중되었다. 또한 국경일·기념일 행사로 다양한 반공궐기대회를 개최하고 여기에 학생들을 동원했다. 대표적인 것이 1945년 11월에 있었던 '신의주학생사건'* 기념식이었다. 1956년 신의주학생사건 기념일인 11월 23일을 맞이해 3만 명의 학생이 당시 '성동원두'현 동대문역사문화공원에 모여 기념식을 가졌다. 배재고 악대의 주악으로 시작된 이날의 기념식은 신의주학생사건으로 희생된 학생들의 명복을 비는 묵념과 추모가 합창, 그리고 당시의 광경을 다시 한번 회상하는 진상 보고 순서로 진행되었다. 이후 공진항 등 두 명의 격려사와 함께 네 개의 메시지가 낭독되었다. 이날 채택된 네 개의 메시지는 '북한 학생들의 궐기 촉구' '소련의 간섭에 맞서고 있던 헝가리 인민에 대한 격려' '헝가리에 대한 유엔의 군사적 개입 촉구' '신의주반공의거 기념일을 반공학생의 날로 지정해달라는 요청' 등이었다. 이어 신의주학생사건에 참여했던 여섯 명에 대한 공로 표창이 있은 후 모든 참가 학생들은 만세삼창과 함께 시가행진을 시작했다. 학생들은 플래카드와 스피커를 앞세우고 거리를 누비면서 "소련 위성국 인민들은 자유와 민주주의를 위해 총궐기하라."고 외쳤다.[16] 1956년 기념식에서의 요구대로 다음해부터 신의주학생사건 기념일은 '반공학생의 날'로 지정되어, 매년 비슷한 형식과 내용의 대규모 반공궐기대회가 이어졌다. 그밖에도 애국애족정신 함양을 위해 다수의 학생들이 시시때때로 국군묘지를 참배했다. 이러한 행사 중심의 반공교육은 생활경험을 통해 인간의 점진적인 변화를 유도하려는 목적을 갖고 있었다.[17]

---

* 1945년 11월 23일 신의주 소재 6개 중학교 학생들이 당시 북한지역을 점령하고 있던 소련군과 공산당의 강압적 통치에 반발해 연합 시위를 벌였다. 소련군과 공산당은 무력으로 이 시위를 진압해 다수의 사상자, 투옥자가 발생했다. 이를 신의주학생사건이라고 한다.

1950년대 교육에서 반공과 함께 강조된 것은 이승만 대통령이었다. 이 승만이라는 인물을 시각적으로 부각시키는 작업은 이승만이 80세를 맞이한 1955년부터 본격화되었다. 생일인 3월 26일을 앞둔 2월 10일 이기붕 국회의장실에서 행정·입법·사법의 3부 각 대표와 교육계·금융계·사회단체 대표 15명이 모임을 갖고 각계각층을 총망라한 '이대통령 각하 제80회 탄신 경축 중앙위원회'를 결성할 것을 결정했다. 그리고 이 위원회의 주최로 3월 26일에 대대적인 행사가 거행되었다. 이 생일 경축행사는 매스게임이나 탱크의 시가행진 등을 통해 이승만이라는 개인의 권력을 서울시민들에게 과시하는 자리였다. 1954년까지 경무대^{현 청와대}에서 소규모로 거행되던 이승만 대통령의 생일 경축행사는 이때부터 대중행사로 격상되어 매년 대규모로 열리게 되었다.[18]

이승만을 주인공으로 하는 생일 경축행사에 동원된 것은 거의 다 학생들이었다. 일례로 1958년 당시 경무대 바로 뒤 경복고 2학년에 재학 중이던 한 학생은 훗날 이승만 생일 경축행사에 동원된 상황을 다음과 같이 회고했다.

> 1958년도 3월 26일 날이 이승만 대통령 생일날이에요. 그때 경복고등학교 2학년이었는데, 매스게임을 했어요. (…) 이승만 대통령 경축행사에 매스게임을 맡아가지고, 우리 학년이 한 600명 내지 640명 되었는데, 3월 26일 날 마치려니까 그게 한 달 전부터 연습을 해야 되잖아요? 경복고등학교가 북악산 자락에서 바람이 거세게 내려치는 데예요. (…) 그 추운데, 그걸 매스게임 연습을 했어요, 한 달간. (…) 그때. 이렇게 피라미드를 쌓고 올라가고 그랬는데, ××× 선생님이라고 음악 선생님이 가요도 작곡하신 분인데, 그분이 뭐라고 그럴까, 율동곡을 만들었다고.

이승만 84세 생일 축하 매스게임
1959년 3월 26일, 이승만 대통령의 84세 생일을 맞아 동대문운동장에서 경축행사가 열렸다. 이 사진은
동명여고 학생들이 준비한 매스게임의 모습으로, 학생들의 일사불란한 움직임에서 피나는 연습의 흔적
이 느껴진다.

그래 가지고 거기에 맞춰 가지고 그걸 했는데, 3월 26일 날 눈보라가 치
고 해서 날씨가 아주 참 나빴어요. 그러니까 생일잔치를 무기한 연기를
한 거야. 그러니까 4월 1일이 학기 변경 아니에요? 고3이 되었는데 매
일 이것만 하는 거예요, 연습만. 그래서 내가 기억이 4월 26일, 그 양반
하야한 날이 4월 26일인데, 그때쯤 생일잔치를 해먹었다고. 그래 가지
고는 두 달간 꼭두각시인 양 춤춘 거죠. 그땐 그랬어요. (…) 아, 왜 불만
이 없어요! 아이, 대학을 가야 되는데, 공부해야 되는데, 공부해야 할 시
간을 다 박탈해가면서, 독재지를 위해서 이런 걸 하는데 왜 불만이 없어
요![19]

1959년에도 이승만 대통령의 84회 생일을 맞아 서울운동장에서 대규

모 경축행사가 열렸다. '경축 이승만 대통령 탄신'이라는 현수막이 내걸린 거리 위를 수많은 꽃으로 화려하게 장식한 전차와 버스들이 질주하는 가운데, 서울운동장에서는 학도호국단의 합창, 꽃다발 증정식, 여러 학교 학생들의 율동체조와 매스게임, 해병대 의장대의 시범훈련 등이 거행됐다. 그밖에도 서울 곳곳에서 이승만 대통령의 생일을 경축하는 식수행사, 음악회, 연주회, 삼군분열식, 학도축구대회, 백일장, 불꽃놀이 등의 행사가 이어졌다. 창경원도 무료로 개방되어 5만 명의 인파가 몰려들었다.[20] 이처럼 이승만 대통령의 생일은 사실상 대한민국 최대 축일이 되었지만, 행사에 동원된 많은 학생들에게는 결코 반가운 날이 아니었다.

1955년 10월부터는 역시 이승만 대통령 탄신 80주년 기념의 일환으로, 남산에 거대한 이승만 동상을 세우는 공사가 시작되었다. 일제 강점기 당시 신사참배가 행해지던 조선신궁 터에 이승만 동상을 세운 것은 큰 의미를 지녔다. 이는 한때 천황의 권력을 과시하는 공간이었던 남산을, 이승만의 공간으로 개편하는 작업이었다. 이러한 상징 질서의 재편은 남산에서만 이루어진 것이 아니다. 1955년 12월에는 이승만의 초상, 즉 '존영'이 각 도의 공보실을 통해 각급 학교에 배부되었다. 이에 모든 학교 교실에는 이승만의 사진이 걸리기 시작했다. 학생들은 학교에서 일상적으로 이승만의 시선을 받으며 생활하게 되었다. 그밖에 1950년대 후반에는 이승만 전기傳記가 대량 출간되었다. "하느님은 (이승만을) 천사로서 구세주로서 6대 독자로서 탄생시킨 것" 혹은 "실로 리박사는 (…) 하느님이 내려보내신 한반도의 그리스도이시다."라는 구절에서 잘 드러나듯이, 이들 전기들은 이승만을 '하느님이 내려보내신 구세주 그리스도'로서 신격화하는 정도까지 나아갔다.[21]

이렇듯 '반공'과 '이승만'이라는 절대 이념과 절대 존재는 1950년대 국가가 학생을 통제하고 동원하는 힘의 원천이었다. 하지만 강고해 보이던 1950년대 국가의 학생 통제와 동원 체제는 시간이 지남에 따라 점차 그 모순과 균열을 드러냈다.

학생 통제와 동원의 역설

정부 수립 직후 이승만 정권은 학생들을 통제·동원하기 위해 중등학교 이상 각급 학교에 학도호국단을 창설했다. 학도호국단 결성은 학교 내 좌익학생들을 제거하고 학생들이 정권에 위협이 되는 상황을 미연에 방지하기 위해, 학생들의 몸과 마음을 군대식 집단훈련과 반공교육을 통해 국가가 직접 통제하려는 시도였다.

이승만 정권의 학도호국단 조직은 신속하게 진행되었다. 1948년 11월 문교부 발표 이후 1949년 4월 20일에 조직을 완료했다. 4월 22일에는 서울운동장에서 대한민국 학도호국단 총재 이승만 대통령과 단장 안호상 문교부 장관을 비롯해 전국의 학생 대표가 참석한 가운데 중앙학도호국단 결성식이 열렸다. 그리고 1949년 8월 6일 공포된 병역법 제78조에 의해 전국의 중·고등학교 학생 이상 대학생은 전원 의무적으로 학도호국단에 편입되어 학생군사훈련을 받게 되었다. 마지막으로 정부는 1949년 9월 27일, 학도호국단 이외의 학생단체는 존재할 수 없고 학생들은 학도호국단을 통해서만 활동해야 한다는 '대한민국 학도호국단 규정'을 만들어 대통령령으로 공포했다. 이로써 1949년 말 학도호국단은 전국의 중학교 이상 1146개교, 총 단원 35만 명을 통괄하는 거대한 학생조직으로 성장

휴전회담반대궐기대회에 동원된 학생들
1953년 4월, 교복을 입은 학생들이 스크럼을 짜고 휴전회담을 반대하는 시위를 벌이고 있다. 이 시기 학생들은 다양한 정치 행사에 동원되어 반공과 반일 이데올로기를 주입받았다.

했다.

창단 당시 조직체계를 보면 중등학생 이상 모든 학생과 교직원은 학도호국단 단원이 되었다. 총재는 대통령이, 중앙학도호국단 단장과 부단장은 문교부 장관과 차관이, 각 도 및 서울특별시 학도호국단 단장은 도지사·시장·교육감이, 각 학교 학도호국단 단장은 교장·학장·총장이 맡았다. 학생 간부는 학도부장 또는 대대장으로 임명했다. 이렇듯 학도호국단은 그 조직체제가 대통령−문교부−총장·학장·교장 순으로 이어지는 수직적인 준군사조직이었다.

1951년 이후 학도호국단의 성격이 개별 학교 중심의 학생자치기구로 변모했지만, 학도호국단 체제는 여전히 학생들을 정치적으로 통제·동원하면서 학생들의 자치활동을 제약했다. 비록 학도호국단 운영에서 학교의 책임과 권한을 강화했다고 하더라도, 근본적으로 학도호국단이 정부의 하부 조직이었기 때문에 정부의 요구에 따라 학생들을 정치적으로 동원하는 일이 빈번하게 일어났다. 대표적인 학생 동원 사례로는 1953년의 휴전회담 반대 궐기대회(약 2개월간 8000회 집회에 연인원 800만 명 동원), 1955년 중립국 감시위원단 축출 궐기대회(약 1개월간 2000회 집회에 연인원 200만 명 동원), 그리고 1959년 재일 한국인 북송 반대 궐기대회(약 1년간 1만 회 집회에 연인원 1700만 명 동원) 등을 꼽을 수 있다.

정치적 궐기대회에 동원된 학생들은 북진통일, 반공방일의 내용을 담은 살벌한 구호들을 다 함께 외쳤다. 이는 군중심리와 결합해 반공의 절대적 지도자인 이승만 대통령을 중심으로 뭉치자는 분위기를 만들어냈다. 학생들이 '북진통일'을 외치는 과정에서, 해방 직후 단독정부 수립 운동의 최고 지도자였던 이승만은 오히려 통일의 화신으로 부각되었다. 또 학생들이 '재일 한국인 북송 반대'를 외치는 과정에서 이승만은, 그가 친일파 청산을 물리적으로 저지했음에도 불구하고 반일민족주의의 대표적 인물로 부각되었다.

1950년대 이승만 정권에 의한 학생 통제와 동원이 학생들에게 끼친 영향에는 역설이 존재했다. 우선 학생들은 통제와 동원 과정에서 정권의 의도대로 반공과 반일 이데올로기를 내면화하고 규율화했다. 1950년대 학생들이 '반공'의 틀을 뛰어넘는 사고와 행동을 한다는 것은 불가능에 가까웠다. '반일' 역시 학생들은 물론 모든 한국인이 공유하는 정서였다. 따라서 1950년대 학생 통제와 동원은 학생들에게 이승만 정권의 지배이데올로기를 강화시키는 효과가 있었다.

동시에 학생 통제와 동원은 이승만 정권의 의도와는 관계없이 전혀 다른 맥락에서 학생들에게 영향을 주기도 했다. 1950년대에는 비록 '북진'이라는 것이 전제되기는 했지만 '통일'이 끊임없이 언급되었다. 특히 '통일이 되어야 잘산다'는 이야기가 상식처럼 퍼졌다. 이는 학생들에게 통일에 대한 열망을 고조시키기에 충분했다. 1960년 4·19혁명 이후 분출한 통일운동은 갑자기 나온 것이 아니라 1950년대의 통일에 대한 열망이 그 형식과 내용을 달리해 이어진 측면이 있었다. '반일' 역시 마찬가지였다. 1950년대 내내 일본이 다시 한국을 정치적·경제적으로 침략할 수 있다는 우려와 불신이 증폭되었고, 이러한 분위기가 1960년대에도 이어져 결국 1964~65년 한일협정 반대 운동으로 폭발한 것이다. 한마디로 1950년대 학생 통제와 동원은 의도치 않게 학생들에게 저항이데올로기의 기반을 만들어준 것이다. 그러나 이러한 상반된 영향 중 1950년대는 아직 전자가 후자를 압도하는 상황이었다.[22]

1950년대 학생 통제와 동원이 초래한 역설과 관련해 학도호국단 자체에도 주목할 필요가 있다. 학생회가 없는 상황에서 학도호국단은 유일한 학생자치 기구였다. 1950년대 내내 학도호국단의 자치 능력은 학생동원 능력과 함께 커져갔다. 이 과정에서 중·고등학교 학도호국단은 때때로 매우 능동적인 모습을 보여줬다. 일례로 1950년대 극우반공주의에 기반한 국가의 학원 통제 속에서도, 많은 중·고등학교에서 학원비리 문제에 대한 학생들의 저항이 지속적으로 일어났다. 1950년대 학생들의 저항은 대부분 교장의 비리 혹은 교장의 부당한 조치에 맞서 각 학교 단위 학도호국단을 중심으로 혹은 학도호국단 중심 멤버인 상급 학년 학생들을 중심으로 진행되었다. 그런데 학도호국단 주도의 학생 저항이 일어날 때 대부분 전교생이 한꺼번에 동맹휴학맹휴 같은 집단행동에 돌입하는 특징을 보였다. 이는 학생들에게 그 문제가 그만큼 절실했고 공감대 역시 폭넓게 형성되었기 때문이기도 했지만, 그보다는 맹휴 같은 집단행동도 학도호국단의 지도하에 이루어진 다른 행사들처럼 일사분란하게 진행된 측면이 강했다. 학도호국단 간부들이 학생들을 선동할 때 조회나 시험을 이용한 사실에서 알 수 있듯이, 학도호국단을 통해 일상적으로 익혀진 집단성과 규율성이 학생들의 저항 과정에서도 자연스럽게 재현되었던 것이다.[23]

1950년대 중·고등학교 맹휴 같은 학생들의 저항 사례에서 주목해야 하는 점은, 집단적인 힘의 결집과 분출이 당시 학생들에게 익숙한 '경험'이었다는 사실이다. 앞서 살펴보았듯이 1950년대에는 정치적인 문제와 관련해 정부에 의한 학생 동원, 즉 관제 데모가 자주 일어났다. 관제 데모를 할 경우 학교 측이 학생들의 출석을 부르고 만약 불참할 경우 결석으로 치러했기 때문에 대부분의 학생들은 어쩔 수 없이 시위에 참여했다. 그만큼 당시 학생들에게 시위의 경험은 익숙한 것이었다. 그리고 학생들은 익숙한 시위 경험을 바탕으로 상황에 따라 맹휴도 벌일 수 있었다.

1960년 4·19혁명은 이승만 정권이 오랫동안 정권 차원에서 활용해온

'시위'라는 수단에 의해 성취되었다. 여기에 이승만 정권의 학생 통제와 동원이 갖는 또 하나의 역설이 존재한다. 한마디로 4·19혁명 당시 학생들의 데모는, 이승만 정권하에서 관제 데모에 자꾸 동원되고 거기서 체득한 집단적인 데모 방법, 즉 학교에서 대열을 지어 나가서 동일한 구호를 외치고 노래를 부르고, 그러고는 다시 열을 지어 각기 학교로 돌아가서 해산하는 방식을 학생들이 그대로 살린 것이었다. 실제로 4·19혁명 당시 대부분의 고등학생 시위는 그동안 관제 데모를 이끌던 학도호국단 간부들의 주도하에 진행되었다. 4·19혁명 당시 대학생보다 고등학생이 시위에 앞장선 것도 이러한 관제 데모의 경험이 큰 역할을 했다.[24]

1950년대 학생들의 학도호국단 경험이 1960년 4·19혁명에 영향을 준 또다른 측면은, 이승만 정권이 학생들을 통제·동원하는 과정에서 각 학교 학도호국단 간부들 사이에 일정한 네트워크가 형성되었다는 사실이다. 일례로 4·19혁명의 기점이라고 할 수 있는 대구 2·28 학생시위 당시, 시위 전날인 1960년 2월 27일에 경북고, 대구고, 경북사대부고의 주요 학생들이 학도호국단 간부를 중심으로 회합을 가진 바 있었다. 이 회합은 학생들의 민주당 선거유세 참여를 막기 위해 각 학교에 내려진 일요일 등교 조치에 대한 대응책을 모색하는 자리였는데, 사실 이들은 평소부터 친한 사이였고 이미 그동안 많은 일을 같이 상의하고 토론한 경험이 있었다.[25] 즉 지역 단위에서 지속된 학생 통제와 동원 과정에서 지역 내 각 학교 학도호국단 간부들의 네트워크가 만들어졌고, 이 네트워크를 통해 4·19혁명이 전개된 것이다.

학도호국단 간부 이외의 일반 학생들 사이에서도 일정한 동질적 인식이 공유되고 있었다. 그것은 바로 학생만이 나라를 구할 수 있는 '순수한 엘리트'라는 자의식이었다. 대구 2·28 학생시위 당시 경북고 「결의문」 중

"우리는 배움에 불타는 신성한 각오와 장차 동아를 짊어지고 나갈 꿋꿋한 역군이요, 사회악에 물들지 않는 백합같이 순결한 청춘이요, 학도이다." 라는 표현은 이러한 학생들의 자의식을 잘 보여준다. 1950년대에 고등학 생과 대학생 수가 많이 증가했지만 여전히 전체 학령 인구에서 차지하는 비중이 작은 상황에서, 학생들이 갖고 있는 엘리트 의식은 강할 수밖에 없 었다. 여기에 더해 학생들은 자신들이 기성 엘리트와 달리 오직 정의와 진 리에 목숨을 걸 수 있는 순수한 젊은이라는 의식도 함께 갖고 있었다. 물 론 이러한 '순수한 엘리트'라는 자의식은 '학생의 본분을 지켜야 한다'는 논리에서 볼 수 있듯이 학생들의 현실 참여를 제약하는 요인으로 작용할 수 있다. 그러나 명백한 독재와 부정선거 앞에서 학생들이 공유하던 '순수 한 엘리트'로서의 동질적 인식은, 그들이 4·19혁명의 거리로 한꺼번에 쏟 아져나오는 기본적인 명분을 제공했다.

그밖에 1960년 3월 15일 정·부통령 선거가 다가오면서 노골화된 '학원 의 정치도구화' 역시 학생들을 거리로 나오게 만든 주요 원인이 되었다. 앞서 언급한 대구 2·28 학생시위에서 일요일 등교령에 항의하며 학생들 이 외친 구호도 "학원을 정치도구로 이용하지 말라." "학생에게 자유를 달라."였다. 대구 2·28 학생시위 직후인 3월 8일에는 대전에서 민주당 유 세가 예정되어 있었는데, 이때 대전고 학도호국단 간부들은 교장실로 불 려가 절대로 이 유세에 참여하지 말라는 지시를 받았다. 그러나 당시 대전 고 학생들은 오래전부터 계속되어오던 정부 기관지 『서울신문』의 강제 구독 문제로 불만이 팽배한 상황이었다. 여기에 더해 선거를 앞두고 학교 가 수업을 중단한 채 학생들에게 이승만 대통령의 미국 망명 시절 연설을 녹음으로 틀어주고, 여당인 자유당 부통령 후보 이기붕의 뉴스영화를 관 람케 하는 바람에 학생들의 불만은 더욱 커졌다. 그뿐만 아니라 선생님들이 가정방문을 구실 삼아 사실상 자유당 선거운동을 하고, 반면 학교 안에는 사복형사들이 들어와 학생들을 감시하면서 학생들은 더이상 참을 수 없었다. 결국 3월 8일 대전고 학생들은 민주당 유세 참가 금지령을 계기로 집단행동에 돌입해 대규모 시위를 벌였고, 이틀 뒤에는 대전상고 학생들이 투석까지 해가면서 격렬한 시위를 전개했다.[26] 특히 학교 선생님들을 선거운동에 동원한 점은, 평소 선생님과 가까웠던 학생들의 실망과 분노를 더욱 부채질했다. 이러한 분노 속에서 학생들은 1960년 4·19혁명에 적극 참여한 것이다.

미국화와
욕망하는 사회

이 하 나

1950

큰 배를 타고 온
아메리카

미국이 한국사에 커다란 존재감을 드러내며 등장한 것은 커다란 함대와 함께 나타난 세 번의 인상적인 장면을 통해서였다. 첫 번째는 1866년 미국 상선 제너럴셔먼General Sherman호가 평양 군민軍民에 의해 불탄 사건을 빌미로 1871년 5월, 미 함대가 무력을 앞세워 강화도를 점령한 장면(신미양요)이다. 두 번째는 1945년 9월 8일, 오키나와에 주둔하고 있던 미 8군 제24사단 사령관 존 하지John R. Hodge 중장이 한반도의 38선 이남을 점령하라는 명령을 받고 인천항에 도착해 태평양 방면 미 육군 총사령관 더글러스 맥아더Douglas MacArthur의 이름으로 포고문을 공포하는 장면이다. 세 번째는 1950년 9월 15일, 연합군 처고시령관 백아더가 한국전쟁의 전세를 역전시키기 위해 인천상륙작전을 감행하는 장면이다.

첫 번째 장면에서 굳게 닫힌 문을 열기 위해 조선을 공격했으나 실패한 미국은 두 번째 장면에서 스스로 점령자임을 선포했지만 세 번째 장면을

인천상륙작전을 지휘하는 맥아더 사령관
1950년 9월 15일, 유엔군총사령관 더글러스 맥아더가 육군준장 휘트니 등과 함께 인천상륙작전을 준비하고 있었다. 이 작전의 성공으로 맥아더는 망국의 위기에서 나라를 구한 '구국의 영웅'으로 자리매김했다.

통해 위기에 빠진 대한민국을 구한 영웅으로 받아들여지게 된다. 이 세 장면은 당시, 그리고 이후 펼쳐진 한미관계의 역학을 상징적으로 보여준다는 점에서 흥미롭다.

그런데 하지 중장이 포고문을 대신 읽는 동안 정작 맥아더 사령관은 어디에 있었을까? 맥아더는 그 며칠 전인 8월 30일 비행기로 일본에 도착했다. 그러고는 9월 2일 요코하마 인근에 정박한 미주리함 선상에서 열린 일본 공식 항복 조인식에 참석해 일본정부 전권대표인 시게미쓰 마모루重光葵 외무대신과 함께 서명을 했다. 1주일 뒤인 9월 9일 조선에서도 미군정청장이자 주한미군 사령관인 하지 중장과 아베 노부유키阿部信行 조선 제9대 총독이 항복문서 조인식을 가졌다. 미국 입장에서 제국주의 피해

당사자인 조선은 패전국 일본보다 한 급 낮은 존재였던 것이다.

실제로 하지 중장을 비롯한 미군은 패전한 일본에는 최대한 예의를 갖춰 신사적으로 대한 반면, 한국에 대해서는 무시와 경멸을 일삼았다. 심지어 한국인들을 모욕적 호칭인 '국'gook*이라고 부를 정도였다. 그런데도 한국에서는 미군을 해방군이라고 믿었다. 이는 공산주의자들도 마찬가지였다. 일본으로부터의 해방이 또다른 점령세력을 불러들였다는 자각이 있기까지는 수십 년의 시간이 필요했다.

점령기 일본에서 또 하나의 천황으로 군림했던 맥아더는 퇴임 후 일본의 문명 수준이 "어린아이와 같다."라고 말한 것이 알려지면서 일본인의 마음속에서 멀어져갔다. 반면[1] 한국인들은 군정 기간 동안 미국이 보여준 멸시적인 태도에도 불구하고 미국에 대해 동경을 거두지 않고 신뢰를 지켰다. 거기에는 한국전쟁이라는 계기가 작용했다.

1955년 아시아·아프리카 26개국이 인도네시아 반둥에서 회의를 열어 식민주의와 제국주의에 저항하는 데 뜻을 모으고 중립을 선언하기 한 해 전, 한국의 이승만과 타이완의 장제스蔣介石는 아시아의 반공전선 구축을 위해 아시아민족반공연맹을 창설했다. 이는 미국이 유럽에서 공산권의 팽창을 막기 위해 만든 집단방위 기구인 북대서양조약기구NATO를 의식해 만든 것이었지만 NATO와 달리 강력한 군사동맹체나 안보협력체가 되지 못하고 임의 반공단체 수준에 머물렀다. 아시아민족반공연맹은 미국과의 연대와 자유세계의 일원임을 '스스로' 강조한 동아시아 반공국가들의 '자발적' 노력의 산물이라 미국의 승인을 빈지 못했기 때문이다. 이는 동아시아가 냉전체제의 중요한 수단인 동시에 그 자체로 복잡다양한

---

* 'gook'이란 불쾌하게 끈적거리는 것을 지칭하는 것으로 미국인들이 동양인, 그중에서도 특히 동남아시아인을 모욕적으로 부르는 표현이다.

냉전 지형을 구성하는 내용이기도 했다는 것을 말해준다.

6년 반 동안의 점령 끝에 정립된 미일 안보체제에 의해 미군 기지가 대부분 오키나와로 집중되면서 일본 본토에서는 미국의 존재가 흐려졌다. 타이완 역시 미군정을 경험하지 않았고 주둔군의 수도 현저히 적었으며 중국과의 길항관계 속에서 대미관계를 형성해왔기에 미국의 영향에서 비교적 자유로웠다. 그러나 남북 대치 상황에 의해 수도 한가운데 미군이 진주하면서 생활문화의 곳곳에 미국적인 것이 스며든 한국은 노골적인 미국화 경향을 피할 수 없었다. 그것은 한국을 냉전체제의 수단이자 전위로서 활용하고자 한 미국의 의도와, 스스로 냉전체제의 중심에 서고자 했던 한국의 적극적인 미국 문화 수용이 동시에 작용한 결과였다.

"자유의 종을 울여라"

> 이곳 농촌 마을은 일제하에서 어떠한 영화도 보지 못했으며, 심지어 해방 이후에도 당신들이 오기 전까지는 마찬가지였습니다. 농민들은 미국에서 무슨 일이 일어나고 있는지 알게 되었습니다. 영화를 본 후, 모두가 받은 깊은 감명을 말하고 있습니다.[2]

미국은 해방 후 한국의 사회제도뿐만 아니라 가치와 정서에도 전방위적으로 개입해 한국의 국가 정체성 형성에 결정적 영향을 미쳤다. 일본이, 조선이 근대화를 의탁해야 하는 유일하게 믿을 수 있는 나라로 행세하며 조선을 손아귀에 넣은 것처럼, 미국은 한국이 근대 민주주의 국가가 되기 위해 의지하고 따라야 할 유일한 문명 지도국이라는 신념을 주입함으로써 한국을 미국 주도의 세계질서에 체제적·심성적으로 공고히 편입시키고자 했다. 냉전체제하에서 한국은 스스로 '자유세계 반공전선의 맹주'로 불리기를 원했는데, 미국의 입장에서 보면 이는 한국이 미국의 군사적·정치적 동맹국일 뿐만 아니라 미국 문명과 문화를 전파하고 구축해야 할 개척지 역할을 '기대 이상으로' 자임했음을 의미했다.

미국은 38선 이남 지역이 앞으로도 계속 미국을 지지할 것이라고 예측할 수 없었으며, 단독정부 수립 후에 이승만 정권이 보여준 전체주의적 통치방식은 미국이 원하는 민주주의 국가상과는 거리가 있었다. 지나친 독재는 반발을 불러일으켜 대중과 사회주의의 친화성을 높이기 때문이었다. 따라서 미국은 미국식 제도와 가치관 및 생활방식의 우월성을 선전함으로써 미국의 문화적 헤게모니를 생활 속에 뿌리내리는 방식으로 문화전파를 수행할 필요가 있었다.

1945년 미군정청 영화과가 최초로 제작한 문화영화의 제목은 「자유의 종을 울려라」이다. 여기에는 미군정의 38선 이남 지역 통치 목적이 한국에 자유와 민주의 이상을 알리고 장차 한국이 자유민주주의 국가로 발돋움할 수 있도록 하는 심성적 토대를 만드는 데 있음을 선전하려는 의도가 짙었다. 이후 미군정청 영화과는 '주한 미공보원'OCI이 정식으로 발족되기 전인 1946년 11월까지 약 1년간 위생과 보건을 다룬 여섯 편의 문화영화를 제작했는데[3] 이는 미국이 여전히 위생을 근대성의 지표이자 모든 계몽의 시작이라고 보는 제국주의적 시선을 견지하고 있었음을 보여준다.

1947년 7월, 하지 사령관의 일반명령에 의해 '문명화의 사명을 띤' 미국의 위상과 대외정책 선전을 담당하는 기관인 주한 미공보원이 서울역 맞은편 건물에 들어섰다. 이곳의 주요 임무는 남한 대중이 점령 통치 이후에도 미국에 우호적인 태도를 유지하도록 하는 것이었다. 일제에 의해 만들어진 미국의 이미지는 서구 중심적 인종차별주의와 개인주의, 소비주의로 점철되는 부정적인 것이어서 이를 긍정적인 것으로 전환하기 위해서는 특별한 노력이 필요했다.

불과 몇 개월 만에 주한 미공보원은 지방 조직을 설치하고 지역에서 활발히 선전활동을 전개했다. 각 지부는 다양한 미국 서적과 잡지를 구비하고 직접 주간지와 월간지를 발간했으며, 미국 잡지의 기사를 번역해 각 신문사, 학교, 연구소 등에 배포했다. 주한 미공보원의 출판물은 성인 대중을 위한 문교부의 교육용 교재로 활용되었는데, 이는 미국이 학교 교육에 개입하기보다는 대중들과 직접 접촉해 미국의 제도와 문물의 우월성을 알리는 것이 이미지를 개선하는 데 훨씬 효과적이었음을 보여준다.

주한 미공보원은 전시회를 열고 문화영화를 제작·수입·상영하는 등 각종 시청각 도구를 활용해 계몽교육 방법의 다변화를 꾀했다. 이러한 문화 전파 활동은 선교사를 중심으로 한 과거의 사적인 계몽활동을 넘어서서 국가 제도적 차원에서 문화 전파를 공식화한 것으로, 분단정부 수립 후에도 미공보원USIS/K으로 계승되었다.

1948년 3월 17일 미군정 법령으로 국회의원선거법이 공포되고, 두 달 후인 5월 10일 오전 7시에서 오후 7시까지 전국 1만 3277개 투표소에서 우리 역사상 최초로 보통선거가 실시되었다. 이 두 달 사이에 남한에서는 제주에서 4·3항쟁이 일어났고 단독정부 반대 세력이 선거 참여를 거부하는 등 긴장이 계속되었다. 이 시기 미공보원은 총선거의 중요성을 강조하고 전유권자의 선거 참여를 유도하기 위해 「국민투표」라는 문화영화를 제작해 각지에 보급했다. 이처럼 미공보원은 향후 한국정부가 해야 할 기본적인 대국민 계몽과 선전을 대신하는 과정에서 국민투표라는 민주적

제도와 형식을 효과적으로 선전할 수 있었다.

전쟁 직전 38선 이남에는 서울, 인천, 부산을 비롯한 9개 도시에 미문화관이 설립되었다. 이를 교두보 삼아 지역사회에 미국 문화를 알리는 출판물과 공보물이 배포됐다. 1949년 3월 창간된 『월간 아메리카』는 미국이 전세계를 대상으로 추진한 대외 문화공보 사업의 일환으로서, 매호 미국의 역사와 정치·사회·교육 등의 각종 제도, 경제발전과 문화예술 등 다양한 기사를 게재해 민주주의적 생활양식을 전파하고자 했다. 여기서 주로 강조된 것은 미국이 황금만능주의에 젖어 물질적 풍요만을 추구하는 나라가 아니라 유럽 문화가 현대적으로 집약되어 계승되고 있는 문화 선진국이라는 것이었다. 미국의 문화 전파에는 미국식 교육을 받은 친미 지식인이 중요한 역할을 담당했다. 미군정 시기의 한미협회나 이후 각종 협약에 의해 진행된 인적 교류를 기반으로 친미 인사들은 미국 문화 전파를 자발적으로 행하는 행위자agent가 되었다.

미국의 문화 전파에서 획기적 계기가 된 것은 한국전쟁이었다. 전쟁은 미국의 위상을 '혈맹'의 반열에 올려놓은 문화 선전의 장이나 다름없었다. 전쟁 중에 미국의 심리전 도구로 쓰인 각종 '삐라'전단나 팸플릿, 전시 방송 등은 미국이 공산주의의 위협으로부터 '자유 대한'을 지키는 구원의 나라로 표상되는 데 총력을 기울였음을 보여준다. 전시기 방역 구호 활동은 활동 자체보다 그에 대한 선전이 더 활발히 이루어졌다고 해도 과언이 아니다. 이 과정에서 공산진영과 자유진영은 '야만적인 전근대 문명'과 '인본주의적 근대 문명'으로 대비되어 대중들에게 선전되었다.

전후 재건 과정에서 미국의 문화 전파는 각 지역과 각계각층을 파고드는 적극적인 선전활동을 통해 이루어졌으며, 그 대상자는 지식인과 관료, 군인을 비롯해 도시의 청년과 가정주부, 그리고 농민에게까지 확대되었

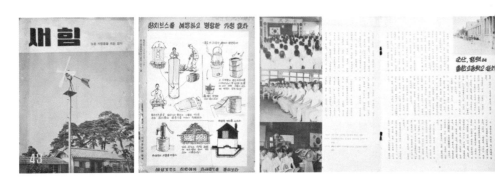

미공보원이 발행한 농촌 대상 월간잡지 「새힘」
총 15면의 얇은 잡지로 '이삭 나오기 전 논의 물보기' '유익한 대나무 재배' '자급 사료를 만드는 법' 등의 농사법을 주로 실었으나 '군산·평택에 종합고등학교 설치' '중공에서 탈출한 네 명의 소년' 등 다양한 시사 정보도 담았다.

다. 특히 대부분이 농촌지역인 한국의 실정에서 문맹률이 높은 농민에 대한 선전과 계몽은 매우 중요시되어 1950년대 농민을 대상으로 한 미공보원의 공보활동은 한국정부의 그것에 비해 질적으로나 양적으로 훨씬 활발했다. 1950년대 후반 국내에서 발행된 농민·농업 관련 잡지는 극소수였고 발행부수도 적었지만, 미공보원이 발행한 농촌 대상 월간잡지 중 배포량이 가장 많았던 『새힘』*New Strength*의 발행 부수는 35만 부에 이르렀다.

미공보원이 특별히 공을 들인 것은 인쇄물보다 대민 선전에 효과적인 영화의 순회 상영이었다. 영사기를 차에 싣고 다니며 영화를 상영하는 이동영사 방식은 일제 강점기 조선총독부가 원활한 식민지배를 위해 실시한 것이다. 미공보원에서도 뉴스영화인 「리버티뉴스」나 문화영화 등을 직접 제작해 지방 마을 구석구석을 돌며 상영했다. 한국정부 역시 미공보원으로부터 영사 차량과 영사기를 대여받아 미공보원이 제공하는 필름과 직접 제작한 필름을 함께 가지고 다니며 지방 상영을 했다. 하지만 영화

상영 빈도와 관람자 수에 있어서 한국정부의 활동은 미공보원 순회 상영에 크게 못 미쳤다. 1959년 한국정부의 농촌 순회 영화 상영 횟수와 관람자 수는 농림부가 62회 3만여 명, 문교부가 92회 17만여 명에 그쳤지만, 미공보원 이동영화반의 상영 횟수는 총 7000회가 넘었으며 관람자 수도 680만 명에 육박했다.[4] 미공보원은 뉴스영화와 문화영화의 이동영사를 통해 지역의 농민 대중을 외부세계와 연결시킴으로써 미국이 다양하고 자유로운 문화를 가진 선진 문명국이라는 이미지를 심어주었다. 또 미국의 지원을 통해 한국의 재건이 이루어지고 있음을 강조함으로써 남한과 미국 사이의 문화적 위계관계를 대중의 마음에 심을 수 있었다.

전후 원조기관들은 재건 과정의 한국사회에서 미국 문화 전파의 또다른 첨병이었다. 국제연합한국재건단UNKRA, 미 국무부 국제협조처ICA 등 주요 원조 기관들은 전쟁으로 파괴된 교육시설을 복구하고 문맹퇴치 등 교육·계몽을 실시했다. 특히 민주주의적 생활양식에 대한 대국민 계몽은 미공보원의 문화 선전과 일맥상통하는 것이었다.

1957년 시작된 지역사회 개발 사업은 원조기관들이 사회개조 운동이자 문화운동으로서 추진한 것이었다. 비록 이후의 재건국민운동이나 새마을운동처럼 광범위하고 체계적으로 이루어진 것은 아니었지만, 미국은 상당한 적극성과 의지를 가지고 사업 규모를 확장해나갔다. 이러한 과정을 통해 미국은 지방 말단의 청년, 주부, 농민 등에게까지 근대적 국민이자 자유세계의 시민으로 거듭날 것을 촉구할 수 있게 되었다. 이는 미국이 한국의 재건 과정에서 농촌사회에 어떻게 개입했는가를 보여줌과 동시에 남한의 국민 형성 과정에 미국이 어떤 영향을 미쳤는지를 잘 보여준다. 이처럼 미공보원과 원조기관의 활동은 남한에서 미국이 민주주의의 표상이자 문명의 귀감으로 자리 잡는 데 결정적 영향을 미쳤다. 그러나 미국이 남한 대중의 마음속에 깊이 각인된 것은 미국의 문화 전파를 위한 명시적인 프로파간다 때문만은 아니었다.

'최고급품'과
꿀꿀이죽의 시대

> 손님: 외국제 화장품을 최고급품으로 주십시오.
>
> 점원: 어떤 걸로 드릴까요?
>
> 손님: 뭐든지 최고급품으로 적당히 주십시오.
>
> 점원: 네, 그럼 세트를 쓰시죠.
>
> 손님: 결혼선물로 보낼 건데 최고급품이어야 합니다.
>
> 점원: 그럼 미국제 맥스파우더를 쓰시죠.
>
> 손님: 최고급품입니까?
>
> 점원: 네, 최고급이에요.[5]

1950년대의 한국은 세계에서 가장 가난한 나라였지만 그 시절을 살았던 사람들에게는 미제 물건이 넘쳐났던 시기로 기억되기도 한다. 흔히 '양품洋品'이라고 지칭되던 외제 물건들이 한국에 유입되는 가장 분명한 경로는 미국의 원조를 통해서였다. 미국의 원조에는 전쟁으로 파괴된 한국 사회를 빠른 시일 안에 복구하고 민생에 도움을 준다는 명분도 있었지만, 미국의 잉여생산물을 무상으로 제공함으로써 남한을 세계자본주의 시장 질서에 안정적으로 편입시켜 냉전체제의 방파제로 삼으려는 의도도 있었다. 이는 원조물자 가운데 장기적인 경제부흥책에 기여하는 생산재보다 생필품이나 사치품 등의 소비재가 많았음을 통해서도 알 수 있다.

국제연합한국재건단, 미국 대외활동본부FOA, 경제협조처ECA, 주한 미국경제협조처USOM 등의 원조기관을 통해 들어온 원조물자는 쌀, 밀, 설탕 등 식료품에서부터 벨벳이나 나일론 같은 합성섬유, 치약이나 비누 같은 생필품, 재봉틀 같은 가정용 기계, 트럭 등 차량, 화장품이나 향수 등 사치품에 이르기까지 총 수백만 톤에 달했다. 그 상품들의 가치만 해도 수십억 달러 이상이었다. 이 물자들은 경매에 붙여지거나 불하되어 시중에서 싼값에 팔리기도 하고 무상으로 분배되기도 했다.

한국정부는 원조액에 상응하는 통화를 비축해 두었다가 사용하는 대충자금counterpart fund을 확보하고 있었는데, 이는 미국의 동의하에서만 지출하도록 되어 있어 미국은 이를 통해 한국 경제에 깊숙이 개입할 수 있었다. 그러나 막대한 규모의 원조물자를 둘러싼 부패 사건은 이에 연루된 관료나 특권층에 대해서뿐만 아니라 미국에 대해서도 부정적인 이미지를 갖게 하는 부작용이 있었다.[6]

미제 물건의 유입은 밀수를 통해서도 이루어졌다. 분단정부가 수립되기 전부터 밀수는 경제를 교란시키는 가장 큰 사회문제의 하나로 인식되어 밀수를 근절하기 위한 군대와 경찰의 노력이 꾸준히 있었다. 1947~48년 군과 경찰에서 지원한 영화 네 편이 모두 밀수 근절을 주제로 할 정도였다.[7] 밀수의 수법과 품목도 다양했다. 미제, 일제, 유럽산 물건들을 홍콩 등지를 통해 배로 들여오는 것이 대부분이었지만, 항공편이나 군용기로 대규모 밀수가 행해지기도 했다. 1950년대에는 쌀이나 금이 가장 중요한 밀수 품목이었지만 그밖에 약재류나 화장품, 사치품, 마약, 서적류도 있었다. 1958년에는 9개월 동안 100억 원에 달하는 밀수품이 적발되기도 했다.[8] 특히 밀수의 거점이었던 부산의 국제시장에서는 수많은 밀수품들이

부산에 위치한 주한유엔민사처(UNCACK) 직원 매장
주한유엔민사처에 고용된 지역민은 남는 구호품이나 군 장교가 내놓은 상품을 직원 매장에서 구입할 수 있었다. 매장에는 옷과 양말을 비롯한 의류와 잼, 통조림, 어린아이 간식 등의 식료품까지 다양한 상품이 구비되어 있었다.

거래되었다. 부산에서만 한 달에 100건에 가까운 밀수가 적발되곤 했다.

1950년대에 밀수란 서민들의 생활과 그리 멀지 않았다. 1950~60년대 영화들 중에는 밀수업을 하다 경찰에 붙잡히는 남성이나 밀수에 손을 댔다가 사기를 당해 패가망신하는 여성의 이야기가 많다. 일례로 1950년대의 풍속도를 생생하게 보여주는 영화 「자유부인」[1956]에서 주인공 오선영을 댄스홀로 이끈 장본인인 저명인사의 부인이나, 1960년대 초반 서민 생활의 애환을 그린 영화 「돼지꿈」[1961]에서 후생주택의 할부금을 갚으며 빠듯하게 살아가는 중학교 교사와 그의 아내는 모두 밀수에 손을 댔다가 사기를 당해 큰 불행을 맞는다. 당시 밀수는 서민들에게 쉽게 큰돈을 벌 수 있는 사업의 하나로 받아들여졌으며, 원조 물품이나 피엑스[PX] 물품 사이에 밀수품이 섞여서 거래되는 것은 보통의 시장 풍경이었다.

미군 부대의 피엑스는 미제 물건이 유통되는 가장 확실한 경로였다. 'PX'는 'Post Exchange'의 약자로서 간단한 군것질감이나 약간의 주류를 파는 작은 가게라는 의미에서 주보酒保라고 번역되기도 했다. 하지만 1950년대에 피엑스는 누구나 그 자체로 알아듣는 용어였다. 피엑스는 군인 가족에게 생활필수품을 염가로 제공하기 위해 개설되었기 때문에 실생활에서 필요한 모든 물건들이 거래되었다. 군대용품뿐 아니라 고가의 카메라나 시계 따위의 사치품부터 통조림 등의 식료품, TV 등의 가전제품, 살림살이나 실내장식용품, 화장품, 학용품, 심지어 스타킹이나 하이힐 등 여성이나 어린이 용품까지 그야말로 "없는 것이 없는 세계적인 체인을 가진 호화판 백화점"이었다. 특히 한국의 군부대에 있는 피엑스는 전세계에서 가장 호화로운 것으로 꼽혔다. 피엑스는 미군은 물론, 중국인을 제외한 주한 외국인 전원과 이와 결연관계에 있는 모든 사람들이 이용할 수 있었기 때문에 미군 주변에 모여든 사람들 모두에게 개방되어 있는 것이나 마찬가지였다.

피엑스에서 팔리는 물건들은 모두 세금이 면제되었으므로 상품 가격이 시중가보다 평균 30~40퍼센트 정도 저렴했다. 1961년 용산 미군 부대 피엑스에는 50여 개의 점포가 있었으며, 한 점포당 매달 평균 5000달러의 매상을 올렸다. 따라서 전체 연간 매출은 300만 달러가 넘었을 것으로 추정할 수 있다.[9] 이를 다시 추산해보면 전국 약 40여 개의 피엑스에서 올린 매출액이 1억 달러가 넘었다는 결론이 나온다. 당시 미국이 매년 제공한 군사경제 원조액이 평균 3억 달러 정도였다. 미국이 우리나라에 쏟아부은 돈의 3분의 1에 해당하는 돈이 매년 피엑스에서 거래된 셈이다.

피엑스에서 거래되는 물건 중 70퍼센트가 암시장으로 흘러나왔다. 파주의 '양키시장'은 서울의 사치품 시세를 결정했다. 현재 신세계백화점의 전신이자 일제 시기 미쓰코시三越백화점의 서울지점이었던 동화백화점이 바로 피엑스였고, 그 바로 옆에 지금도 남아 있는 남대문 도깨비시장은 피엑스에서 흘러나온 미제 물건들을 거래하는 대표적인 장소였다. 생필품부터 사치품까지 없는 것 없이 뚝딱 나오지만 단속이 뜨면 물건들이 도깨비처럼 사라지는 놀라운 시장, 동시에 허깨비 같은 욕망이 들끓던 바로 그곳이 미제 전문 시장, 일명 도깨비시장이었던 것이다.

미제 물건은 물질로 현현된 '아메리카'였다. 실제로 미국을 소비한다는 느낌을 주던 미제 물건은 서민들의 소비생활에 큰 영향을 미쳤다. 전시에 미군 트럭을 따라다니며 "기브 미 초콜릿"을 외치던 아이들도 있었지만 미군 부대에 지인이 있는 아이는 미제 학용품 같은 것을 얻어 쓸 수 있었다. 거리를 다니는 한복 차림의 여성들은 나일론 양말이나 벨벳 치마로 한껏 멋을 내기도 했다.[10] 남대문시장이나 동대문시장에서 미제 물건으로 채운 매대와 좌판 사이를 전대를 차고 누비고 다니던 '달러장수' 역시 그 시대의 명물 중 하나였다.

1954년 미도파백화점, 이듬해에는 동화백화점이 나란히 개점해 고급품을 팔기 시작하면서 고급 물건에 대한 욕망에 불을 붙였다. 백화점은 개점 당시부터 몰려드는 사람들로 인산인해를 이뤘으며, 명동과 소공동 일대에 생기기 시작한 '○○양행洋行'이라는 소규모의 양품점도 호황을 누렸다. 1956년 개봉해 공전의 히트를 친 영화「자유부인」에서 여주인공 오선영이 매니저로 일하는 양품점도 '파리양행'이었다. 여기서 '파리'는 가게의 이미지를 고급으로 끌어올리기 위해 붙인 수사일 뿐 가게의 진열장을 채운 물건들의 대부분은 유명 상표를 단 미제였다. 영화에서 손님으로 온 부부는 침실에서 쓸 미제 향수를 구입하고, '최고급품'을 찾던 중년 신사는 '맥스파우더'라는 미제 화장품 세트를 산다. 이렇듯 '최고급품'은 시대

"세계적인 체인을 가진 호화판 백화점" 미군 부대 피엑스
1950년 8월 18일, 미군 준장이 이제 막 개장한 부산의 한 피엑스에서 상품을 구매하는 모습이다. 미군 부대의 피엑스는 미제 물건이 유통되는 가장 확실한 경로로서 "없는 것이 없는 세계적인 체인을 가진 호화판 백화점"이라고 불렸다.

의 유행어가 되었다.

모두가 가난했던 시절에 '미제'의 세계에 눈 뜬 서민들에게 미제 물건을 쓴다는 것은 곧 문화생활을 영위하고 있다는 의미였다. 현실은 피엑스에서 나온 쓰레기 음식으로 꿀꿀이죽을 해 먹는 가난한 서민들이 대부분이었지만, 그들 역시 2층 양옥집에서 양장을 하고 양식을 먹으며 전시회나 음악회를 즐기는 도시 중산층의 삶을 꿈꾸고 있었다. 도깨비시장이나 국제시장에서 구한 미제 물건을 소비함으로써 미국영화에 나오는 서구적 생활, 풍요롭고 문학적인 삶을 조금이라도 구현해보고자 했던 서민들에게 미국은 근대적·문화적 삶의 지표로서 다가온 것이다. 여기에 여성잡지를 중심으로 미국영화와 스타들에 대한 시각 정보가 제공되면서 서민 대중들에게 미국은 현실과 무관하게 구성되는 상상의 산물이 되어갔다.

한국 속의 아메리카,
미8군 쇼

현재 미 8군 헌병감실의 연예대행기관인 한국흥행과 유니버설 연예주식회사 산하에 70개 단체의 밴드와 22개 단체의 쇼가 있는데 여기에 출연하는 연예인이 무려 천 명을 넘어 일대 맘모스 연예지대를 형성하고 있다. 미국인 5명으로 구성된 심위(審委)에서 무용 장치 음악 구성 작곡 의상 조명 등 전반에 걸쳐 엄격한 심사를 받은 다음 각기 급수를 받아 서울을 비롯해 각 일선지구에 산재한 8군 클럽에서 월간 400회에 달하는 쇼에 출연한다.[11]

해방 후 사회 풍속 가운데 해방 전과 비교해 가장 두드러진 것은 미군정의 영향으로 생겨난 댄스홀의 성행이었다. 댄스홀 하면 우선 사교춤을 떠올리지만 댄스홀은 무엇보다 음악이 있는 곳으로서 미국 대중음악의 한국 유입에 중요한 역할을 했다. 이곳에서는 일제 시기 엘리트 음악교육을 받고 외국에서 연주활동을 한 전문 연주인들이 재즈밴드나 탱고밴드 등 악단을 조직해 직업적으로 연주를 했다. 댄스홀에서는 미국 음악을 기본으로 탱고나 맘보 등의 춤곡을 연주했으며 서구의 고전음악과 최신 대중음악을 라이브로 골고루 즐길 수 있었다. 그 때문에 순전히 연주를 듣기 위해 댄스홀을 찾는 손님들도 있었다. 미군 부대 내의 각종 클럽 역시 전문 연주인들에게는 중요한 무대였다. 주한 미군 클럽들을 전문적으로 순회하는 경음악단은 재즈와 라틴 음악 등을 연주하며 인기를 끌었고, 매달 최신 팝송의 악보를 제공받아 미국에서 유행하는 음악들을 거의 실시간

메릴린 먼로의 방한
20세기를 대표하는 최고의 스타 메릴린 먼로가 한국전쟁에 참전한 미군을 위안하기 위해 한국을 방문했다. 이 사진은 1954년 2월 16일에 찍힌 것으로 미해병 제1사단에서 위문 공연을 하는 장면이다.

으로 연주했다.

전쟁과 연이은 미군 주둔은 미국의 대중음악이 한국사회에 깊이 뿌리 내리게 하는 데에 결정적 역할을 했다. 주한미군방송AFKN 라디오 프로그램은 미국 대중음악의 가장 직접적인 통로였지만, 한국사회의 비상한 관심을 끈 것은 미국의 인기 연예인이 한국을 직접 방문해 미군 캠프마다 진행한 위문공연이었다. 미국위문협회USO가 해외에 파병된 자국 군인들을 위해 조직한 위문공연에는 메릴린 먼로, 밥 호프, 엘비스 프레슬리, 프랭크 시나트리 등 당대 최고의 배우와 가수들이 참여했으며, 이들 공연은 AFKN 라디오를 통해 중계되기도 했다. 이들 스타급 연예인들의 공연은 미 8군 쇼단의 한국인 대중음악 관계자들에게 큰 자극과 영감을 주었다. 한정된 연예인 몇몇이 모든 군부대의 공연을 소화할 수는 없었기 때문에 영화나 라디오를 통해 대중에게 잘 알려진 이들 위문 공연의 선곡 리스트는 그대로 한국인 쇼단 가수들의 레퍼토리가 되었다.

1949년 5월, 미군은 500여 명의 군사고문단만 남기고 한국에서 철수했다. 그러나 불과 1년여 후 미군은 한국전쟁 참전을 시작으로 정전협정 이후에도 해외 파병 군인 중 가장 많은 수의 병사들을 한국에 주둔시켰다. 용산에 미 8군 사령부가 자리를 잡았으며 의정부, 동두천, 송탄, 문산, 파주, 평택, 오산 등 전국 각지 150개의 군사기지에 휴전 직후 30만 명, 1950년대 후반까지 10만 명에 가까운 미군이 주둔했다. 이들 미군 기지에는 술과 음악을 즐길 수 있는 클럽이 설치되고 여흥을 위한 공연 무대가 펼쳐졌는데 이를 '미 8군 쇼'라 불렀다. 처음에는 미군정 때부터 미군 클럽에 출입했던 악단들을 중심으로 미국에서 유행하는 음악을 연주하는 형태가 대부분이었지만, 점차 노래와 춤이 섞인 쇼의 형태가 되면서 더 많은 가수와 연주인이 필요해졌다. 수가 많아지면서 이들의 계약이나 스케줄을 관리해주는 대행업체도 생겨났는데, 화양기업 등 오늘날의 연예기획사와 같은 대행업체agency들은 외화벌이에 기여한다며 상공부에 등록까지 하게 되었다. 미군은 이들 대행업체와 계약을 맺음으로써 안정적인 쇼단 공급을 꾀할 수 있었다

당시 무대 공연 연행단체는 유형에 따라 악극단, 가극단, 쇼단 등으로 나누어져 있었는데 이 중에서도 쇼단은 악단을 중심으로 가수와 무용인, 희극인 등으로 구성된 10~15명 내외의 단원들로 이루어져 있었다. 이들 쇼단이 미 8군 쇼에 들어가기 위해서는 주한 미공보원이 주관하는 공개 오디션을 통과해야만 했는데, 전문적인 음악적 식견을 가진 심사위원들이 AA, A, B, C로 등급을 매겼다.[12] 심사에 통과한 쇼단은 노래와 춤과 코미디 등이 결합된 '아메리칸' 스타일의 버라이어티쇼를 구성했다. 한국인 쇼단들은 계

급과 인종이 다양한 미군의 음악 취향을 만족시키기 위해 거의 모든 장르의 미국 대중음악을 섭렵하고 모방하지 않을 수 없었다. 미 8군 쇼단은 한국 속의 작은 아메리카인 미군 기지 속에서도 가장 아메리카적인 곳이었던 셈이다.

일제 시기 신민요와 트로트가 대부분이었던 대중가요계에 미군정과 전쟁은 미국 음악의 범람이라는 엄청난 변수를 가져다주었다. 대중가요에 영어 가사와 참전국의 낯선 지명이 등장했고 군인들의 심정을 대변한 노래와 실향민들의 마음을 달래주는 고향 노래가 유행하는 등 전쟁기 한국의 대중가요계에 많은 변화가 찾아왔다.

전후에도 대중가요계의 주류는 여전히 '뽕짝'이라고 불리는 트로트였지만, 탱고나 볼레로 등 서양의 댄스 음악에서 영향을 받은 이국적인 분위기의 노래도 속속 등장해 인기를 끌었다. 신민요의 멜로디에 서양 춤곡이 결합되어 블루스, 부기우기, 탱고, 룸바, 맘보, 차차차 같은 춤이름을 단 노래 제목이 자주 등장하고, 제목에 홍콩, 페르시아, 인도 같은 지명을 넣은 노래도 많이 나왔다. 노래 제목에 가장 많이 쓰인 나라는 역시 미국인데 '샌프란시스코' '아리조나 카우보이' '아메리카 차이나타운' 등의 노래는 고향을 그리워하는 재미교포의 심정을 그리기도 했지만, 한국인이 미국을 그리워하는 정체 불명의 감수성을 드러내기도 한다. 당시 한국인들에게 미국적인 것은 막연히 뭔가 멋진 것을 뜻했고, 최신의 현대 문명을 누리는 남부럽지 않은 삶과 동의어였다.

전후 한국 대중가요는 미 8군 쇼로부터 낮은 영향을 받았다. 한마디로 미 8군 쇼는 실력과 대중성이 검증된 스타급 음악인의 산실로서 한국 대중음악계의 인력 풀pool이었다. 1950년대 중반 무렵 미 8군 쇼단의 연예인들은 대중음악계의 70퍼센트가 넘는 비중을 차지했다.[13] 미 8군 무대를

미 8군 무대에서 선풍적인 인기를 모았던 김시스터즈
가수 김해송, 이난영의 두 딸과 이난영의 오빠 작곡가 이봉룡의 딸로 구성된 김시스터즈는 20여 가지 악기를 자유자재로 다루며 노래와 춤을 선보여 큰 인기를 끌었다. 이 사진은 미국의 인기 배우이자 가수였던 딘 마틴과 함께 찍은 것이다.

거쳐간 스타급 가수로는 김시스터즈, 한명숙, 최희준, 윤복희, 패티김, 현미 등이 있다.

한국 최초의 걸그룹이었던 김시스터즈는 1953년 'KPK쇼단'으로 데뷔해 미 8군 쇼뿐만 아니라 일반 무대와 방송에서도 인기를 얻었다. 그들은 1959년 라스베이거스 진출을 시작으로 1970년 어머니인 가수 이난영과 함께 미국의 유명 토크쇼인 「에드설리반쇼」에 출연하기도 했다. 김시스터즈의 성공으로 '시스터즈'와 '보이즈'가 들어가는 걸그룹, 보이그룹이 많이 만들어졌다. 이들은 대개 10대 때부터 전문적으로 연주와 노래 훈련을 받았으니 가히 오늘날 아이돌 그룹의 원조라 할 만하다.

가수들은 처음엔 향수에 젖은 미군들을 위안하기 위해 미국 본토에서 인기를 누리는 팝송과 재즈 등을 불렀지만 점차 한국적 색깔을 가미한 노래들을 만들어 부르기 시작했다. 여기에는 연주자 출신인 신석우, 신중현, 이봉조, 김희갑 등 유능한 작곡가들의 활약이 있었다. 이들은 단지 미국 음악을 모방하는 데에 그치지 않고 한국의 정서와 가락을 융합한 한국형 가요를 작곡함으로써 1960~70년대 한국 가요계에 큰 기여를 했다. 그중에서도 신중현은 미 8군에서 익힌 현대 대중음악에 대한 감각을 기반으로 이후 한국 록 음악의 대부라 불리며 김추자, 김완선 등 시대를 대표하는 가수들을 키워냈다.

1950년대에 일반 대중과 분리되어 있던 미 8군 쇼는 1960년대 중반 베트남전쟁과 함께 내리막길을 걸었다. 그 영향으로 이곳에서 활동하던 연예인들이 라디오나 TV에 출연하거나 일반 무대를 찾아나옴으로써 한국 대중들 앞에 모습을 드러냈다. 전쟁과 가난에 지친 대중들에게 큰 위안이 되어준 연예인들은 각종 시국대회나 반공대회 같은 곳에 동원되거나 진중가요나 건전가요를 짓고 부르는 등 국가의 수요에 부응함으로써 한국과 미국의 혼종적 결합을 몸소 체현했다.

욕망하는 사회

전쟁은 대중들의 물적 기반은 물론 심성까지 피폐하게 만들었다. 그러나 전쟁과 폐허는 욕망하는 사회가 시작되는 신호탄이기도 했다. 한편으로는 문명 자체에 대한 허무의식이 만연한 반면, 또 한편으로는 그 반대급부로서 물질에 대한 집착과 쾌락 추구의 욕망이 더해갔다. 사적 이익 추구를 기본으로 하는 자본주의적 생활원리는 전쟁을 통해 한층 더 익숙하게 대중들의 삶을 파고들었다. 피폐해진 삶의 조건 속에서도 피난지 부산에서는 유흥산업이 성행했다. 네온사인에 뒤덮인 밤거리에 술집과 댄스홀과 호화 비밀 요정이 호황을 누렸다. 거리의 아이들은 구두를 닦고 전쟁으로 홀로된 어머니는 생선을 팔고 식구들은 남의 집 처마 밑에서 끼니를 해결하고 쪽잠을 자는 피난지 생활 속에서도 미제 물건으로 상징되는 서구식 생활에 대한 동경과 욕망은 커져만 갔다.

전후 극장가를 뒤덮은 미국영화 속에서 미국은 현대 문명을 고스란히 누리며 합리적이고 민주적인 생활을 영위하는 나라로 묘사되었다. 풍요로운 중산층 삶에 대한 열망은 미국에 대한 동경으로 이어졌다. 누구나 그 나라에 가면 그렇게 살 수 있을 것만 같은 환상이 있었기 때문이다. 그러나 미국에 대한 한국인들의 심상은 그리 단순하지만은 않았다. 특히 지식층 사이에서 유럽 문화에 대한 존중과 동경이 꾸준했던 것과 대조적으로 미국 문화에 대해서는 부정적 평가가 대종을 이루었다. 민주주의적 정치·사회 질서에 대해서는 긍정적이었지만, 미군 부대를 통해서 전달되는 미국식 대중문화인 지아이GI* 문화에 대해서는 지극히 멸시적인 태도를 보였다. 지아이 문화를 근거로 한국이 미국 문화의 정신은 사상한 채 피상적인 외형만을 모방하고 향수한다거나 미국 문화 자체를 물질만능주의와 등치시켜 퇴폐와 타락을 가져온다는 비난 등이 일기도 했다.

미국의 대중문화가 한국사회에 물질만능주의와 퇴폐 문화를 불러온다는 비판의 결정적인 근거는 댄스홀의 성행과 '춤바람' 열풍이 제공했다. 미군정 기간 동안 미군과 상류층을 중심으로 사교댄스 파티가 열리면서

---

* GI(Government Issued)란 미국 육군병사의 속칭으로 원래는 정부에서 발급한 관급품이라는 뜻이다. 미군이 쓰는 군복이나 군장비 모두 관에서 지급되었다고 해서 붙여진 이름이라고 한다. 1950~60년대 대중에게 비추어진 미국 문화는 대개 미군 부대에서 흘러나온 것이 많았기 때문에 지아이 문화는 곧 미국 문화의 대명사처럼 쓰였다.

댄스 문화는 사회 전반으로 확산되었다. 전쟁 중에도 유엔군을 환영한다는 명분으로 늘어간 댄스홀은 전후에는 큰 사회문제로까지 비화되었다. 1954년 8월 당국은 급기야 서울 광화문 신문회관에 외국인을 대상으로 한 댄스홀 하나만 남기고 전국의 댄스홀을 폐쇄시켰다. 그러자 내국인 출입이 허용된 카바레와 불법적인 비밀 댄스홀이 성행해 각종 스캔들의 온상이 되었다.

1950년대 중반, 『서울신문』에 가정부인의 춤바람과 일탈을 다룬 소설 『자유부인』이 연재되고, 이어 한 남성이 댄스를 무기로 수십 명의 여성들을 농락했다는 '박인수 사건'이 터지면서 댄스홀이 모든 퇴폐와 타락의 온상으로 지목되었다. 댄스홀의 고객은 주로 20대 이상의 중·상류층이었다. 하지만 댄스홀에 직접 출입하느냐의 여부를 떠나 그에 대한 관심은 계급과 성별과 연령을 초월하는 것이었다.

댄스홀에 대한 대중의 호기심을 어느정도 해소해준 것은 영화 「자유부인」이었다. 영화에 등장하는 댄스홀은 공인 댄스홀 중 하나인 해군장교구락부이다. 영화는 이곳을 10인조 브라스밴드가 재즈와 맘보를 연주하고 반라의 무희가 춤을 추며, 한복을 입은 중년 부인들이 낯모르는 사내들과 부둥켜안고 서양 댄스를 추는 곳으로 묘사해 관객의 관음증을 충족시켜주었다. 원작자인 정비석은 자신의 소설이 이러한 세태를 옹호하는 듯 받아들여지는 상황에 대해 '장바구니를 들고 댄스홀에 출입하는 중년 부인'을 소재로 세태를 풍자하고 잃어버린 도의를 되찾자는 교훈을 주기 위해 책을 썼다고 항변했다. 그러나 작가의 의도와 상관없이 사회는 이미 댄스홀과 춤바람으로 상징되는 자유와 욕망을 어떤 식으로든 분출하고 있었다. 합리성의 상징이자 현대 문화의 총아로 이해되던 미국 문화가 한국적으로 변용되는 과정에서 사회병리적 현상으로 굴절됐다는 것은 미국화의 두 얼굴인 셈이다.

　미국화는 미국의 심리전과 문화 전파라는 상징적 차원만이 아니라 기지촌과 피엑스와 댄스홀이라는 물질화된 현실 공간에서도 진행되고 있었다. 상징과 물질로 다가온 미국에 대한 서로 대립되는 감정, 곧 현대 문명의 모델로서의 미국이나 저질 문화를 양산하는 미국이라는 상호 모순된 느낌은 한국사회에서 '아메리카'가 얼마나 전방위적으로 지배적 영향을 미치고 있는지를 방증한다. 따라서 미국화란 미국을 실제로 모방하는 것과는 거의 무관하게, 어떤 식으로든 대중들의 마음속에 '아메리카'가 자리 잡아가는 과정이었다고 할 수 있다. 이는 미군 주둔의 경험을 공유하는 한국, 일본, 타이완에서 공통된 것이었지만, 그러한 경험의 양태와 낙차에 따라 각기 다르게 전개된 문화적 변용의 장소적 맥락화를 의미하는 것이기도 했다.

이웃을 향한 열린 문과 닫힌 문,
그리스도인의 전후 체험

김진호

1950

목자 없는 양

1955년 6월 5일, 영락교회에서 행한 설교에서 한경직 목사는 도시의 거리를 배회하는 대중, 고아, 과부, 병자, 빈민을 바라보며 「마태복음」 9장 37절의 "목자 없는 양"*을 떠올렸다. 절박한 위험에 처한 전쟁 직후 거리의 사람들을 바라보며 그는 교인들에게 그리스도교 복음 전파의 절실함을 역설했다.

들는 대로 10만 명의 고아, 30만의 찢긴 과부, 수없이 많은 눈·팔·다리가 없어진 상이군인들과 동포들, 가족은 분산되고 형제, 처자는 이산되

---

* 고대 유다 왕국(기원전 586년 멸망) 말기 혹은 멸망 이후 이 나라 출신의 비판적 지식인 혹은 예언자들이 군왕이나 정치지도자의 실책으로 백성들이 고초를 겪고 있다는 것을 비판할 때 전형적으로 사용했던 어구였다. 이것을 서기 1세기 말 팔레스타인 북부 국경지역의 한 예수공동체의 문서인 「마태복음」에서 인용했다. 여기서 고초를 겪는 이들은 유대 민족 일반을 가리키는 것이 아니라 이 예수공동체 주변에 있던 극빈 상황의 대중을 의미한다. 즉 마태복음의 목자 없는 양은 종족을 가리키는 명칭이 아니라 계층을 가리키는 명칭으로 변용된 것이다.

고 올바로 갈 바를 알지 못하고 갈팡질팡하는 이 무리들을 볼 때에 주님께서는 어떤 모습을 우리 가운데서 발견할 것입니까?

이 글에 드러난 상황만도 충분히 참담하지만, 당시 기록들을 보면 전후 현실은 훨씬 혹독했다. 여러 자료들이 당시 전쟁미망인이 30만이 아니라 40만 명도 넘었고, 더욱이 그들 중 절대다수가 극빈층이었음을 증언한다. 그뿐만이 아니다. 휴전 이후 유엔군 대부분이 철수함에 따라 병력의 대대적인 증강이 필요해졌고, 그 결과 20대 중하위층 남자들이 싹쓸이되듯 군대로 징집됐다. 징병 대상 연령대의 남자들이 전쟁 기간 동안 집중적으로 사망하거나 부상당한 탓에 그 수가 많지 않았고, 그나마 수단을 부릴 수 있는 중상위층 남자들은 이런저런 방식으로 병역을 기피했기 때문이다. 병역을 마친 남자들도 휴전선 주변의 군사시설 구축을 이유로 노무에 동원됐다. 군부대는 이들에게 식량이나 의복, 기타 필수품조차 제대로 공급할 형편이 못 되었다. 또한 이들은 사고와 질병 등 갖가지 위험에 심각하게 노출되어 있었다. 이런 까닭에 군사동원으로 징집되었든 노무동원으로 소집되었든 그들이 겪는 고통과 위험은 이루 말할 수 없었다.

남겨진 이들의 생계문제도 심각했다. 가족의 생계를 위해 20대 이상 성인 여성들이 노동시장으로 무수히 몰려나왔다. 소설이나 영화에 숱하게 등장하는, 이 시대의 여성 가장 가족의 빈곤한 생활풍경은 남성 가장이 부재한 시대의 빈곤의 악순환을 보여준다. 젊은 여성이 어린아이와 함께 동반 자살했다는 기사가 연일 신문에 실리기도 했다. 많은 젊은 여성을 흡수한 곳은 성매매 시장이었다. 성매매 시장의 성장은 가족의 해체를 불러왔고, 고아들을 양산하는 또다른 이유가 되었다.

신체적·정신적 질병으로 인한 고통도 빼놓을 수 없다. 1954년 정부 발표에 의하면 상이군인의 수가 14만여 명이라고 했으나 당시 국방부 자료는 전쟁으로 부상당한 남한 군인의 수가 45만 명 이상이며 민간인 부상자도 30만 명에 달한다고 밝혔다. 이는 전쟁영웅 칭호는 고사하고 상이군인이라는 상징적인 보상조차 받지 못한 '실제적 상이군인'이 훨씬 많았음을 뜻한다. 많은 수의 상이군인들이 오직 살기 위해 집집마다 들러 강탈에 가까운 구걸 행각을 일삼았다. 국가로부터 상징적 지위조차 부여받지 못해 자존성이 상실된 그들도 어쨌든 장애인으로서 혹독한 시대를 살아내야 했기 때문이다.

외상보다 더 심각한 것은 세균성 질환이었다. 영양실조와 불결한 환경으로 결핵이 창궐했고, 천연두·콜레라·장티푸스·말라리아·세균성이질·파상풍 등이 크게 확산됐다. 기초적인 보건의료체계조차 작동하지 않는 사회에서 위생상태도 열악하고 면역력도 극히 미약했던 이들에게 이런 전염성 강한 질병은 너무나 치명적이었다. 정신질환의 경우는 이렇다 할 분석 자료도 찾아보기 어렵지만, 전후의 삶을 그린 이범선의 단편소설 「오발탄」에서 드러나듯 전쟁은 무수한 사람들의 정신건강을 위협했다.

처절하게 가난한 시절의
생존 스펙

바로 그 시기에 개신교회는 빠른 성장을 이룩했다. 해방 직후 10만 명이 조금 넘을 정도였던 남한 개신교의 교세는 1950년대 끝 무렵에는 100만 명까지 확장되었다. 당시 한국의 대중에게 개신교에 대한 평판이 그리 좋지 않았음을 고려하면 의외의 결과다. 1947년 남북이 내전 상태에

전쟁 직후 절박한 상황에 놓인 "목자 없는 양"들
한국전쟁으로 10만 명이 넘는 전쟁고아와 30만 이상의 전쟁미망인이 발생했다. 부모를 잃은 아이들은 운 좋게 입양되기도 했지만 대부분은 먹을거리를 찾아 거리를 떠돌았고, 남편을 잃은 여성들 역시 곧장 생활전선에 뛰어들었으나 곤궁한 상황을 벗어나기 어려웠다.

놓이고 1950년 전면전이 발발해 1953년 휴전하기까지 개신교 신자들은 공산주의자에 대한 증오와 폭력의 화신처럼 행동했다. 모두가 그런 것은 아니었지만 적어도 당시 많은 사람들의 눈에는 그렇게 보였다. 1948년 발발해 거의 3만 명에 달하는 도민이 학살된 제주 4·3사건이나, 1950년 황해도 신천에서 3만 5000명 이상이 학살된 신천대학살 사건에서도 가장 중요한 가해자는 폭력적인 개신교도였다. 해방 이후 한국전쟁이 끝날 때까지 이런 민간인 학살 사건은 전국 도처에서 일어났고, 그 사건들에는 대개 개신교도가 관련되어 있었다. 사실이야 어떻든 간에 적어도 사람들은 그렇게 생각했다.

빨갱이를 잡는답시고 수많은 사람들을 잡아가 무자비한 고문을 가했던 경찰과 검찰도 개신교도와 유난히 친했다. 심지어 그중 적지 않은 이들이 개신교로 개종하기도 했다. 미군정의 통역관으로 일하던 많은 개신교도들이 일제 강점기에 경찰과 공무원이었던 이들을 미군에게 소개해주었기 때문이다. 그들 덕에 일자리를 얻게 된 사람들 입장에서도 개신교도가 되는 것이 미군정에서 살아남는 데 훨씬 유리했다.

이 시기 개신교의 성장은 친미와 결합된 반공주의적 호전성과 긴밀하게 연결되어 있다. 한경직이 설립해 오랜 기간 담임했던 영락교회*는 이 시기 개신교의 성장을 이해하는 가장 적절한 표본이다. 1945년 12월, 27명으로 시작한 이 교회는 이듬해 말, 불과 1년 만에 신도 수가 1000명이 넘었고, 1949년 말에는 6000명이 넘는 신도를 거느린 남한 최대의 메가처치mega-church가 되었다.

영락교회의 성장에 호전적 신자들의 대대적인 결속이 있었음은 의심의

---

* 한경직은 1945~73까지 28년간 영락교회의 담임목사였고, 이후 2000년 타계하기까지 27년간 원로목사로서 이 교회에서 가장 영향력이 강한 존재였다.

서북청년단 주둔소
제주 성산리에 위치한 이곳은 제주4·3사건 당시 서북청년단을 중심으로 구성된 특별중대가 약 3개월
정도 주둔했던 장소로, 본래는 성산동국민학교 건물이었다.

여지가 없다. 무엇보다도 월남한 개신교 신자들이 대거 이 교회로 모였다. 앞서 말했듯이 해방 직후 남한의 개신교 신자 수는 10만 명 정도였던 반면, 북한의 개신교 신자는 20만 명을 상회했다. 이 중 35~40퍼센트, 즉 7만~8만 명 정도가 월남을 선택한 것으로 보인다. 한국전쟁 시기까지 포함하면 그 수는 훨씬 더 많아진다. 여기서 북한 개신교도의 87퍼센트가 서북지역(평안도와 황해도) 출신이고, 서북지역 개신교도의 86퍼센트가 장로교도였다는 점을 주목해야 한다. 서북지역 장로교는 당시 전세계에서 가장 강성한 근본주의 신앙으로 불타오르고 있었다. 그러니 서북지역 월남인 중 가장 중요한 장로교 지도자의 한 사람인 한경직의 교회에 월남인 개신교도들이 대거 몰려든 것은 그리 이상한 일이 아니다. 그러나 그의 교회가 유독 과대성장한 것은 좀더 설명이 필요하다.

한경직은 일제 강점기에 신의주에서 교회를 크게 성장시킨 전력이 있다. 또 해방 직후 북한에서 반공주의 개신교 정당을 만들어 활동한 것이 반공 투쟁의 전력으로 해석되어 주요 월남인 지도자로 부상했다. 무엇보

국회의사당 앞에서 시위를 벌이는 서북청년단 단원들과 제주4·3사건에 연루된 주민들
북한 사회개혁 당시 월남한 청년들이 주축이 되어 결성한 서북청년단은 좌우익의 충돌이 있을 때마다
우익 진영의 선봉에 섰다. 3만 명에 달하는 주민들이 학살된 제주4·3사건에서도 가장 중요한 가해자는
서북청년단이었다.

다 그는 미국 유학파로서 미국 장로교가 가장 신뢰하는 한국 교회 지도자
였고, 미군정 또한 월남 직후 통역관으로 활동했던 그를 매우 신뢰했다.
미국 장로교회는 월남인 장로교도의 정착 지원금 명목으로 거액의 후원
금을 그의 손에 쥐여주었다. 또한 미군정은 적산敵産을 주로 개신교도들에
게 불하했는데, 이때 한경직의 영향력은 막대했다. 이러한 이유로 월남 기
독교도들이 대거 그의 교회에 몰려들었고, 그들은 다른 이들보다 상대적
으로 안정된 생활의 기회를 누릴 수 있었다.

영락교회가 월남 개신교인을 대거 받아들이면서 급속하게 성장한 것처
럼, 다른 많은 월남인 교회들도 유사한 과정을 밟았다. 월남인들은 기존의
남한 교회에 유입되기보다는 새로 설립된 월남인 교회로 찾아가는 것이
더 유리했다. 그것은 월남인 교회에 편파적일 만큼 특혜가 집중되었기 때
문이다. 이렇듯 이 시기 남한 개신교의 성장은 월남인 교회의 설립과 밀접
한 관련이 있다.

이들 월남인 개신교도 가운데 일부는 호전적인 반공주의자들이었는데,

미군정이나 이승만 정권은 이들의 공격적 행동주의 성향을 체제 수호에 요긴하게 활용했다. 북한에서 공산주의 세력과의 주도권 경쟁에서 밀려 혹독한 정치보복을 당했던 개신교도들에게 공산주의는 가장 악독한 '적그리스도'anti-Christs였다. 그렇게 생각하는 이들 중 청년들이 주로 위험을 무릅쓰고 남한으로 탈출했다. 사선을 넘어 남한에 도착했는데 이곳에도 공산주의자나 사회주의자들이 들끓었으니, 이들이 볼 때 저들을 일소하는 것은 이곳에 하느님의 나라를 건설하는 작업의 일환이었다. 남한의 정치권력은 이런 생각을 부추기며 개신교도 청년들에게 공격할 대상을 지목하고 그들을 공격할 각종의 기회를 제공했다. 이렇게 탄생한 남한의 공격적 개신교도들은 점차 확고한 기반을 구축해나갔다.

월남 개신교도들의 지도자로 부상한 한경직 등은 그들에게 신학적이고 신앙적인 알리바이를 제공했다. 한경직은 공산주의자를 「요한계시록」의 '붉은 용'으로 묘사하면서 이들을 궤멸시키는 것이 하나님의 뜻임을 설파했다. 또한 각종 지원금과 직업을 포함한 경제적 기회를 호전적 개신교도들에게 선사했다. 정치권력도 음으로 양으로 각종 특혜와 특전을 베풀었다. 많은 이들에게 이것은 하나님의 사역에 목숨을 아끼지 않고 뛰어든 데 대한 포상처럼 해석되었다. 요컨대 당시 개신교 신자가 된다는 것은 물질적 기회를 얻는 데 유리했을 뿐 아니라 그 사회의 일원으로서 자긍심을 갖고 살 수 있는 조건이 되었다. 이러한 점은 교세가 확산되는 이유였을 뿐 아니라, 교회가 많은 비신자들의 부러움을 사게 된 이유이기도 했다.

한편 공격적이지 않은 개신교도들도 다른 사람들에 비해 더 많은 기회를 누렸다. 앞서 언급한 것처럼 개신교 지도자들은 미국의 교단들로부터 많은 기부금을 받았고 미군정으로부터 막대한 적산을 배분받았다. 그것이 기반이 되어 남한에 교회들이 속속 설립되었다. 교회가 운영하는 교육

기관, 복지시설, 병원, 언론사, 출판사 등도 대개 이 기금들에 기초해 설립 되었다. 정부를 제외하고는 가장 많은 사회적 재화가 개신교의 소유가 된 것이다. 물론 영락교회는 교회들 가운데서도 가장 많은 사회적 기관을 운 영하는 민간단체였다. 이는 개신교도에게 취업의 기회가 더 많았음을 의 미한다. 또한 이것은 많은 사람들, 특히 엘리트들을 교회로 끌어들이는 조 건이 되었고, 이 과정에서 개신교에 친화적인 엘리트들이 양성되었다.

여기에 더해 교회 성장의 또다른 요소, 어쩌면 이후 한국 교회의 성장에 가장 결정적인 요인이 되었다고 할 수도 있는 요소가 있었다. 그것은 교회 가 당시 남한사회에서 가장 '훌륭한' 결혼시장이었다는 점과 관련이 있 다. 월남한 개신교도들은 상대적으로 젊었고 남자가 압도적으로 많았다. 북한 공산당국의 혹독한 탄압에 저항해 월남이라는 모험적인 결정을 하 고 실행한 이들은 대개 젊은 남성이었기 때문이다. 한편 이들 월남 개신교 도들은 남한사회에 들어온 이후 생각보다 훨씬 격렬한 좌우투쟁의 한복 판에서 활동하게 되었고, 결국 한국전쟁이라는 돌이킬 수 없는 증오의 도 가니에 휘말려들었다. 이 과정에서 분단 상황이 완전히 고착화됐음을 받 아들인 이들은 북한에 처자를 남겨두었더라도 결혼을 선택하는 경우가 많았다.

개신교 반공주의자로 산다는 것은 그 당시 생존에 꽤나 유리한 스펙이 었다. 처절하게 가난했던 시절, 상대적으로 많은 기회를 누리고 있는 젊은 남성들이 몰린 곳에 젊은 여성들이 모여드는 것은 당연한 일이다. 더구나 개신교는 서양 문화가 유입되는 주요 통로였기에, 전통에 널 얽혀 있고 새 로운 문화에 더 열린 청년 여성들이 개신교를 선택하기는 쉬운 일이었다.

하지만 주지할 것은 이러한 이유만으로는 '더 많은 사람들'이 개신교 교회로 들어오지는 않았다는 사실이다. 급성장했음에도 아직 개신교는

마산중앙교회 교회학교(아동부, 학생부) 행사
이 시기 남한의 개신교회는 미군정과 미국 교단의 지원을 받아 비교적 풍족한 재화를 소유했다. 전국 각지의 교회들은 그 재화를 기반으로 다양한 교육기관과 복지시설, 병원 등을 설립해 전쟁 수습에 힘을 보탰다.

남한의 소수종교였다. 그것은 개신교가 많은 이들에게 문을 활짝 열지 않았기 때문이기도 하다. 여전히 진입 장벽을 높게 쌓아두고 있었던 것이다. 1940년대의 진입 장벽은 앞서 본 것처럼 강성 반공주의라는 이념의 장벽이었지만, 한국전쟁을 거치며 남한사회에서 사회주의자들의 씨가 마르면서 이념의 장벽은 대체로 해소되었다. 하지만 이어지는 이야기에서 보듯 이 그리스도교 중심주의가 내포하는 배타주의로 인해 세상을 향해 벌린 팔 안으로 사람들이 들어오는 문은 그리 넓지 않았다.

증오와 사랑

1950년 전쟁 발발을 비정부 영역에서 세계에 가장 먼저 알린 이는 한경직이었다. 그가 보낸 긴급전문이 미국 동부 시간으로 6월 26일 국제선교협의회IMC에 접수되었고, 세계 기독교 네트워크를 통해 신속하게 전세계로 타전되었다. 이로 인해 한반도는 세계적인 주목을 끌게 되었고, 비정부 영역에서의 후원체계가 신속하게 조직되었다. 대량의 구호금과 구호품, 그리고 외원단체 스태프들이 줄줄이 한국으로 들어왔다. 그들은 전세계에서 가장 유능한 구호활동 전문가들이었다.

전세계 민간 영역의 구호금과 구호품 중 거의 절반이 개신교 계통의 단체들에서 보내온 것인데, 이 중 대부분은 기독교세계봉사회CWS를 통해 한국에 전달되었다. 대부분의 구호활동기들도 이 단체를 통해 활동영역을 배분받았다. (반면 한국정부는 체계도 없고 부패하기까지 해서 구호금·구호품과 구호전문가를 배분할 능력도 의지도 부족했다.)

이 단체는 긴급한 지원이 필요한 이들에게 구호물자를 우선 배분하는 것을 원칙으로 하고 있었다. 당연한 일임에도 바로 이 점은 한국에서 논란의 핵이었다. 기독교세계봉사회 한국지역위원회를 구성하고 있던 주요 개신교 교단의 목사와 장로들이 개신교도들을 먼저 지원한 것이다. 이것은 기독교세계봉사회의 본부와 지역위원회 사이에 배분 원칙을 둘러싼 갈등을 초래했다.

여기에 이승만 정권의 행보는 상황을 더욱 꼬이게 했다. 정부는 악화된 여론을 반전시키기 위해 '내부의 빨갱이 척결'이라는 의제를 들고 나왔고, 그런 맥락에서 세계교회협의회WCC가 용공단체라는 미국의 극우 개신교 단체들의 문건을 한국 교회에 돌렸다. 전쟁이 장기화됨에 따라 미국 사회 일각에서 강하게 불기 시작한 종전론의 진원지인 WCC를 탐탁지 않게 여긴 이승만은 미국 근본주의자들의 WCC 공격을 자신에게 불리한 국내 여론을 반전시키는 카드로 활용한 것이다. 기독교 대중에게 '빨갱이'라는 말은 모든 생각을 정지시키는 효력이 있음을 그는 잘 알고 있었던 것이다.

기독교세계봉사회는 미국기독교교회협의회NCCC USA의 산하 부서이고, 미국기독교교회협의회는 WCC의 미국 측 가맹 교회 연합체다. 그렇게 되자 기독교세계봉사회와 갈등을 빚고 있던 한국 개신교의 일부 지도자들은 대중을 등에 업고 이 단체의 구호활동 전문가들을 빨갱이로 몰아붙였다. 이는 양자 간의 갈등을 극도로 예민하게 만들었다. 그리스도교 중심주의적 배타성을 둘러싼 갈등이 공산주의 이념을 둘러싼 갈등과 뒤얽혀버린 것이다.

하지만 기독교세계봉사회와 함께 일하면서 선교에 대한 안목이 넓어진 이들도 있었다. 그들은 기독교 중심주의만 고집한 것이 아니라 이념 갈등을 넘어 돌봄의 정신을 발휘하는 것이 바로 그리스도의 정신이라는 생각에 도달했다. 또한 WCC 용공론이, 미국기독교교회협의회 가맹 교단인 미국북장로회와의 관계 단절을 의미하는 위험천만한 주장이라고 생각하는 이들은 이승만 정권의 공안통치에 대해 거리를 두는 신중론을 폈다. 정부가 사주한 WCC 용공론은 기독교세계봉사회 본부와 한국지역위원회 간의 갈등을 심화시켰을 뿐 아니라 한국 개신교 내부를 두 편으로 갈라놓았다. 그리고 이런 상황은 1950년대 말부터 본격화된, 한국의 여러 교단들이 대대적으로 분열되는 치명적인 사태로 이어졌다. 요컨대 한국 개신교도들의 증오심은 '적'만이 아니라, '자매 형제'를 향해서도 분출하게 된 것이다.

아무튼 기독교세계봉사회를 둘러싼 갈등이 반공주의 프레임과 얽히면서 한국 개신교와 신자 대중은 '증오냐 사랑이냐' 양자택일해야 하는 난감한 논란 속에 휘말렸다. 이 글에서는 이것을 '증오와 사랑의 딜레마'로 부르고자 한다.

한경직의 '목자 없는 양'에 관한 설교는 '증오와 사랑의 딜레마'에 빠진 개신교 신자 대중에게 어떻게 받아들여졌을까? 목자 없는 양과 같은 존재가 된 한국 대중에게 복음을 전파한다는 것은 '저들을 사랑하라'는 말이다. 한데 저들이 이미 빨갱이이거나 빨갱이가 될지도 모르는 '취약한 정신'의 소유자들이라면 어떻게 할 것인가? 한경직은 개신교 신자가 된다는 것은 절대로 빨갱이가 될 수 없는 존재가 되는 것이라고 가르쳐왔다. 그렇다면 전쟁 통에 '목자 없는 양'이 된 저 절박한 대중을, 어쩌면 빨갱이일지도 모르는 저 대중을 어떻게 사랑해야 할 것인가?

이에 대해 한경직의 생각은 명료했다. 개종이 전세되어야 한다는 것이다. '개종 아니 전향 없는 사랑'은 불가능하다. 한국전쟁을 거치면서 개신교계에서 절대적인 1인의 위상을 갖게 된 그는 자신의 생각을 전달하고 관철시킬 수 있는 충분한 능력을 갖고 있었다. 개신교가 운영하는 대중매체는 당시 시민사회를 통틀어 가장 많았고, 대통령 이승만은 국가를 개신교 국가처럼 통치하고 있었으며 고위 공직자의 상대적 다수가 개신교도였으니, 개신교의 최고 지도자인 그의 영향력이 어느정도였는지는 미루어 짐작할 만하다. 그러한 한경직의 메시지는 신자 대중을 개신교 배타주의자로 만들어놓았다. 즉 개신교인이 아니어도 긴급한 후원의 대상이 될 수는 있었지만 그것은 개종 혹은 전향을 전제로 한 수혜였다.

그리하여 개신교 신자들은 한국전쟁 전후, 그 절박한 궁핍의 시대에 그나마 가장 유리한 자원의 풍요를 누렸으나 그 자원을 나눌 이웃에 대해 충분히 열려 있지 못했다. 그들은 이웃을 끊임없이 적으로 의심했고, 내부에서조차 적을 색출하려는 욕망에 휘말려 있었다. 바로 그런 맥락에서 '교회 밖' 사람들은 교회를 선망하는 한편 교회에 다가가는 데 거리낌을 느꼈다.

"영원한 일요일"

시인 박인환은 '목자 없는 양'에 관한 한경직의 설교가 있던 그해(1955년)에 「영원한 일요일」이라는 시를 발표했다. 일제 강점기에 식민지 공론장에서 비판적 지식으로 굳건하게 자리 잡고 있던 사회주의 사상이 해방 정국과 한국전쟁을 거치면서 씨가 말랐고, 기독교적 지식이 체제 수호적 담론으로서 전후 근대화 담론을 주도하는 것처럼 보이던 시기였다. 그해에 한경직은 남한 최대 교파이자 막강한 사회적 권력을 가진 대한예수교장로회의 총회장에 선출되었다. 당시는 장로교 내에서 다른 결의 근대화 담론으로 신학교육을 펴고자 했던 김재준*을 교단에서 축출한 탓에 그를 따르던 세력이 그와 함께 이탈(1953년)한 직후였다. 또 개신교

176

안팎에서 새로운 신비주의 운동이 불타올라 이들 신흥 종파운동에 대해 교단 차원의 본격적인 '이단몰이'가 시작되던 시기였다. 세계교회협의회에 대한 용공시비 속에서 한몸처럼 얽혀 있던 친미 코드와 반공 코드가 서로 충돌하면서 개신교 교단들이 서로를 이단시하며 분열되는 위기의 시대가 본격화한 때도 바로 그해였다. 즉 이 시기 개신교 전체가 이단논쟁의 광기에 휩싸여 있었던 것이다.

1955년은 그런 해였다. 한경직은 이 위기의 시기에 대한예수교장로회 교단 총회장이 됨으로써 한국 교회의 명실상부한 제1인자의 위상을 갖게 되었다. '목자 없는 양'에 관한 설교는 그런 무게를 지닌 말이었다.

그런데 개신교가 주도하던 전후 근대화 담론 지형에 새로운 비판적 지식의 공론장이 대두했다. 그것을 이끌어간 것은 『사상계』였는데, 대한예수교장로회에서 축출된 김재준도 여기에 관여하고 있었다. 이 잡지가 독자들의 열렬한 반향을 불러일으키기 시작한 해가 바로 1955년이다. 그해와 이듬해 이 잡지는 매월 무려 3만 부가 팔려나갔다. 충성도 높은 잡지의 독자들은 교회에서, 학교에서, 공회당에서, 신문에서, 그리고 그밖의 여러 장소에서 이 잡지의 메시지를 전파했다. 『사상계』는 순식간에 비판적 지식 공론장의 중심에 자리 잡았다. 이 잡지가 계몽주의적 비판담론의 성향을 띤 매체라는 점에서, 당시의 비판적 공론장을 이끌어간 것은 계몽주의적 비판지성이라고 할 수 있다.

---

* 김재준은 한경직, 송창근과 함께 미국 프린스턴신학교에서 공부하고 돌아온 초기의 신학 유학파 3인방의 한 사람이다. 그는 학자이자 교육자로, 신학생들에게 현대 신학을 가르쳤고, 그것이 화근이 되어 1953년 장로교에서 축출당했다. 이때 그를 지지하는 이들이 한국기독교장로회를 결성했다. 이후 한국기독교장로회는 한국 개신교단 가운데 가장 진보적인 교단으로, 반독재 투쟁에 앞장섰다. 한편 김재준은 해방 이후 『사상계』 지식인의 한 축을 형성했으며, 박정희 정권 시절에는 민주화를 위해 헌신했다.

박인환은 『사상계』와는 다른 결의 비판적 담론을 폈던 문인이다. 그는 계몽주의자도 아니었고 정치적이거나 이념적이지도 않았다. 오히려 그는 모더니스트였고 문화주의자였다고 하는 게 옳다. 하지만 그도 한국의 비판적 계몽주의자들처럼 서양의 사상과 문화에 대해 깊은 동경을 품고 있었다. 서양의 분신처럼 보였던 개신교에 대해서도 마찬가지다. 그렇지만 『사상계』 지식인들에게 개신교계는 당시 이승만 정권이 그랬던 것처럼 비이성적 광기로 가득한 집단으로 보이기도 했다. 박인환 역시 개신교를 동경하면서도 비판을 주저하지 않았다. 그의 비판은 비이성적 광기가 아닌 개신교적 이성, 그들 나름의 계몽주의에 초점을 맞췄다. 그런 점에서 '잃어버린 양들'을 개신교도로 만들어 훈육함으로써 구원받을 수 있게 하겠다는 한경직의 생각에 정면 대립한다. 「영원한 일요일」은 바로 그런 내용을 담은 시다.

박인환도 한경직처럼 전쟁 직후 서울의 거리에서 고통에 온통 피멍이 든 대중을 보았다. 생존을 가능하게 할 그 어떤 자원도 노동력도 모두 상실한 그들은 당시 한국사회에서 자원이 가장 많았던 교회로 찾아간다.

> 날개 없는 여신이 죽어버린 아침
> 나는 폭풍에 싸여
> 주검의 일요일을 올라간다.

「영원한 일요일」의 첫 번째 연이다. 여기서 "날개 없는 여신"은 발터 베냐민Walter Benjamin의 '역사의 천사'를 연상하게 한다. 베냐민은 파울 클레Paul Klee의 그림 「새로운 천사」를 보면서 이 존재의 절망을 본다. 시선도 분산되어 있고 충격에 휩싸여 있는 듯한, 날개도 제대로 파닥이지 못하는 모습이다. 그는 이 존재를 '역사의 천사'라고 불렀다. 이것이 의미하는 것은 이렇다. 역사, 진보, 계몽 같은 이상적 가치가 20세기 초, 그 세계적인 전쟁의 시대를 거치면서 대중에게 아무런 구원의 힘을 갖지 못한다는 사실이 드러났다. 구원을 선사할 것처럼 보였던 역사는, 오히려 천사의 날갯짓을 불가능하게 하는 한갓 훼방꾼이 되어버렸다는 것이다.

베냐민처럼 박인환도 서양의 근대주의, 그 계몽주의적인 이성적 진리가 가져다줄 구원의 가능성에 탐닉했던 것이다. 그런데 그는 해방 이후 계몽과 진보의 가치가 자리 잡기도 전에 처참하게 무너져내리는 사회를 목도했다. 그런 생각이 이 시의 '날개 없는 여신의 죽음'으로 묘사된 것이다. 한데 그날은 하필 '일요일'이다. 즉 '여신'이 상징하는 계몽과 진보의 가치는 개신교와 관련이 있다. 하여 전후 어느 일요일을 그는 '날개 없는 여신이 죽어버린 일요일 아침'이라고 말한다.

그런 일요일 아침에 그이가 "폭풍에 싸여" 있는 것은 1950년대를 살아가는 삶의 막막함을, 그 희망 없는 현실을 의미한다. 한경직의 설교 속 메시지처럼 세상을 구원한다는 복음이 소리 높이 울려퍼지는, 대통령까지 나서서 그 복음의 힘이 불끈 발기하게 하던 일요일 아침이다. 문학비평가 고미숙은 한국 근대 형성기를 표상하는 세 장소를 목욕탕, 병원, 그리고 교회라고 말했다. 아직 소수종교에 지나지 않았지만 교회는 이 시대의 변화와 발전의 상징이었다. 그런데 그런 교회를 향하는 발걸음이 폭풍에 휩싸였다.

그는 그 발걸음이 "주검의 일요일을 올라긴다."고 말했다. 어쩌면 교회 마당을 지나 예배당을 향하는 길에 계단이 있었는지도 모른다. 어쩌면 서양의 대성당들처럼 동네의 가장 높은 곳, 우러러보이는 곳으로 시인의 발걸음이 옮겨지고 있는지도 모른다. 한데 계단 오르막 끝에 있는 예배당의 그 일요일은 구원의 일요일이 아니라 '주검의 일요일'이다. 산 자들의 일요일, 살림의 일요일이 아니라 죽은 자들의 일요일, 살림에 실패한 일요일이다. 그러니까 박인환이 본 일요일 교회당은 '구원의 천사'이기는커녕 죽은 자들을 불러일으키고 과거의 잔해들을 모아서 다시 결합시키려고 하는, 천사의 날개를 꼼짝달싹 못하게 하는 세찬 폭풍, 곧 훼방꾼에 불과했다.

전쟁으로 몸과 정신에 깊은 상처를 입은 무수한 사람들이 교회로 몰려들고 있었다. 한경직 목사가 앞의 설교에서 '목자 없는 양'이라고 말한 그 대중이다. 박인환은 그들을 2연에서 이렇게 묘사한다. "죽어가는 놈의/숨 가쁜 울음을 따라/비탈에서 절름거리며 오는/나의 형제들."이라고.

그런데 교회의 문은 그들에게 활짝 열려 있지 않았다. 구원의 장소라는 그곳으로 몰려든 "상풍傷風된" 사람들은, 몸과 정신이 기억과 고통의 질병에 갇혀버린 "수인"들은 일요일 교회에서 "다음 날에의 비밀을 갖지 못했다." 곧 여신이 죽어버린 아침에, 교회는 어떤 미래도 약속하지 못하는 주검의 일요일인 것이다. 하여 아픈 이들뿐 아니라 아프지 않은 이들도 그 일요일에 "복음도 기도도 없이" 교회를 나와야 했다. '영원한 일요일'이라고, 한경직 같은 이가 소리 높여 주장하는 그날에 말이다.

같은 해에 한경직 목사와 박인환 시인의 눈에 비친 교회는 이렇게 달랐다. 한 사람은 교회가 구원의 장소라는 확신에 차서 교회 밖의 사람들, 목자 없는 양들에게 복음이 전파되어야 한다는 신념에 차 있었다. 하지만 다른 한 사람은 전쟁의 외상으로 괴로워하는 이들에게 아무것도 주지 못하는 교회를 직시하고 있다.

대중적 신비주의

한국전쟁 직후 거의 모든 사람들이 극도의 가난과 질병에 시달리고 있을 때 국가는 이들에게 거의 아무런 도움도 주지 못했다. 보건의료체계나 복지체계는 꿈도 꿀 수 없었다. 모든 것이 파괴되었고 재건은 너무나 지체되고 있었다. 더욱이 부패와 무능 탓에 전세계에서 보내온 적지 않은 후원물자도 적절히 배분되지 못했다. 그런 점에서 대중이 기댈 곳, 아니 기대고 싶은 곳 1순위가 교회였다는 것은 그리 놀라운 일이 아니다. '잘사는 서양의 종교'라는 이미지도 있었고, 실제 인적·물적 자원도 상대적으로 많았을 뿐 아니라, 제도적 자원도 비교적 탄탄했다. 그 덕에 많은 이들이 개신교 신자가 되었다. 1945년부터 1960년 사이에 신자 수가 10만에서 100만으로 10배나 증가했다.

그러나 '목자 없는 양'을 향한 복음 전파의 소명을 이야기한 개신교 최고 지도자 한경직의 설교에도 불구하고, 한경직 자신처럼 그리스도 교회역시 굶주리고 아픈 대중을 조건 없는 사랑으로 포용하는 데 매우 인색했다. 많은 개신교도들이 이분법적 사고에 깊게 물들어 있었기 때문이다. 그들은 교회 밖에 무수한 '적그리스도'가 들끓고 있다고 믿었다. 공산주의자, 이단, 자유주의자들이 그런 적그리스도들이고, 문화, 관습, 이념 등은 적그리스도가 준동하는 무대였으며, 이 무대들을 통해 적그리스도에 의해 속속들이 오염된 세상 사람들이 교회 안으로 들어오려면 '전향'이라고 할 만큼 중대한 결단을 필요로 한다고 생각했다. 교회의 규범과 관습에 규율된 자만이 축복의 수혜자가 될 만하다는 폐쇄적 신앙이 개신교도들을 사로잡고 있었던 것이다. 개신교도들의 이러한 배타주의는 일상에서 그

서울 중앙전도관(이만제단)에서 설교하는 박태선 장로
1955년 한국 종교계에 혜성같이 등장한 박태선은 서울 남산집회, 영등포집회, 한강 백사장집회 등 매회 수만 명 이상이 모이는 초대형 집회를 이끌었다.

들을 가족과 불화하게 하고 동료와 대립하게 하며 민족을 분열시켰다. 그리하여 더 많은 이들이 교회 안으로 유입되려면 진입의 문턱을 훨씬 더 낮춰야 했다. 그것이 실현된 것은 1960~90년 사이에 불처럼 일어난 '순복음 현상'에 의해서다.

1950년대 초 순복음 현상의 원조격 되는 신앙이 크게 확산되기 시작했다. 주류 개신교의 흐름과는 상당히 다른, 일종의 대중적 신비주의 현상으로 말이다. 박태선과 나운몽은 이러한 1950년대 대중 신비주의 운동의 절정을 보여준다. 이들이 주도한 부흥회는 수천에서 수만, 아니 수십만 명의 인파가 운집한 대형 집회가 되곤 했다. 1955년 당시 남한 최대의 메가처치였던 영락교회의 주일 대예배에 모인 신자 수가 5000명쯤 되었다고 하는데, 혜성처럼 등장한 부흥사 박태선이 그해 3월 말부터 4월 초까지 남산에서 10일간 벌인 부흥집회에는 매일 6만 명 이상이 모였다고 한다. 또 전국 방방곡곡을 돌아다니며 부흥회를 이끈 나운몽의 집회에도 수천 명씩 모였다. 이들이 주도한 부흥회들은 규모 면에서 압도적이다. 하지만 그보다 더욱 주목할 것은 대중의 호응 정도가 비할 데 없을 만큼 열광적이었다는 점이다. 그리고 그 집회의 절정에는 영락없이 광적인 황홀경 속 질병의 치유 사건이 일어났다. 남산집회 직후 당시 대한예수교장로회 기관지인 『기독공보』(1955년 4월 11일자)에는 다음과 같은 기사가 실렸다. 아직 박태선을 적으로 규정하기 전이어서 그에 대한 호감의 기조가 깔렸다. 흥미롭게도 그 몇 달 후 이 신문은 박태선을 향한 강한 적개심을 쏟아부었다.

> 박태선 장로의 신유의 능력에 의해 앉은뱅이가 걸으며 벙어리가 말하게 되는 이적이 따르기 때문에 서울 장안에 커다란 파문과 화제를 던져 그야말로 교파를 초월해 장로교, 감리교, 구세군, 성결교는 물론 한신파니 고신파니 복구파의 구별도 없이 남산으로 모여들었으며 수십 개의 천막 아래 밤을 새우는 무리의 수가 수만을 세는 근래 보기 드문 성황을 이루게 되었던 것이다.

바로 이 점이 이들의 부흥집회에 대대적으로 인파가 몰려든 결정적 이유였다. 전쟁으로 몸과 정신이 갈가리 찢기는 상처를 입은 서민 대중이 갈 곳은 아무 데도 없었다. 국가는 외면했고, 교회는 문을 닫았다. 박인환은 「영원한 일요일」의 7연에서 "절름거리며 교회에 모인 사람"들이 복음도 기도도 없이 떠나고 있다고 말한다. 그런데 그 대중이 피를 토하듯 울부짖고 발버둥 치며 절절하게 기도하는 곳이 있었다. 그리고 그 절정에서 병이

나았다는 복음이 울려퍼졌다.

이러한 신앙 현상 속에는 대중의 한恨이 폭발적으로 분출하는 해방의 체험들이 담겨 있다. 전쟁 속에서 사람들은 감당하기 힘든 폭력적 체험에 수없이 노출된다. 물론 그 폭력적 체험을 성찰할 여유는 거의 없다. 전쟁이 끝나고서야 사람들은 그것에 대한 성찰을 본격화할 수 있다. 전후 체험이란 바로 이러한 폭력적 체험들로부터 거리두기를 하면서 그것을 성찰하는 해석의 과정을 말한다. 그런데 서민 대중은 여전히 거리두기가 상대적으로 어렵다. 생존을 위한 자원이 거의 없어 전후에도 궁핍과 질병의 위기를 가장 극심하게 겪어내는 이들이 바로 그들이기 때문이다. 그러니 전후에도 그들의 생존 전쟁은 계속된다.

게다가 서민 대중은 삶을 해석하는 언어 능력도 부족하다. 자기의 고통스런 폭력적 체험을 묘사하는 어휘력도, 문장 구성 능력도 부족하다. 그런데 말이 되지 못한 폭력적 체험은 육체의 질병이나 정신의 질병으로 몸을 휘젓고 다니며 새로운 고통을 추가한다. 이렇게 말이 되지 못한 체험의 억눌림, 그 병증적 표출을 가리키는 우리말 표현이 '한'이다. 즉 한은 말이 되지 못한 고통의 언어다.

한데 이 신비주의 집회에서 몸과 정신의 질병으로밖에 나오지 못했던 한의 소리, 그 강제된 침묵이 통곡으로 표현되고 몸의 경련과 발작으로 드러나며 방언 같은 비상한 소리로 발설된다. 그리고 그것은 질병으로부터의 순간적인 해방을 가져오곤 했다. 그것이 바로 치유의 체험이다. 박태선이나 나운몽 같은 부흥사들은 이러한 강제된 침묵, 그 한의 소리를 분출시키는 집단적 체험을 불러일으키는 감정의 전문가들이었다.

이 해방의 집회에 모여든 이들이 기독교도만이 아님은 의심의 여지가 없다. 앞서 본 바와 같이 1960년경에야 개신교 신자 총수가 100만 명이 되었다. 한데 1958년 박태선의 경기도 소사의 노구산집회에는 단일 집회에 70만 명의 대중이 모였다. 나운몽은 치유 행위를 하면서 '당신 마음속의 천지신명이, 부처님이, 공자님이, 소크라테스가 당신의 병을 고쳐주었소. 그런데 그이가 바로 그리스도 예수요.'라고 설파했다고 한다. 이것은 이 대중적 신비주의 운동이 기독교 배타주의적 성격을 지니지 않았음을 뜻한다. 적어도 이 집회에서는 가장 절박한 이들에게 먼저 구호의 손길이 갔다. 그리고 그들의 내면을 사로잡고 있던 신심 혹은 신념은 그리스도 복음과 모순관계가 아니었다. 그러니 신자가 된다는 것은 '전향' 같은 게 아니었다. 신앙제도에 진입하는 문턱이 크게 낮았던 것이다. 그리고 이 전통을 물려받은 나운몽의 제자 조용기는 1960년대 이후 대중적 신비주의 운동을 통해 대부흥을 이끌었다.*

그런데 주류 교회에서 배타주의적 신앙은 자기 존립의 핵심적 요소였다. '적'이 있어야만 생명력이 유지되는 것이다. 그런 까닭에 교회는 이러한 대중 신비주의 운동이 활활 타오르던 1955년부터 이들에 대한 비판과 정죄 행위를 시작했고, 그 이듬해부턴 교단별로 속속 이단으로 규정했다. 물론 이들 대중 신비주의 운동은 이단 시비에 걸릴 만한 요소가 적지 않았다. 무엇보다도 감정의 흥분상태에서 절제되지 않은 언행들이 속출했다.

교회의 파상적 공격 속에서 이들 대중 신비주의 운동은 대중의 해방 체험의 요소를 신학화하지 못했고, 감정적 흥분 현상으로만 비춰지게 했다.

---

* 1960~90년 한국 교회 성장의 표본은 조용기의 여의도순복음교회다. 조용기는 1950년대 중반 나운몽의 부흥집회에서 부흥사의 꿈을 키웠고, 1958년 대조동 산동네에서 빈민들과 함께 목회를 시작했다. 이때 그의 목회는 나운몽의 종교다원주의적 태도 대신 기독교 중심주의적 관점으로 나운몽의 대중적 신비주의를 변용시켰다. 이후 교회당을 서대문 로터리, 여의도로 옮겨가면서 그와 그의 교회는 빈민에서 중산층, 지배계층으로 신앙의 축을 이동시켰다. 한편 조용기 현상은 오늘날 남아시아, 라틴아메리카, 아프리카 등지에서 빈민의 신비주의 신앙으로 불꽃을 일으키고 있다.

즉 대중 신비주의 신앙은 광신도의 무절제한 신앙으로만 다루어졌고, 질병 치유는 일종의 마술적 최면 현상으로 해석되었으며, 그러한 치유만을 갈망하는 신앙행위는 기복적인 욕구에 지나지 않는 것으로 폄하되었다.

당시 사회의 가장 뛰어난 언어 능력을 가진 많은 전문가들과 그것을 유포하는 가장 강력한 매체들을 다수 보유한 교회의 파상적인 공격으로 대중 신비주의 현상에 대한 부정적인 사회적 이미지가 고착화되었다. 대다수 사람들은 교회의 낙인찍기에 동화되었다. 심지어는 대중 신비주의 운동의 주역들조차 이러한 비판적 해석의 프레임에 흡수되었다. 하여 이후 대중 신비주의 운동의 지도자들은 억눌린 대중의 해방을 위한 '한의 사제'라기보다는 기복적 신앙의 효과를 극대화하는 성과주의의 사도가 되고자 했다. 어쩌면 1960년대 이후의 조용기식 대중 신비주의 신앙운동의 문제점은 개신교 주류 집단의 폄하 논리를 자기 가능성으로 재해석하는 과정에서 생긴 것인지도 모른다.

활짝 열린 교회 문 앞의
무시무시한 경비병

1950년대의 사람들은 한국전쟁이라는 전대미문의 혹독한 체험 위에서 삶을 살아갔다. 이 체험이 몸에 새긴 상처를 해석하고 언어화하며 제도화하기 위한 실천의 이야기가 1950년대 사람들의 삶의 이야기다. 이 글에서는 그것을 '전후 체험'이라고 불렀다. 이 전후 체험이 본격화된 시기는 1955년이다.

그해에 한경직은 한국 개신교를 대표하는 명실상부한 1인자로 부상했다. 그의 부상은 이 시기 개신교라는 기독교도들의 실천의 장을 이해하는 시금석이다. 그의 역할과 부상을 둘러싼 역사를 조명하는 과정에서 친미와 반공을 결합한 배타주의적 신앙이 일상적 실천의 장으로 구축되는 것을 살펴볼 수 있다. 이 과정은 교회의 세속적 성공과 규모의 팽창이 맞물려 있음을 보여주지만, 동시에 세속적 성공만큼 규모의 성장이 이뤄지지 않은 현실 또한 보여준다. 강도 높은 배타주의가 그 이유다. 이것은 또한 기독교도들이 이웃과 얽히며 사는 방식에 영향을 미치는 하나의 삶의 구조화된 성향(아비투스habitus)이 형성되는 과정이기도 하다.

그가 한국의 최대 교파인 대한예수교장로회의 총회장이 되던 1955년에 수행한 한 설교에서도 이 이중성이 잘 드러난다. 이 설교에서 그는 교회를 향해 전쟁으로 고통을 겪고 있는 대중의 구원과 해방의 복음을 전파하라는 소명을 소리 높여 설파하고 있지만, 그 순간에도 그는 이념의 적, 신앙의 적, 신학의 적을 끊임없이 찾아 헤매고 있다. 교회의 문을 활짝 열어놓지만, 그 문을 지키는 무시무시한 경비병을 배치해놓은 셈이다. 후자, 즉 폐쇄적 교회의 불임성에 대한 비판을 우리는 그해에 발표된 박인환의 시에서 보게 된다.

바로 그해에 기독교 계통의 대중적 신비주의 운동이 활활 타오르기 시작했다. 이 운동은 주류 교회와는 상당히 다른 체계가 작동하는 새로운 실천의 장으로 부상했다. 이 새로운 장에서 벌어지는 현상은 상처받은 사람들의 구원에 관한 전후 체험과 관련이 있다. 한데 여기서는 기독교인과 비기독교인의 분할이 사라졌다. 전쟁으로 대중의 일상을 일그러지게 했던 상흔을 극복하는 신앙 체험, 그것이 이 신앙운동의 요체다.

또한 그해에 교회는 이 신앙운동을 향한 공격을 본격화했다. 이 과정에서 교회는 사람들의 일상과 그 속에서 겪는 상처를 대면하는 신앙에서 더 멀어졌다. 또한 이들 기독교 계열의 신비주의적 신종교들이 품었던, 일상적 억눌림의 해방으로서의 신앙도 유실되었다. 그 결과 오늘 우리는 주류 교회도, 기독교적 신종교 운동도 아닌 다른 것에서 잃어버린 구원의 일상성을 찾을 수밖에 없다.

전쟁의 공포와
반미 애국주의

한성훈

1950

죽음을 당할 뻔한
인민들

전쟁은 많은 상흔을 남긴다. 오늘도 세계 도처에서 전쟁이나 무력 갈등, 분쟁이 벌어지고 있지만 그렇다고 누구나 전쟁을 겪는 것은 아니다. 전장에서 벌어지는 일들은 무질서하고 인간성을 파괴한다. 그리스 역사가 투키디데스가 『펠로폰네소스 전쟁사』에서 밝혔듯이, 전쟁이 일어나면 사람들에게 무슨 일이 벌어질지 아무도 모른다. 그가 "전쟁은 난폭한 선생이다."라고 말한 것처럼, 인간의 온갖 이기심이 밑바닥을 드러내 보이는 것이 전장의 풍경이다. 일찍이 상상할 수 없었던 일들이 전쟁을 계기로 폭발한다.

1950년 6월 한반도에서 벌어진 전쟁도 예외는 아니었다. 더구나 이 전쟁은 같은 민족끼리의 싸움이었기 때문에 더욱 비극적인 요소가 있었다. 서로 다른 이념을 추구하는 정치체제가 상대방을 적으로 삼았지만, 가해자와 피해자는 때로 아래윗집에 살던 이웃이었고 보복은 필연이 아닌 선택이었다. 이런 측면에서 3년에 걸친 한국전쟁은 이 땅을 살아가는 사람들에게 많은 아픔과 고통을 남겨놓았다. 정전이 된 지 60년이 더 지났지만 전쟁의 영향과 결과는 이산가족뿐만 아니라 이 땅에 사는 모든 이들에게 세대를 이어 지속되고 있다.

북한도 예외는 아니었다. 오히려 북한은 한국보다 그리고 제2차 세계대전에 참전한 다른 어느 국가보다 참혹한 인명 피해와 국토 파괴, 산업시설의 손실을 겪었다. 이렇게 된 이유는 여러 가지가 있겠지만, 그중에서도 가장 큰 영향을 끼친 것은 미군의 공중폭격으로 인한 피해와 민간인 학살이었다. 많은 인민들이 전쟁을 피해 남쪽으로 이주했고 전쟁 중에 죽음을 당할 뻔한 인민들은 트라우마trauma를 갖게 되었다. 트라우마란 일반적으로 정신적 외상을 뜻하는데, 그리스어 'traumat'에서 유래한 말로서 의학계에서 물리적·신체적 상처라는 뜻으로 사용해왔다. 트라우마가 정신적인 상처라는 개념을 포함한 용어로 사용되기 시작한 것은 19세기부터였다. 이 용어의 개념으로 볼 때 정신 외상에 대한 관심은 근대의 현상이라고 할 수 있다.

이제 본격적인 질문을 던질 차례다. 전쟁 체험은 북한 사람들의 심리를 어떻게 변화시켰을까? 한국전쟁을 경험한 후 1950년대 북한 인민들의 일상이 어떻게 변했는지, 그리고 미국에 대한 적대적 인식은 어떻게 만들어졌고, 북한사회에서 어떻게 재생산되고 있으며 이 과정은 어떻게 진행되어왔는지를 전쟁 공포와 핵무기, 신천박물관, 그리고 반미 대중운동을 중심으로 살펴보자. 반미 대중운동과 한반도 핵무기 배치 등 1950년대 후반 북한이 직면한 정치사회 변동 과정에서 대미의식이 애국주의와 어떻게 결합되는지에 대해서도 그 실마리를 풀어보고자 한다.

사람들은 대개 공통의 경험과 기억을 통해 집단의 정체성을 형성한다.

이 말은 개인의 체험과 집단의 이해가 객관적인 사회적 과정을 통해서 재구성된다는 의미이다. 북한이 한국전쟁에서 얻은 경험과 기억 중에서 눈여겨볼 것은 공포다. 물론 전쟁이 있는 곳에 공포가 있고, 이는 전쟁이 장기화되거나 끝난 뒤에도 쉽게 없어지지 않고 점점 더 커지는 방식으로 재구성된다. 공포는 사람이 느끼는 원초적인 감정이자 심리적인 현상인데 이 중에서 가장 크게 다가오는 것이 죽음에 대한 공포이다.

죽음에 대한 공포를 느끼는 것은 실존적인 현상이다. 이러한 실존은 국가라는 존재 자체의 존립 문제와도 관련되어 있다. 어떤 정치체제가 붕괴 위협이나 대외 위기에 직면했을 때 가장 민감하게 나타나는 것이 국가의 존립에 대한 두려움이다. 인간으로 치면 실존의 문제와 유사한 것이다. 그러므로 전쟁에서 국가의 존립과 개인의 죽음 사이에는 운명공동체 관계가 형성된다고 볼 수 있다. 인민들이 국가를 자신의 국가로 받아들이는 일체감은 개인과 국가의 존재가 만나는 지점에서부터 확대된다.

—

폭격과 죽음
그리고 국가의 붕괴 위기

전쟁을 경험한 사람들은 자신이 보고 겪은 처참한 모습과 잔혹한 장면을 쉬이 잊을 수 없을 것이다. 북한에서 한국전쟁은 전인민이 겪은 전쟁이었다. 이북지역 전체가 전후방이 따로 없는 전쟁터였기 때문이나. 군인들이 싸우는 전선에만 국한된 전투였다면 인민들의 정신적 외상은 제한적이었을 것이다. 그러나 미군의 공중폭격은 전후방과 군수·민간시설을 가리지 않는 무차별 공격이었다. 밤낮으로 쉴 새 없이 공중에서 폭탄을 퍼부은 미군의 행위는 단순히 전투의 승패를 위해서가 아니라, 이북에 거주하는 사람들의 생존에 타격을 가하기 위한 심리전의 일환이었다. 다시 말해 인민들이 신생 정부인 북한체제에 등을 돌리게 하려는 의도였다.

민심의 이반만큼 무서운 것은 없다. 전쟁은 인민들의 지원과 지지, 참여, 동원이 없으면 수행이 불가능하다. 심리전은 전투를 직접 수행하는 병사들뿐만 아니라, 후방에서 전투를 지원하는 사람들의 민심 이반을 목적으로 한다. 전쟁을 수행하는 데 필요한 인적·물적 자원의 기초가 되는 사람들을 체제의 지도부나 정책과 분리시키려는 의도에서 이뤄지는 것이다. 북한 지도부는 이런 현상을 가장 우려했고, 미국은 그 우려를 현실화하고자 했다.

미군의 공중폭격은 인민들의 심리적 이탈을 가장 효과적으로 끌어내기 위한 것이었다. 전시에 인민들이 작성한 편지에는 공중폭격으로 인한 심리적 동요가 잘 나타나 있다. 1950년 9월 19일 함흥에서 민주청년동맹 일을 하는 김정숙은 리제환에게 편지를 썼다. 그녀는 공습 경보가 내린 가운데 전투기 세 대가 오고 있다고 엽서를 끝맺는다. 그만큼 공중폭격은 일상적이었다.[1] 긴박한 상황에서 공습은 후방의 인민들에게 죽음에 대한 심리적 불안을 안겨주었다. 후퇴하는 길에 평양의 도 내무부에 배치받은 이중호는 1950년 10월 12일 남포를 떠나 이틀 만에 평양에 도착했다. 그는 아내에게 보낸 편지에서 무시로 이어지는 폭격에 대해 "하루하루 지나는 것이 나의 생명이요."라고 적었다.[2] 전세가 뒤바뀌고 전투가 장기간 지속되자 불안은 전쟁에서 패배할지도 모른다는 부정적 여론으로 확산되기도 했다. 1950년 가을, 전세가 역전되어 후퇴하는 길에 남겨진 북한 군인과 인민들의 생생한 기록은 이 두려움이 얼마나 컸는지 잘 보여준다.

북한의 정보기관인 정치보위부는 이와 같은 인민들의 여론을 수집해서 보고했고 주민을 통제하는 데 필요한 정책 자료로 삼았다. 대표적으로 안주탄광의 사례는 전시에 임하는 인민들의 동향과 체제에 대한 태도, 정책에 대한 반응, 한국과 미국에 대한 인식 등을 잘 보여준다. 주된 내용을 보면 이승만 정권은 미국의 막강한 공군력과 병력을 지원받는데, 북한은 무기가 없어서 승리할 수 없다는 것이었다. 인민들 중에는 북한이 미국과 벌이는 전쟁에 대해 아주 비관하는 사람들도 제법 있었다. 전쟁을 일으키고 10여 일이면 38선 이남을 전부 점령해 조국통일을 이룰 줄 알았는데 2개월이 다 지나도록 부산을 해방시키지 못하고 있었기 때문이다. 그들은 전쟁이 장기간 계속될 것이라는 우울한 전망을 하고 있었다.

부정적인 여론은 미국의 공중폭격으로 군수물자 수송이 단절되고 무기와 공장이 파괴된 북한의 현실을 그대로 보여주고 있었다. 1950년 9월 21일 미국이 북한 상공에 뿌린 '삐라'에 대해 '주요 도시와 군사지대를 폭격할 예정이니 인민들이 피난가지 않으면 죽을 것이며, 안주에도 폭격할 계획이기 때문에 피난을 가야 한다'는 여론이 조성되기도 했다.[3] 전쟁의 부정적 영향을 퍼뜨리고 미군이 38선 이북지역을 해방시킬 것이라는 등 세계 최강국 미국과 상대해서 싸우는 것 자체가 무리이고 싸워도 이길 수 없을 것이라는 패배감을 팽배하게 만든 것은 공중폭격과 핵폭탄에 대한 두려움이었다.

전쟁 기간 내내 미국은 한반도 북쪽에 원자폭탄 공격을 감행할 것이라고 큰소리쳤고, 이는 언제든 실현 가능한 공격 옵션이었다. 실제 원자폭탄이 무시워 님쪽으로 이주한 월남빈노 상낭수 있었다. 핵부기에 대한 트라우마는 인민들에게 직접적인 죽음의 공포였다. 원자폭탄은 북한을 도우러 참전한 중국인민지원군에게도 두려움 그 자체였다. 그들 중 일부가 압록강 다리를 "지옥문"gate of hell이라고 부른 것에서 알 수 있듯이, 중국 군

북한 인민들을 공포에 몰아넣은 미군의 공중폭격
미군을 포함한 유엔 공군은 개전 20일 만에 제공권을 장악해 적 후방 교통로와 주요 도시의 군수품 공장을 완전히 파괴했다. 위는 원산의 군수품 창고와 항구시설을 폭격하는 장면이고, 아래는 화물 열차에 네이팜탄 폭격을 가하는 장면이다.

인들도 미국 군대와 핵무기에 겁을 먹었고, 제국주의 군대와 싸우는 것을 두려워했다.[4]

폭격에 대한 두려움은 가족의 안위를 걱정하는 보통 사람들의 마음이었다. 함북지역에 위치한 청진시는 공중폭격으로 90퍼센트 이상이 파괴되었는데, 봉강고급중학교도 폭격을 당했다. 노획북한문서에 따르면, 정청송은 신문을 보고 이런 소식을 알게 되었고 두 아들에 대한 걱정 때문에 아내에게 편지를 썼다. 그는 편지에서 언제 또 당할지 모르는 폭격 때문에 "잘못하면 세상을 버리고 죽을 수가 있으니" 몸을 조심하라고 일렀다. 그는 아내에게 농촌에 산다고 방심해서는 안 되며 폭격으로 많은 사람들이 살상되고 있으니 도시로 절대 나가지 말라고 썼다.* 전쟁 때 미군으로부터 당한 폭격은 보통 사람들의 상상을 초월하는 체험이었다. 전시동원에 익숙하다 하더라도 쉴 새 없이 퍼붓는 공습은 평양시민들의 일상을 지하생활로 바꿔놓았다. 미국 중앙정보국은 폭격의 영향으로 인민들의 패배의식이 만연해 있을 것으로 추정했다.[5]

미군의 공중폭격은 인민들에게 물자 파괴와 인명 피해라는 손실뿐만 아니라 전쟁에 패배할 것이라는 심리적 타격을 주기에 충분했다. 북한 당국 역시 이를 부정하지 않았다. 미군의 폭격으로 초토화된 영토는 인민들에게 굶주림의 공포를 심어주고, 죽음에 대한 불안과 두려움을 안겨주었다고 기록하고 있다.[6] 공포, 불안, 두려움은 1953년 7월 정전협정이 맺어질 때까지 지속되었다. 헝가리 종군기자로서 북한에서 협정 조인식을 취재한 티보르 메라이Tibor Meray는 북한 인민들이 "휴전을 열렬히 환영했

---

* "춘길과 춘덕을 죽이지 말고 길러주시오. 만약 먹을 것이 없으면 빌려서라도 잘 길러주시오. 이 몸은 언제나 그리운 춘길과 춘덕이를 볼까. 금일 밤에도 춘길과 춘덕이를 보았는데 눈을 뜨니 꿈이었습니다." SA2012 Box1138 Item4-31, 발신인 정청송(평안남도 안주군 해안에서) 수신인 박옥선(함경북도 명천군 동면 양춘리 754번지), 1950년 10월 10일.

'삐라 폭탄'을 장착하는 미군과 폭격 예고를 담은 전단지
대대적인 공중폭격으로 북한 인민들에게 죽음의 공포와 패배감을 심어주었던 미군은 전쟁 직후부터 정전협정을 맺을 때까지 약 25억 장에 달하는 삐라를 뿌림으로써 인민들의 심리적 이탈을 극대화했다.

다."고 묘사했다.[7] 정전협정이 맺어졌을 때, 이를 가장 반긴 것이 북한의 인민이었다. 협정 직전까지 거의 매일 계속되던 미군의 폭격이 그치면서 사람들이 다시 거리에 나와 삶의 평온을 되찾았다.

북한이 한국전쟁에서 갖게 된 트라우마는 "상시적인 포위심리"permanent siege mentality라고 할 수 있다.[8] 인민들은 공중폭격을 피하기 위해 지하동굴에서 살았으며, 미 공군기는 어떤 것이든 원자폭탄을 운반하고 있는 것처럼 비춰졌다. 이때의 충격으로 북한 인민들은 어른 아이 할 것 없이 전쟁 공포와 미국에 대한 극도의 증오심을 갖게 되었다. 이런 무차별 폭격으로 인민들이 대량 살상되었던 까닭에 그들은 미국이라면 치를 떨며 증오했고, 미국에 대한 두려움과 반감은 핵무기와 전쟁공포증으로 남았다. 북한 정부 입장에서도 마찬가지였다. 해방 이후 정권을 수립한 지 3년밖에 되지 않은 신생 국가의 처지에서는 나라 자체가 없어질 뻔한 충격이었다. 전쟁의 승패는 곧 개인의 안위뿐 아니라 자신들이 추구한 정치공동체의 존폐와 직결됐다. 이런 점에서 한국전쟁은 북한 정치지도부의 사활이 걸린 문제일 뿐만 아니라 인민들 자신의 전쟁이기도 했다.

정전협정으로 한반도에서 전투는 멈추었지만 전쟁은 끝나지 않았다. 어느 누구도 군사분계선휴전선이 남북한의 국경처럼 고착될 것이라고는 예상하지 못했다. 폭격과 죽음의 현장을 피해 남쪽으로 이주한 인민들조차도 당시에는 북에 남은 가족들을 평생 못 보게 될 거라고 생각지 않았다. 전쟁의 여파는 남북한에서 이를 경험한 사람들에게 실존의 문제였다. 전쟁에서 얻은 공포와 두려움은 북한이 적대국 미국을 인민들에게 교육하는 정치사상 측면에서 두드러졌다. 그 때문에 북한에서 애국이란 다름 아닌 미 제국주의에 맞서 싸우는 것이고, 이들이 아는 미국의 실체는 자신들의 전쟁 경험을 바탕으로 한 것이다. 미국과 싸운 경험은 북한 인민들의 공통분모였고 이것은 북한의 교육과정에 구체적으로 반영되었다.

교육과정 속의 애국주의

북한은 사회주의 체제로 이행하면서 다양한 형태의 정치사상 교육을 실시했다. 인민학교를 비롯한 공교육 제도하에서 이뤄지는 사상교육은 정치공동체 구성원을 긍정적인 방향으로 형성하는 과정이었다. 북한에서 인민들에게 제공되는 다양한 형태의 '교양'은 일종의 정치사상 교육에 해당한다. 교육과정에서 나타나는 구체적인 '교양사업'을 통해 애국주의 교양의 단면을 엿볼 수 있다. 1950년대 북한은 새 세대 학생들을 "애국주의

한국전쟁 정전협정 조인식
1953년 7월 27일 오전 판문점에서 열린 정전협정 조인식에서 유엔군과 북한군 대표가 서명하고 있다.
이 협정으로 한반도에서의 전투는 멈추었지만 전쟁은 끝나지 않았다.

사상과 고상한 도덕적 품성을 소유한 인간"으로 교육할 것을 추구했다. 교원들의 경험 사례에 따르면, 그 내용은 첫째 김일성의 생애와 활동을 연구하는 사업, 둘째 국제주의에 입각한 애국주의 사상 교양을 위해 향토를 연구하는 사항, 셋째 노력에 대한 교양, 넷째 노동당과 당원들이 한국전쟁 시기에 활동한 내용과 전후 인민경제 복구 건설에서 보인 모습 등이다.

물론 이 애국주의는 1948년 북한정부가 수립되기 전부터 강조한 것이었다. 북한에서 있었던 가장 큰 군중운동은 건국사상총동원建國思想總動員이었다. 1946년 인민들의 사상 개조를 목적으로 출발한 이 운동은 새로운 국가를 건설하자는 북한의 정치적 의제를 인민 대중에게 알리고, 그들로 하여금 어떤 사상의식을 가져야 하는지 깨닫게 하기 위한 것이었다. 선전을 맡은 사람들이 이북 전역에 파견되었다. 이들은 군중강연에서 공공생활에 대한 태도와 국가 재산에 대한 애호, 새로운 조국 건설의 주인이라는 자각 등 애국주의 사상을 전파했다.[9] 이것은 최초의 대중운동이었는데 경제적으로는 증산과 절약 운동이었고, 정치적으로는 애국주의 운동이었다. 이 운동은 국가 건설 과정에서 주민들에게 민주사상과 주인의식을 심어주는 데 중점을 두었다.

휴전 이후 애국주의는 '미국과 싸워서 승리했다'는 북한의 공식적인 입장에서 드러나지만, 전쟁 극복 과정을 구체적으로 소개함으로써 심화된다. 만경대 인민학교 교사 리화준은 인민들이 전장에서 보인 구체적인 행위를 통해서 조국을 사랑하는 마음을 학생들에게 교육했다.[10] 교사들은 학생들이 조국을 사랑하는 마음을 가질 수 있도록 전쟁영웅들의 어린 시절 이야기부터 구체적인 전투 내용까지 수집해서 가르쳤다. "조국에 대한 무한한 사랑과 충성심을 배양하며, 고상한 애국주의 사상으로 교양"하기 위해 실제 사례뿐만 아니라 문학작품도 이용했다. 이런 교육 방법은 정서 교양과 표현의 독법이라는 측면에서 많은 성과를 거두었다.

교사들은 애국주의를 고양하기 위한 교육 방법을 앞장서 찾아냈다. 일례로 함경북도 온성 제2인민학교 교사 최혜옥은 아동들의 초보적인 일상생활에서부터 점차 높은 수준으로 애국주의를 키워나갔다. 그녀는 "아동들에게 갑자기 애국주의 교양이다. 나라를 사랑하라! 공화국 정부에 충직하라. 국가 물자를 애호하라 등의 구호를 나열하면서 '애국주의' 교양을 하려는 것은 어리석은 일이다."라고 지적했다. 그녀의 방식은 수령이나 정치지도자에게 충성하거나 영웅을 본받기 전에 부모를 존경하고 동무를 사랑하는 등 가장 가까운 사람부터 사랑하기 시작하는 것을 의미했다.[11]

일상에서부터 시작하는 교육의 또다른 예는 책상과 걸상을 아끼는 것에서부터 국산품에 대한 애호가 시작된다는 가르침이다. 국가가 제공하는 물자가 학생들의 생활과 어떤 연관성이 있는지, 또 그것이 어떤 유익

전투영웅 이영재에게 꽃을 달아주는 김경희
북한의 어린이들은 애국주의 교양의 일환으로 김일성 숭배 교육과 함께 한국전쟁에서 활약한 전투영웅들에 대해 배웠다.
이 사진은 1958년 평양제일중학교 인민반 5학년 학생이었던, 김일성의 딸 김경희가 중공군 전투영웅 이영재에게 꽃을 달
아주는 장면이다.

함을 주는지를 자세히 이야기하는 방식의 교육법이었다. 생활 속에서 국가주의 입장을 주입하는 북한의 교육은 철저한 안보 논리와 함께 이루어졌다. 여기서 국가안보는 조직을 우선으로 하는 집단주의와 정치공동체의 기반을 이루는 애국주의를 가정과 학교생활에서 실천하는 것이다.

이렇듯 1950년대 북한 인민학교 교원들에게 애국주의 교양은 김일성 수령의 항일무장투쟁과 정권 수립, 한국전쟁기 영웅들의 모습, 전후 경제복구 과정에서 나타난 노력 영웅 등의 이야기를 문학작품과 실제 사례 등을 통해 교실에서 가르치는 것이었다. 여기서 주요한 것은 인민 또는 학생들에게 '미국'이라는 나라를 어떻게 가르칠 것인가 하는 점이었다. 북한이 미국에 대해 갖는 감정은 처음부터 나쁜 것이 아니었다. 어찌되었건 일본 제국주의로부터의 해방은 미국의 도움 없이는 불가능했기 때문이다. 초기에는 북한도 이를 부정할 수 없었다. 그러나 1946~47년 한반도의 분단이 제도적으로 고착되면서 미국은 일본을 대신한 제국주의 국가로 그려지기 시작했다. 1947년 제2차 미소공동위원회 결렬을 즈음해 북한의 대미 인식은 급격하게 나빠졌다. 그리고 이어진 한국전쟁이 북미관계를 오늘날과 같이 적대적으로 만든 가장 결정적인 계기였다.

1958년, 한반도 핵무기 배치

한국전쟁이 끝난 후 북한에서는 반미와 애국주의가 결합된 대중운동이 본격적으로 시작되었다. 1950년대 북한의 정치사회 변동은 한반도 대외 정세와 밀접한 연관을 갖고 이루어졌다. 1956년부터 소련과 중국의 갈등

이 불거지다 이내 심화되었는데, 이는 북한으로 하여금 독자노선을 추구
하도록 하는 한편 북한식 민족주의(애국주의, 이후의 사회주의적 애국주
의)가 나타나는 계기가 되었다. 김일성은 부르주아 민족주의를 배격하고
프롤레타리아 국제주의를 추구하려고 하면서도* 마르크스-레닌주의를
북한의 사회주의 체제 이행에 알맞게 독창적으로 적용하고자 했다. 이는
일국 차원의 사회주의 체제 성립이 조선노동당의 독자노선과 밀접한 관
련을 맺기 때문이었다. 독자노선에서 중요한 것은 마르크스-레닌주의의
새로운 적용과 이를 창조적으로 발전시킬 수 있는 내적 연계성이었다.
1950년대 중반부터 북한은 노동당의 독자노선을 내세우면서 민족주의를
강조하기 시작했다.

조선노동당이 독자노선을 걸을 수 있었던 데는 체제의 안정이 결정적
역할을 했다. 1958년 8월 북한에서 토지의 농업협동화, 다시 말해 생산관
계의 사회주의적 개조가 완성됨에 따라 생산수단에 대한 집단화와 국유
화가 확립되었다. 사회주의 경제 제도의 수립은 1960년대 초반 사회주의
체제의 제도적 성립을 이끌었다. 농촌 토지의 협동화로 마련된 생산부문
에 대한 전후 복구의 토대는 인민경제의 사회주의 체제가 안정되기 시작
했음을 의미했다.

경제관계의 정리 이후 북한은 인민을 대상으로 공산주의 교양을 실시
했다. 1958년 11월 20일 김일성은 전국 시·군당위원회 선동원들을 위한
강습회에서 "공산주의 교양에 대하여" 직접 연설을 했다.[12] 이 사상교양
에서 강조된 것 중 하나는 "사회주의적 애국주의와 프롤레타리아 국제주

---

* 마르크스의 이론에 따르면 자본주의체제가 국제 차원의 경제구조이듯이, 사회주의 혁명 또한
하나의 국가에서 이뤄지는 역사발전 법칙이 아니라 전세계에서 이뤄지는 현상이다. 프롤레타
리아 국제주의는 사회주의 국가들 사이의 국제관계에 대한 이론이라고 할 수 있는데, 프롤레
타리아 계급이 국가를 초월하는 계급적 이해관계에 따라 사회주의 국제관계를 이루는 것이다.

의" 정신이었다.[13] 김일성은 조국에 대한 애국적 복무는 프롤레타리아 국제주의와 일치한다고 밝히면서, 인민이 사회주의 조국을 사랑하는 힘이 강화되어야 전세계 노동계급의 국제적 이익이 옹호될 수 있다고 주장했다. 여기서 말하는 사회주의적 애국주의는 조국에 대한 사랑이라는 측면에서 북한이 정권 수립 전후에 강조한 애국주의와 다를 바 없는 것이었다.

당시 가장 극적인 갈등은 1957년 말부터 1958년 1월 사이 미국이 휴전선 근처인 춘천에 유도탄사령부를 창설하고 핵무기를 배치한 사건이었다. 미육군 제2사단 소속 캠프페이지CAMP PAGE 항공기지부대는 1951년 비행장 건설과 함께 군부대로 자리 잡았다. 이곳에는 1958년 제4유도탄기지사령부가 창설되고 어네스트존Honest John 로켓탄과 10여 종의 핵폭탄이 배치되었다. 이 핵무기는 280밀리 원자포를 비롯한 전술핵폭탄이었다.* 한반도의 핵무기 배치는 한국전쟁 이후 남북 간 긴장과 갈등을 최고로 증폭시켰다.

냉전이 고조되어가던 1950년대 중반 미국은 한국을 포함한 태평양 연안국 18개 나라와 해외 미군 기지 9곳 등 모두 27개 기지에 1만 2000여기의 핵무기를 배치했다. 태평양지역의 핵무기 시스템은 1956년 괌, 오키나와, 하와이에 건설되었고, 1957년부터 1958년까지는 아이젠하워Dwight D. Eisenhower 정부의 핵무기 분산 정책에 따라 한국과 타이완, 필리핀에 배

---

* Robert S. Norris, William M. Arkin & William Burr, "Where they were," *Bulletin of the Atomic Scientists*, Nov/Dec 1999, Vol. 55 Issue 6, 26~35면. 1944년부터 1977년까지 미국이 유럽과 태평양지역 등에 배치한 핵무기와 전략무기 배치 현황, 철수 등을 다룬 이 글에 따르면, 미국은 1954년 태평양지역에서 중국의 타이완 위협에 대비해 핵무기 사용 계획을 수립했고, 그해 12월 오키나와에 핵무기를 배치했다. 케네디(John F. Kennedy) 정부 시절부터 무기를 늘리기 시작해 1967년에 가장 많은 약 3200기에 달했고 이 중 2600기가 한국과 오키나와에 있었다. 1970년대 말에는 한국만이 미국의 핵 전진기지였는데 1958년에 배치한 전술핵무기가 한국에서 마지막으로 철수한 것은 1991년이었다.

핵무기가 배치됐던 춘천기지
2005년 4월 1일 반환된 춘천의 미군기지 캠프페이지의 모습이다. 당시 이곳에 핵무기가 배치되어 있었다는 사실이 알려지면서 많은 논란을 낳았다.

치되었다. 아이젠하워 정부 말기에는 태평양 연안 핵 구축 계획에 따라 오키나와, 괌, 필리핀, 한국, 타이완에 약 1700기의 무기들이 배치되었다. 한국의 춘천기지에는 미국이 직접 어네스트존 미사일, 팬텀기 등을 배치했다. 미국은 정전협정 체결 시 합의했던 한국군 증강 계획을 지원해 20개 사단을 창설했다.[14]

한반도의 무력 증강은 한국전쟁 정전협정의 파기에서 비롯됐다. 유엔군사령부는 정전협정 당사자의 무력 증강을 금지하는 정전협정 제13항 (ㄹ)목을 1957년 6월 21일 개최한 군사정전위원회 제75차 본회의에서 파기하며,* "군사 역량의 상대적 균형이 유지될 때까지 쌍방의 무기·탄약·

---

* 정전협정 13항 (ㄹ)목 '한국 경외로부터 증원하는 작전비행기, 장갑차량, 무기 및 탄약을 들여오는 것을 정지한다. 단 정전 기간에 파괴, 파손, 손모 또는 소모된 작전비행기, 장갑차량, 무기 및 탄약은 같은 성능과 같은 유형의 물건을 1 대 1로 교환하는 기초 위에서 교체할 수 있다.'

작전장비 등 외부 반입을 규제하는 항목의 기능을 중지한다."고 밝혔다.[15] 그 근거로 유엔군사령부는 1950년대 후반 북한이 이미 중국과 소련의 무기와 장비를 들여옴으로써 정전협정을 위반했다고 주장했다.

다급해진 북한은 미국이 정전협정의 일부 조항을 폐기하고 한국에 핵무기를 반입한 것을 비판했다.[16] 1957년 12월 노동당 중앙위원회 확대전원회의는 정전상태를 평화체제로 전환하기 위해 한반도에서 외국군대를 철수하자고 제안했다. 12월 18~19일에 진행된 조국통일민주주의전선 제2차 대회에서는 인민들에게 호소문을 발표하고 평화체제에 대한 서명운동을 전개할 것을 결정했다. 이 운동으로 1957년 12월 27일부터 1958년 2월 8일까지 645만 8916명이 서명에 참가했다. 최고인민회의 제2기 1차 회의에서는 한반도 비핵지대화를 천명하고 남한의 핵무기 배치에 반대하는 대규모 군중대회를 열었다.

1958년 북한은 군대에 대한 노동당의 지도를 강화하기 위해 당위원회 제도를 전면적으로 실시했다. 조선인민군에 대한 당적 강화를 서둘렀고 인민군대를 당의 군대로 재편함으로써 한국의 핵무기 증강에 대한 정치사상 교양을 강화했다. 외국군대 문제는 1958년 중국인민지원군이 두 차례에 걸쳐 북한에서 모두 철수하는 것으로 일단락되었다. 한편 북한 내부에서 애국주의가 다시 힘을 얻기 시작했다. 핵무기를 둘러싼 북한과 미국의 대결로 정치교육 강화와 '반미정치' 강조가 다시 중요해졌기 때문이다.

평양에서 볼 때, 휴전선 인근지역의 핵무기 배치는 한국전쟁 이후 처음 느끼는 직접적인 체제 위협이었다. 이런 무력 살능 속에서 북한은 인민을 대상으로 한 반미 대중운동의 필요성을 느꼈고 신천박물관을 세워서 미국에 대한 경각심을 일깨우고 애국주의를 강조하는 반미정치를 구현하기 시작했다. 이것은 1960년에 진행된 '반미공동투쟁월간'을 통해 좀더 구체적이고 장기적인 정치적 대응으로 확대되었다. 북한 당국은 종전 이후 인민의 기억으로 남은 미국에 대한 적대감을 구체적인 물질적 토대를 통해서 정치·사회적으로 재현하려 했다.

—

"침략자들에 대한 증오와 복수의 대명사"

2014년 11월 25일 북한의 김정은 조선노동당 제1비서가 신천박물관을 현지지도했다. 또한 소설가 황석영은 『손님』에서 북한에서 벌어진 신천학살을 다루었다. 그는 신천사건을 목격한 우익 치안대원이자 기독교인이었던 목사와의 인터뷰를 바탕으로 이 사건을 소설로 구성했다. 1950년 10월 북한은 인천상륙작전으로 한반도의 허리가 끊기자 북쪽으로 후퇴하기 시작했다. 평양의 결정은 전략적이었지만 다른 현실적 대안이 없었다. 중국인민지원군은 한국전쟁에 참전할 것을 결정했지만 압록강을 넘지 못한 상태였고, 국군과 유엔군의 38도선 이북 점령은 시간문제였다.

1950년 10월 13일 황해도 안악, 재령, 신천 지역에서 반공 투쟁이 일어났다. 지하에서 활동하던 우익 청년단체가 중심이 되어 뒤바뀐 전투상황을 이용해 무장활동을 전개했다. 이로 인해 공산주의자와 노동당원 등이 학살당했고 북한이 이를 진압하면서 이번에는 우익 청년단원들이 죽게되었다. 국군과 유엔군이 38도선을 넘어 이북으로 진격하자 신천지역의 인민군과 노동당원들도 후퇴했다. 유엔군은 이곳을 점령한 후 북쪽으로 곧바로 진주해버렸고 통치가 확보되지 않아 치안과 행정이 공백으로 남았다.

통치권력의 진공상태로 말미암아 반공의거를 일으켰던 우익 치안대와 기독교인들이 지역을 책임지는 상황이 되었다. 그들은 다시 후퇴하지 못한 공산주의자와 인민들을 죽이기 시작했다. 이렇게 진행된 신천학살의 악순환은 한국전쟁이 가진 내전의 보복적 성격을 암시한다. 북한은 전쟁 중이었던 1951년 4월에 이미 신천학살 문제를 유엔을 통해 국제무대에 제기했고 학살에 관련된 사람들의 재판을 열어 이들의 죄를 다루었다.

1958년 3월 26일 김일성은 노동당 신천군당을 현지지도하면서 군당청사를 박물관으로 건립할 것을 지시했다. 그리고 1962년 1월 22일 김정일이 박물관을 방문한 뒤부터 이곳은 인민을 '반제반미투쟁' 정신으로 교양하는 거점이 되었다. 김정일은 신천박물관의 사명과 임무, 이를 통한 군중교양의 방법에 이르기까지 구체적인 방향을 제시했다.[17] 이렇게 건립된 신천박물관은 북한의 대표적인 전쟁기념물로서 정치사상교양의 전통으로 자리 잡았다.* 신천박물관은 1866년 8월 조선에 침입한 미국 상선 제너럴셔먼호 사건부터 신천학살과 북한지역에서 있었던 여러 사건 자료 3000여 점을 전시하고 있다. 이때부터 북한은 신천박물관을 통해 인민 대중운동으로서 반미 애국주의를 설파하고 있다.

북한은 신천학살이 미군의 소행이라고 선전했다. 이는 전쟁의 궁극적인 책임이 미국에 있음을 강조해, '조국해방전쟁'에 개입한 미국을 비판

---

* 북한에는 한국전쟁에 대한 기념공간으로서 조국해방전쟁승리기념관이 별도로 있지만 인민들의 계급교양은 대부분 신천박물관을 통해 이루어진다. 신천박물관은 본관 16개실과 2관 3개실, 외부참관실로 구성되어 있다. 본관에서는 미국의 한반도 침략사와 한국전쟁 시기 학살에 대한 자료를 보여주는데 주요 전시물을 보면 다음과 같다. 1호실은 척화비의 비문과 제너럴셔먼호에 대한 자료, 2호실은 한국전쟁 관련 자료, 3호실은 한 소년이 구월산 인민유격대에 보낸 편지, 11호실은 락연광산과 은률광산 등 황해도 일대 인민학살 자료, 12호실은 학살에 사용한 무기, 16호실은 국제조사단과 박물관을 참관한 외국대표 등의 지지 표명 자료이다. 2관에는 미국의 공중폭격과 인민학살, 화학전 자료 등을 전시하고 있다. 『천리마』, 1984년 제6호; 1999년 제2호; 1999년 제10호; 2000년 제1호.

하기 위해서였다. 사실 북한 지도부는 이 사건이 우익 치안대의 소행임을 잘 알고 있었다. 1998년 11월 김정일이 신천박물관을 현지지도하면서 신천 땅에서 '치안대' 반동분자들이 복수심으로 많은 사람들을 학살했다고 밝히기도 했다.[18] 그런데도 북한이 미국을 비난한 것은 미국과의 정치외교적인 대결이 계속되고 있었기 때문이다.

매년 6월 25일부터 7월 27일까지 인민들과 당·군 지도부는 정기적으로 신천박물관을 방문하는데, 그때마다 이곳에서 대대적인 행사가 열린다. 신천학살이 반미 애국주의의 상징으로 현재화되고 있는 것이다. 가해와 피해의 사실관계에서 보면, 신천박물관은 한국전쟁이 갖는 내전의 성격을 잘 보여준다. 하지만 북한이 신천학살의 책임을 미국에 떠넘기는 것은 체제 내부의 교양과 외부 위협에 대한 대응을 위한 것이다. 이것은 현재의 정치적 필요에 따라 사실을 과장하거나 왜곡하는 것으로, 북한이 지속되는 체제 위기와 점증하는 외부 위협에 대응하는 방식이자 인민과 사회를 통합하는 통치원리이기도 하다.

북한에서 전쟁은 지극히 현재적이며, 대외 위협이 발생할 때마다 신천 학살이 다시 부각된다. 『로동신문』은 2001년 11월 유골 59구가 새로 발굴된 사실을 대대적으로 보도했고, 이듬해 2월 신천군 읍지구 학살현장과 발굴 유해·유물을 공개했다.[19] 당시는 9·11테러로 미국 일방주의 외교가 군사적으로 확대되고, 북한이 미국과 치열한 외교전을 펴던 때였다. 9·11테러 이후 중국과 러시아까지 나서 미국의 대테러 전쟁에 협조한다는 뜻을 밝히며 미국과 보조를 맞추었다. 북한 역시 테러 발생 다음날 외교부 대변인을 통해 9·11에 대한 유감을 표명하고 리형철 유엔 주재 대사가 총회 연설에서 이를 재천명했다.[20]

같은 해 11월 12일 북한은 '테러 자금 조달 억제에 관한 국제협약'을 비롯한 테러 관련 국제조약에 서명했다. 10월 8일 시작한 아프가니스탄 공격이 12월 초 마무리되자 미국은 9·11테러를 이라크와 연관시켰다. 나아가 2002년 1월 29일 시정 연설에서 부시 대통령이 이라크와 이란, 북한을 '악의 축'으로 지목함으로써 미국의 대북 압박은 최고조에 달했다. 북한은 미국이 대테러 전쟁의 연장선에서 9·11과 악의 축을 결합해 자신을 겨냥한 것으로 판단했다. 그 과정에서『로동신문』은 신천이 "우리 인민들의 가슴속에 미제 침략자들에 대한 증오와 복수의 대명사로 깊이 새겨져 있"음을 대대적으로 선전하고 나섰다.*

『로동신문』은 신천에서 발생한 민간인 학살 피해자의 유골 발굴을 대대적으로 보도해 화보를 통해 그 참상을 선전하기에 이르렀고 대미관계의 긴장 속에서 전쟁의 잔혹한 이면, 한국전쟁 이후 지속적으로 미군이 저질렀다고 주장하는 학살을 다시 끄집어내 대미의식을 고취했다. 이는 혹독한 전쟁 체험에서 비롯된 체제 위협, '국가 위기' 의식을 반영할 뿐만 아니라 인민들의 반미인식을 형성하는 물질적 기초가 신천학살임을 천명한 것이다.

반미는 전쟁과 피학살이라고 하는 체험에 기초한 의식이며 반미 교양의 논리와 물질적 기초를 제공하는 것이 바로 신천박물관이다. 미국에 대한 분노는 전쟁 그 자체를 위해서라기보다 인민들이 사회를 지탱하는 힘으로 승화하는 데 그 중요성이 있다. 미국에 대한 '적의'는 인민들이 전쟁에 참가해 적을 굴복시키는 힘으로서가 아니라, 국가에 충성하고 사회를

* 『로동신문』 2002년 1월 22일자. 이날『로동신문』은 4면인 지면 전체를 신천과 관련된 기사로 가득 채우고 있다. 주요 기사는 "신천땅은 미제와 계급적 원쑤들의 귀축 같은 만행을 력사에 고발한다"라는 전체 제목 아래, "신천 땅의 피의 교훈" "계급교양도 선군시대의 요구에 맞게" "천만군민이 분노로 치를 떤다" "계급적 원쑤들과는 끝까지 싸워야 한다" "미제를 준렬히 단죄" "기어이 피값을 받아 내리라" 등이다.

신천대학살 장면을 그린 기록화
북한은 신천대학살을 미제의 야만성을 보여주는 대표적인 사례로 꼽고, 이를 통해 북한 인민들의 복수심과 적개심을 고취시키고자 했다.

통합, 유지하는 형태의 힘으로 전환된다. 이 같은 정치사회적 맥락의 반미 애국주의는 1950년대 후반부터 완전히 대중화했다.

신천박물관은 대외 위기가 발생할 때마다 인민에게 반미의식을 갖게 하는 수단이 되어왔다. 노동당은 인민군 장병들과 인민들, 새 세대 청소년들에게 반미 계급교양을 강화하는 지침으로 김정일의 신천박물관 현지지도를 삼고 있다. 2000년대 이후 계급교양 사업을 새롭게 강화한 것은 제국주의와의 대결이 장기화되고 혁명세대가 바뀌었기 때문이다. 신천박물관이라는 물적 기초를 통한 인민교양은 계급투쟁의 원리와 진수를 밝혀주는 원칙적 문제들에 대한 지침으로서 기능했다.[21]

2008년 3월 26일 조선노동당 중앙위원회는 신천박물관 창립 50주년 기념 보고회를 맞아 축하문을 발표했다. 당 중앙위원회는 신천박물관이 그동안 당과 수령의 영도 아래 '혁명임무'를 수행했다면서, 미 제국주의의 야만성과 잔인성을 폭로하고 애국 인민들의 영웅적 투쟁을 잘 조직했다고 축하했다.[22] 북한은 미국을 계급교양의 상대로 파악하고 초급당위원회 자체 계급교양실에 전쟁 시기 미국의 만행 자료를 전시해 지난날의 비참한 역사를 되풀이하지 않게끔 강조했다. 또한 전쟁에서 살아남은 사람들의 기사를 통해 '새 세대'들에게 미국에 대한 적의를 잊지 말 것을 선전했다.[23] 북한은 청년들이 지난날 착취당하고 억압받은 부모세대의 과거를 잊지 않도록 하고, 부모들이 사회주의 국가 건설을 위해 어떻게 일해왔는지 알려주어야 한다고 강조한다.* 군대와 인민의 계급의식과 투쟁은

---

* 1950년대 인민군 전사들의 영웅담을 보도하면서 이들을 모범으로 다시 제시하고 군대원호사업 등에 적극적으로 나설 것을 독려하고 있다. 4면인 지면 전체가 1950년대 군인들에 대한 기사로 채워져 있다. 기사 제목과 주요 내용을 보면, "함흥영예군인 수지일용품공장 로병영예군인들" "언제나 화선병사시절처럼" "변함없는 신념 안고" "조국결사수호전의 영웅용사들, 육박전의 용사" "미더운 제대군인들" "인민군대원호에 비긴 우리 인민의 고상한 정치사상적 풍

세대를 이어 2012년 강성대국을 앞둔 대결 국면에서 더욱 강조됐다.[24]

북한은 부르주아 민족주의를 철저히 금기시하면서 정책적으로 배격해 나가는 한편 신생 국가의 구성원들에게 조국을 사랑하는 마음을 어떤 식으로든 강조하지 않을 수 없었다. 나라를 아끼고 정책에 호응하면서 그 나라의 정치지도자를 따르는 것은 국가 통합에 가장 우선적인 의제였다. 더구나 분단 후 서로 다른 체제를 수립한 남북한이 적대적으로 대치한 상황은 더욱더 강한 애국주의 심성과 충성을 요구했다. 이 애국주의는 전쟁을 거치면서 1950년대 반미와 결합해 자주적인 주체로 나아가는 사회주의적 애국주의 형태를 띠게 되었다.

1958년 미국이 한반도에 핵폭탄을 배치하자 핵무기에 대한 트라우마는 현실적인 위협으로 다가왔다. 북한은 이에 대응해 신천학살을 내세운 박물관을 건립해 반미 대중운동을 전개하면서 애국주의를 결합시켰다. 신천박물관 전시 자료와 계급교양은 민간인 학살의 참혹함을 피해자 입장에서 선전하고 확대해 '통일전쟁'의 실패 이유를 미국에서 찾는다. 그들에게 정의로운 전쟁이란 미국의 제국주의 침략에 맞서 싸운 것을 의미하고, 이런 역사 해석은 박물관의 성격이 내부 결집과 자주성을 바탕으로 한 것임을 보여준다. 평양이 대외적으로 느낀 위협은 북한을 전쟁 이후 되풀이되어온 생존에 대한 강박관념에 물들게 했다. 북한도 전쟁은 피하고 싶은 현실이었다. 오늘날 북한이 대외적으로 호전적이라는 비판을 받는 것은 이와 같은 복잡한 전사가 있기 때문이다.

모" "영예군인들에게서 걸려온 전화" 등이다. 『로동신문』 2003년 5월 31일자.

농업협동화의 물결

김성보

1950

민속학자들,
변혁의 현장에 가다

1950년대에 북한의 농촌은 크게 변모했다. 농업협동화 운동이 일어나면서 농민 개인 소유였던 토지가 조합 소유로 통합되었고, 농작물 생산과 유통 등 경제생활에서부터 사회·문화생활에 이르는 모든 활동이 조합 단위로 함께 영위하게끔 재편되었다. 처음부터 농업협동화가 농민의 삶을 완전히 바꾸는 방식으로 진행된 것은 아니다. 처음에는 전쟁으로 어려움에 처한 농민들이 농사를 지으면서 서로 협력하는 수준이었다. 그러다가 1950년대 중반을 거치며 북한정부가 사회주의 체제 건설을 위해 급속히 협동화를 밀어붙였고, 1958년에는 모든 농민이 조합원이 되었다.

농업협동화가 완료되자 북한정부는 1959년 정월에 수도 평양에 협동조합 대표들을 불러들여 농업협동조합대회를 개최했다. 그해 평양의 1월 평균기온은 영하 8.8도였다. 사회주의 혁명의 열기에 도취된 협동조합 대표들에게 그 정도 추위는 아무 문제가 아니었으리라. 대회에서 김일성 수

土地는農民의것！

1946년 시행된 북한의 토지개혁 홍보 포스터
주요산업 국유화, 노동법령 공포, 사법재판기관 개혁 등과 함께 북측 지도부의 대표적인 '민주개혁' 정책
중 하나였던 북한의 토지개혁은 무상몰수와 무상분배를 기본 원칙으로 했다.

상은 농민들이 당의 영도 아래 농업협동화를 완료해 사회주의 혁명과 사회주의 건설에서 위대한 승리와 업적을 이루었다고 열렬히 치하했다. 그러면서 그는 여기서 멈추어서는 안 되며 기술혁명과 문화혁명을 실현해 사회주의 협동경리協同經理*를 정치경제적으로 공고히 하고 농촌을 부유하고 문화적인 사회주의 농촌으로 변화시켜야 한다고 역설했다.[1]

김일성과 조선노동당은 농촌의 근본적인 변화를 위해서는 무엇보다 문화혁명이 필요하다고 보았다. 농민들이 가족 단위의 농사짓기를 그만두고 협동조합의 조합원이 되기는 했으나 그에 맞는 사회주의 근로인민으로서의 의식 개조는 아직 제대로 이루어지지 않은 상황이었다. 농민의 의식이 바뀌려면 생산관계만이 아니라 생활양식과 문화 자체가 바뀌어야 했다. 농업협동조합대회에서는 농촌이 과연 어떻게 바뀌었는지, 농민의 생활과 의식의 실상은 어떠한지 조사하고, 그 실상에 맞는 정책을 펼쳐나가기로 했다. 농민의 실제 생활상을 확인하는 과제는 민속학자들에게 주어졌다.

민속학자들은 이 임무를 제대로 수행하기 위해 평야지대의 조합 하나를 선택해서 농촌 주민들의 생산활동, 가족과 생활 풍습, 사회·문화생활 등을 전반적으로 집중 조사하기로 했다. 그래서 선택한 곳이 평안남도 순안군 택암리의 '조중친선 농업협동조합'이다. 민속학자들은 현지 조사를 거쳐 『조중친선 농업협동조합 농민들의 문화와 풍습』이라는 두툼한 책을 펴냈다. 이 책에서 우리는 여러 흥미로운 변화상을 확인할 수 있다. 가족 관계를 예로 들면, 작업반장의 지시대로 부모와 자녀·며느리가 함께 일하

---

* 협동 단체들이 생산수단을 함께 소유하면서 이를 경제적으로 경영하고 관리하는 활동. 가정에서 먹고 입고 쓰고 사는 것과 관련해 돈을 쓰고 물자를 마련하고 소비하는 생활은 경리생활(經理生活)이라고 한다.

토지 측량을 지켜보는 농민들
일본과 일본인, 한국인 지주 등에게서 몰수한 토지는 농가별 가족수와 나이, 성별 등을 기준으로 한 노동력의 정도에 따라 점수를 매겨 분배했다. 이에 따라 농민들은 가구당 약 4000평의 땅을 받았다.

는 세상이 되면서, 아버지가 자식들을 권위로 누르거나 시부모가 며느리를 천대하던 풍습은 설 땅을 잃게 되었다. 씨족·문중 중심의 전통적인 공동체가 해체되고 다양한 성씨들이 평등하게 어울려 살게 된 것도 큰 변화이다. 조중친선 조합에는 월북한 주민들에 의해 남녀의 탁주 마시는 풍습이 보급되었다는 기록도 남아 있다.

이 책에 묘사된 농민들은 혁명의 불길 속에서 불굴의 의지로 난관을 이겨내고 미래의 희망에 가슴 벅차하는 모습들이다. 민속학자들은 특히 여성들의 놀라운 변화에 주목한다. 이 조합에서 대부분의 여성들은 "조국해방전쟁의 불길 속에서 단련되고 생산활동에서 모범을 보이고 있을 뿐만 아니라 부모 및 시부모와의 관계에 있어서도 아름다운 미풍을 보이고 있다."고 묘사된다.[2] 전쟁의 소용돌이 속에 수많은 농촌 남성들이 전쟁터에 나가 목숨을 잃거나 불구가 되고 마을에서 학살당했던 당시 상황에서, 여성들이 농촌 재건에 나서 온갖 어려움을 겪어내며 혁명적으로 단련되었을 것임은 부인하기 어렵다.

객관적인 서술에 충실하려던 민속학자들은 책 한구석에 당시 농촌이 안고 있던 고민까지 슬쩍 기록으로 남겼다. 당시 농촌 청소년들에게 도시는 선망의 공간이었다. 민속학자들의 조사에 의하면, 택암리의 일부 청년들은 "확고한 목적이 없이 무턱대고 도시로 나가려는 경향"이 심했다. 절대다수의 초·중·고등학교 졸업생이 도시 학교로 진학하려는 경향이 있었고 처녀의 '압도적 다수'는 도시로 출가하기를 원했다. 택암리에서는 1958년에 64명의 처녀가 출가했는데 그중 농촌에 남은 여성은 4명에 불과하고 나머지 60명은 도시로 나갔다. 이러한 현상은 농촌 노동력을 그 땅에 고착시키고자 한 당의 방침과는 어긋나는 일이었다.[3]

주택에 대한 조사에서도 공식적인 해석과 실상의 괴리가 미묘하게 드러난다. 공식적인 해석은 "우리나라 농촌 문화 건설은 급속하게 진행되었으며 여러 가지 문화 주택이 건설되었고 또 건설되고 있다."는 것이다. 그러나 바로 다음 줄에는 "조중친선 농업협동조합에 현존하는 주택의 대다수는 약 30~40년 전에 건설된 건물이며 극히 드물게는 약 100년 전에 건설한 건물도 있다."고 낙후한 주택 사정을 밝힌다. 거대한 희망에도 불구하고 아직 미래에 대한 확신을 얻지 못한 당시의 분위기를 보여주는 대목이다.

1950년대 북한의 농업협동화는 한국 역사에서 유례없는 실험이었다. 개인 토지소유의 전통이 뿌리 깊으며 오랜 기간 소농경영 방식이 유지되어온 한국사회에서 토지소유를 사회화하고 농업경영을 집단화한다는 것은 전래의 질서를 근본적으로 뒤바꾸는 것이었다. 따라서 그 과정이 순탄하지만은 않았을 것임은 어렵지 않게 추측할 수 있다. 또 제도적인 변화가 이루어졌다고 해서 농민의 생활양식과 사회의식이 순식간에 사회주의적으로 개조되지는 않았을 터이다. 그 실상은 어떠했을까?

—

"뜨락또르에 치여 죽으면 죽었지"

농업협동화가 진행될 때, 농민들의 반응은 계층별로 다르게 나타났다. 부농들은 거부감이 컸다. 협동화를 하면 가진 것도 없고 게으른 빈농들과 함께 일해야 하고 막상 분배는 그들과 똑같이 받을 터이니 이롭지 않다는 생각에서였다. 본래 자기 토지를 가지고 있던 옛 자작농들도 협동화하면 자신의 노력으로 힘들게 일구었던 토지를 뺏기게 된다고 생각해 부정적이었다. 반면 빈농들과 토지개혁으로 토지를 얻은 새 자작농들은 협동화에 적극적이었다. 여기까지가 북한의 공식 서술이다. 이러한 계층적 차이는 분명 있었겠지만, 그렇다고 모든 빈농과 새 자작농들이 협동화에 공감한 것은 아니었다. 예를 들어 황해남도 신천군의 오천오라는 여성은 협동화에 선뜻 나서지 못했던 심정을 아래와 같이 표현했다.

> 토지개혁 때 남편과 함께 팻말을 꽂고 기뻐하던 땅, 영원히 자기 소유로 습관되여온 그 땅 —그 땅이 비록 남의 땅보다 유독 좋대서가 아니지만 그 땅을 내놓을 마음은 도저히 나지 않았다.[4]

협동화도 아닌 토지 구획·정리에 반발한 사례도 있다. 강원도 철원군의 개인농이던 박정옥은 협동조합 측에서 기계화를 위해 조합 땅 가운데 있는 그의 농지를 더 좋은 다른 땅과 바꿔주겠다고 제안했으나 펄쩍 뛰었다. 그는 트랙터가 가을걷이를 할 때 그 앞에 달려나가서 "뜨락또르에 치여 죽으면 죽었지 이 땅은 못 간다."고 저항했다. 트랙터 운전사는 그만 놀라서 쫓겨나고 말았다.[5] 자기 토지에 대한 농민들의 완고한 집착을 엿볼 수 있는 대목이다.

막상 협동화를 하게 되니 가지고 있던 가축을 내놓기 아까워 시장에 내다 팔거나 큰 소를 작은 소와 바꾸어 내놓은 경우도 있었다. 1953년 7월 정전 이후 가축 도살 제한을 폐지하자마자 평안북도 박천군에서 그해 12월 말까지 소 300여 두가 도살되기도 했는데, 역시 협동화에 대한 저항감이 반영된 사례로 볼 수 있다.[6]

북한정부는 농민들의 완고한 정서를 고려해 처음에는 매우 조심스럽게 협동화를 추진했다. 농민들에게 무조건 토지와 농기구, 소·당나귀 등의 역축役畜을 무상으로 내놓으라고 한 것은 아니다. 각자 토지소유권을 유지하되 노동만 함께하는 제1유형의 농촌노력협조반도 가능했고, 토지와 생산도구를 모두 출자해서 통합하는 경우에도 출자한 토지 점수와 노력 일수에 따라 차등을 두어 분배하는 제2유형의 조합을 운영할 수도 있었다. 오직 노력 일수만을 기준으로 분배하는 제3유형은 처음에는 그리 많지 않았다.

주위의 농민 대부분이 협동조합에 가입하자 농업협동화에 동참하지 않던 부농이나 중농들은 점차 힘이 빠졌다. 조합에 가입하지 않은 이들은 조합에 집중 배정되는 화학비료아 트랙터 등의 물사를 활용할 수 없었고, 빈농들이 대부분 조합에 가입해 일손을 구하기도 어려웠기 때문이다.

농업협동화가 대세로 굳어지면서, 부농이나 중농들이 취한 전형적인 대응양식은 그들만의 조합을 따로 결성하는 것이었다. 황해남도 신천군의 간성 부락에서는 중농들이 "빈농민들은 안 받는다." "게으름뱅이들과 근농가들은 조합도 따로따로 조직해야 한다."면서 독자적인 조합을 만들고자 했다.[7] 함경남도 북청군과 신창군을 비롯한 일부 지방에서는 "농업협동조합은 빈농민들의 구제소가 아니다."라면서 중농들끼리 조합을 조직하고 빈농들의 가입을 거부하려 한 사례가 있었다.[8]

여러 계층의 농민이 한 협동조합에 속해 있었음에도 간부직은 중농이나 일제 시기에 '유지'였던 자들이 장악하는 경우도 있었다. 북구역 신창농업협동조합 관리위원장 안경삼은 일제 시기에 리 총대였으며 대흥농업협동조합 관리위원장 박동하는 정미소와 연사기 등을 가진 소기업가였다. 조합을 장악한 그들은 "빈농민을 많이 받으면 분배 몫이 적어진다." "조합원들이 반대하기 때문에 빈농민은 받기 곤란하다."는 등의 입장을

봄갈이 작업에 나선 농업협동조합원들
농업협동조합에 화학비료나 트랙터 등의 물자가 집중 배정되면서 대부분의 농민들이 협동조합에 가입해, 북한 농업협동화가 대세로 굳어졌다.

취해 물의를 일으키기도 했다. 북구역 봉화농업협동조합에서는 일제 시기에 면장을 했던 자가 생산지도원이 되기도 했다.[9]

촌락 간의 폐쇄성은 북한정부의 장악력이 농업협동화를 통해 촌락 내부까지 확산되는 데 큰 걸림돌이 되었다. 촌락 간의 폐쇄성이 극복되지 않는 한 촌락 단위를 넘어서는 대규모 협동조합을 건설하거나 기존의 촌락 질서를 재편하는 것은 거의 불가능했다. 폐쇄성은 특히 동족촌락에서 더 두드러졌다. 평안북도 영변군의 룡추조합과 함경남도 북청군의 라하대조합은 결성과정에서 특정 성씨들만 모아 조합을 만들어 물의를 일으켰다.

개별적으로나 집단적으로 조합을 탈퇴하는 경우도 생겼다. 1956년 가을 조합들의 결산 분배 직후부터 1957년 초까지 황해도 일대에서 많은 농민들이 조합에서 탈퇴한 '배천白川바람'이 대표적인 사례이다. 이 지역은 본래 38선 이남이었다가 북한 영토가 된 '신해방지구'로서 북한정권의 지지기반이 취약한 지역이었다. 당시 조합 규약상 조합원에게는 탈퇴의 자유가 보장되어 있었고 조합 탈퇴 시 출자 토지를 반환받을 수 있었다. 농

민들은 이를 이용해 추수 때 개인에게 상대적으로 더 많이 부과되는 농업 현물세를 피해 조합에 가입했다가 바로 탈퇴하기도 했다. 독립동맹 계열로서 당시 황해남도 당위원장이었던 고봉기는 협동조합 탈퇴를 방임했다고 비판받았으며 후에 숙청되었다.[10]

제대군인과
해방 처녀들

농업협동화를 통해 농촌사회를 철저히 장악하고자 한 북한정부로서는 협동조합 탈퇴와 같은 반대 흐름에 제동을 걸지 않을 수 없었다. 북한정부는 혁명투쟁 참가자, 애국열사 가족, 인민군 후방가족, 제대군인 및 빈농층 가운데 열성분자들을 '핵심 진지'로 삼아 이들을 중심으로 협동조합의 간부진을 재편하는 정책을 적극적으로 펼쳤다. 이 작업은 1955년부터 조선노동당이 중앙과 지방의 모든 당 조직을 '집중지도'하는 작업과 맞물려 추진되었다.[11] 중앙과 지방의 유능한 지도자들이 수천 명씩 동원되어 매년 한두 차례씩 전국적인 집중지도 사업이 펼쳐졌다.[12]

'핵심 진지' 중에서 조합 간부의 수요를 가장 많이 채워준 부류는 제대군인들이었다. 이들은 전쟁 과정에서 전사로 단련되어 당과 국가에 대한 충성도가 높았고 고향에 대한 애착이 강한 사람들이었다. 전후에 농촌을 복구하는 과정에서 제대군인들이 중요한 역할을 한 것은 남한도 마찬가지였으나, 북에서는 제대군인들의 농촌 배치가 좀더 체계적이고 의도적으로 진행되었다.

전쟁이 끝난 뒤 농촌 출신의 제대군인들은 대개 도시보다는 농촌으로 보내졌다. 고향이 남한에 있어서 귀향할 곳이 없을 경우 임의로 정해진 파견지역에 보내지기도 했다. 남조선노동당 출신의 남파 공작원 김진계가 쓴 『조국』이라는 책에는 그가 아무 연고도 없는 평안북도 안주군 평률리에 배치되어 밤낮 없이 협동조합 일을 했던 경험담이 기록되어 있다. 그는 1953년 5월에 제대 명령을 받아 제대 명령서, 식량 정지 증명서, 조선노동당 이동 증명서 등을 들고 안주군으로 출발했다. 초라한 인민군 제대복을 걸친 채 버스가 없어 180여 리 길을 터덜터덜 걸어가야 했다. 그가 안주군에 도착해서 제일 먼저 향한 곳은 군당위원회였다. 군당위원회 사무실은 산골짜기 밤나무 아래 세워진 방공호 비슷한 반토굴집이었다. 그곳에서 그는 군당위원장, 부위원장의 지시에 따라 평률리 민주선전실장으로 배속받아 활동했다. 김진계는 본 임무 외에도 사상교육을 담당하는 리당부위원장과 리인민위원회 위원, 노동당 학습 강사, 조쏘문화협회 리위원장, 유적유물보존위원회 리위원장을 겸직했다. 맡은 일이 많다보니 하루도 회의가 없는 날이 없었다. 저녁이면 주민들과 회의를 하고 낮에는 일과 회의를 준비하는 '코 한 번 훌쩍일 짬'도 없는 바쁜 세월을 보냈다. 김진계가 보기에 당시 북한은 "주민들이 각종 회의에 참여해 토론하는 협의제 원칙에 따라 모든 정책이 결정·집행되는 사회체계"였다.[13]

협동화에 속도가 붙으면서 순식간에 1만 2000개 이상의 협동조합이 조직되었다. 이로써 이 조합들을 운영할 간부들의 수급 또한 시급해졌다. 북한 내각은 긴급대책으로 약 8만 명의 인민군을 한꺼번에 감축하는 조치를 내려 이들을 전국의 농촌, 특히 협동조합에 배치했다. 내각은 농업성, 양정국 및 각 도 인민위원회로 하여금 "제대군인 및 영예 전상자들 중 영농을 희망하는 자에게는 우선적으로 토지, 주택, 종곡 및 농기구 등을 알선 보장"해주도록 했다.

1950년대 북한 시골의 풍경
전쟁으로 노인을 제외한 대부분의 남성들이 사라진 농촌에서 여성과 아이들은 중요한 노동 자원이었다.

제대군인들은 군대에서의 경험을 바탕으로 난관을 돌파해나갔다. 평안남도 문덕군 박비농업협동조합에서는 벽돌 한 장 없는 상황에서 7명의 목수만으로 탁아소, 공동식당 등의 편의시설을 건설해야 하는 문제에 부딪혔다. 그 난관을 돌파한 것은 제대군인들이었다. 이들은 폭격 속에 공장을 복구 건설한 경험을 바탕으로 가능한 자원을 모두 동원해 건설 작업을 밀어붙였다. 군대에서 담벼락 한번 쌓았던 경험도 크게 도움이 되었다.

제대군인들의 돌격대식 사업은 때로 저항을 낳기도 했지만 내부 자원이 부족한 상황에서 급속히 농촌을 재건하는 데 중요한 밑거름이 되었다. 이는 다른 한편으로 제대군인을 통해 농업협동조합에 군대식 문화가 전파되는 과정이기도 했다.

제대군인과 더불어 협동조합에서 중요한 역할을 한 계층은 여성들이었다. 노인을 제외하고는 대부분의 남성들이 사라진 농촌에서 여성들은 협동화의 주역이 되지 않을 수 없었다. 김진계는 당시 사정을 아래와 같이 구술한다.

> 이맘때 농촌에는 전쟁으로 인해 젊은 남자들이라고는 거의 찾아보기 어려웠다. 남자라고 하면 노인네들 아니면 불구자들뿐이어서 농사는 거의 여자들이 짓고 있었다. 그래서 '트럭 대 일'이라는 농담까지 들 지경이었다. (…) 또 전쟁이 낳은 비극이었지만 '해방 처녀'라는 말도 유행했다. 이 말은 국군이 들어왔을 때 국군과 사랑하다가 국군이 후퇴한 뒤에는 다시 처녀 노릇을 하는 여자를 빗대어 하는 말이었다.[14]

1950년대 중반 농업협동조합 내에서 여성 노동력이 차지하는 비중은 약 60퍼센트에 달했다. 여성의 역할이 커지면서 그들의 사회적 지위도 높아져갔다. 과거에는 아버지가 아들과 며느리에게 일을 지시했으나 협동화 이후에는 작업반장이 그 역할을 대신했다. 여성들은 농업경영만큼에서는 가부장의 권위에서 벗어날 수 있었다.[15] 여성들은 조합 회의에 참여해 남성들 앞에서 자신의 의견을 말하고 심지어는 남성 간부들을 비판하기도 했다.[16] 여성 스스로 조합 간부가 되는 일도 많아졌다. 평안남도에서는 여성 조합 간부 선발에 주의를 기울여 도내 작업반장의 42퍼센트를 여성들이 차지했을 정도였다.[17] 많은 남성들이 여성 작업반장의 지시에 따라 농사일을 하게 된 것이다. 협동화 이전에는 상상도 할 수 없던 일이었다.

한편 냉상모의 보급 등 새로운 농업기술이 도입되면서, 구세대가 지녀온 농업기술상의 권위가 약화되고 그 대신 신기술을 빠르게 도입하는 청년층의 발언권이 커지게 되었다. 청년들은 농업기술 연구 크루쇼크^{그룹}를 만들어 농업기술의 개선을 주도해갔다. 청년기술학교가 세워지기도 했다.[18] 함경남도 신상군의 경우 57개의 농업기술 연구 크루쇼크와 3개의 농촌청년학교가 운영되었다.[19] 이 지역의 농업기술 연구 크루쇼크 숫자는 통합 후의 조합 숫자와 일치한다. 한 조합에 하나의 기술 연구 조직이 결합해 해당 조합의 농사기술을 주도해간 것이다.

—

개인농에서
사회주의 근로인민으로

농민에게 소상품 생산자로서의 자율성은 누대로 이어져온 전통이었다. 지주와 마름의 관리 감독, 식민지 행정 당국의 통제 등이 있었으나 노동과 여가의 일상은 대부분 농민 자신의 세계에 속했다. 그러한 농민에게 생산과 여가가 모두 집단화되고 위에서 이를 관리 감독한다는 것은 거대한 혁명적 변화일 것이다. 이에 대한 농민의 반응과 적응 방식은 어떠했을까?

농업협동화 초기에 조합 간부들이 당면한 큰 골칫거리 하나는 낮은 출근율이었다.

> 기래 보면 옛날엔 꼭두새벽부터 논에 나가던 사람이 올해에는 해가 중천에 떠 있어두 안 나오구. 아무개야 소리쳐야 게우 어슬렁어슬렁 기어나오니, 이거이 말이 됩네까?[20]

이는 1955년 10월 초, 안주군 평률리 협동조합 총회에서 나온 발언이다. 이 말은 이 마을에서 제일 오래 산 노인이 앞장서서 집단의식을 가져야 한다고 강조하는 과정에서 나왔다. 노인이 앞장서서 질책하니 다른 조합원들은 숨을 죽이고 경청할 수밖에 없었다.

황해북도의 경우 1955년도 상반기인 1~6월에 협동조합의 평균 가동률이 44.6퍼센트에 불과했다. 이 시기 조합원의 1인당 노력일은 월 평균 11.2일로, 사흘에 하루 꼴로 출근해 노력 일수를 채운 셈이다. 이들이 결근을 일삼게 된 배경에는 텃밭이 있었다. 조합 토지와 달리 자기 텃밭에서 나온 소출은 자신이 처분할 수 있었기 때문이다.

또다른 골칫거리는 공동재산을 아끼지 않고 무책임하게 대하는 자세였다. 평양 농기계임경소 구역 내 소삼정농업협동조합의 조합원 리경환은 밭갈이하던 쟁기를 포전抛田, 논밭에 버려두기 일쑤였다. 강원도 법동군 상서농업협동조합의 조합원 황하중은 맡은 말에게 "먹을 것을 제대로 주지 않고 깃도 제때에 갈아주지 않아" 말이 나날이 여위어가도록 방치했다.

조합관리위원회에서 그 이유를 묻자 "외국에서 들어온 말이라 수토 관계이지 별일 없을 게요. 그리고 기후가 다르고 풀도 다를 게 아니오."라고 태연히 답할 따름이었다. 결국 말은 죽고 말았다. 관리위원회가 이 조합원의 '그릇된 사상 근원'을 비판하면서 말 값의 일부를 변상하게 하고 노력 일수를 삭감하겠다고 하자, 조합원들 사이에서 의외의 반응이 나왔다. 조합원들 다수는 "어떻게 그렇게 박하게 처리하겠느냐."면서 관리위원회의 결정에 부정적이었다. 결국 이 문제는 결말을 보지 못하고 끝났다.

그 일이 있은 지 3개월이 지난 어느날 밤 또 사고가 났다. 한 조합원이 관리하던 송아지가 사라져버린 것이다. 뒷날 다른 마을 사람이 송아지를 훔쳤음이 밝혀졌지만, 이 사건은 커다란 물의를 일으켰다. 두 사건을 겪은 관리 일꾼들이 책임자를 추궁하는 대신 먼저 자신들의 사업상 결점을 조합원들에게 털어놓고 그들의 도움을 바라는 것이 옳다고 판단한 것이다. 총회에서 관리 일꾼들이 잘못을 반성하자 검사위원들도 자신들의 잘못이 크다고 반성했다. 이 모습을 본 조합원들은 그제야 마음의 문을 열기 시작했다. 말을 폐사시켰던 조합원 황하중은 본래 자기 별명이 '소 아범'이었으나 조합의 말을 맡게 되자 게을러져 말을 죽게 했음을 반성했고, 송아지를 분실한 조합원도 잘못을 솔직히 반성했다. 그후에야 조합은 성장의 길로 접어들었다.

가족 단위의 영농에 익숙한 농민들에게 공동재산을 존중하는 사회주의 의식을 체화하게 하기는 쉬운 일이 아니었다. 나나 내 가족에게 이익이 오지 않는다고 해도 집단을 위해 나를 희생할 수 있는 사회의식이 형성되어야 하는데 그것이 그리 간단하지 않았다. 이는 사회주의 체제라면 안게 되는 근본적인 문제였다. 그리고 엄격한 처벌보다는 온정적인 방식으로 문제를 해결하는 것이 익숙한 농촌에서 사회주의 규율이 뿌리내리게 하는 일 또한 쉽지 않았다.

1950년대의 전후 복구 시기에 농민에게 부과된 노동 부담이 워낙 컸던 것도, 농민들이 선뜻 협동조합 일에 적극적으로 참여하기 어려웠던 또다른 이유였다. 농업생산 목표를 달성하는 한편 전쟁으로 파괴된 시설을 복구하고 나아가 새로운 수리시설, 학교, 유치원 등을 세워야 했다. 힘든 일과에 대한 불평이 여기저기서 쏟아져나왔다. 일부 조합원들은 "조합이 좋다더니 이렇게 눈코 뜰 새가 없어서야 원!" "제길 겨울에도 일만 시킬 작정인가?"라며 불평했고, "일이 고되어서 조합을 탈퇴하겠다."는 말이 나오기도 했다.

조합 간부들은 고된 일 때문에 협동조합에 대한 조합원의 불만이 커지는 데 대처해야 했다. 사회주의 정신교양만으로는 부족했다. 사회주의의 위대성, 협동경리의 우월성을 실제로 보여주어야 했다. 기계화·전기화 등을 통해 새로운 세상을 보여주는 것이 가장 효과적인 해결책이었다. 특히 농기계임경소를 통해 제공되는 트랙터는 사회주의 위대성의 상징이었다.

> 그건 정말 신났어요! 늘 말만 들어오던 뜨락또르가 눈앞에 와서 으르릉거리며 돌아가는 것을 보았을 때 (…) 그놈을 가지구 조합 벌을 갈 것을 생각하니 어깨에서 부쩍부쩍 힘이 나고 무서운 것이 없더군요.[21]

당시 북한은 소련처럼 대대적인 농업의 기계화를 실현하기는 어려운 처지였다. 그럼에도 일부 지역에 들어온 트랙디의 위용은 사회주의 낙원의 가능성을 보여주는 희망의 상징이 되었다.

협동화에 익숙하지 않았던 북한 농민들은 반복되는 조합생활을 통해 점차 사회주의 근로인민으로 변해갔다. 농민은 적어도 겉으로는 국가와 당의 계획적 정책 아래 사회주의 노동규율을 전적으로 받아들이게 된 것처럼 보였다. 한 민속학자는 농업협동화 이후 농민 생활의 변화를 아래와 같이 정리했다.

> 농민들은 아침 일찍이 조반을 마치고 작업반별, 분조별로 같은 시간에 작업장에 나간다. 일정한 작업을 하고 일정한 휴식을 가진다. 하루의 작업을 마치면 분조원들은 함께 집으로 돌아간다. 야간에는 따로 회의가 있으며 때로는 학습이 진행된다. 농업협동화에 따르는 작업의 집단화는 이와 같이 농민들의 생활을 규칙화했다. 그것은 지난 시기 농민들의 일상생활을 지배했던 무규율성, 산만성을 퇴치해놓았다.[22]

협동화 이전의 농민의 일상은 '무규율성, 산만성'으로 단정되고, 이를 대신한 협동조합의 일상은 '규칙화'로 표현된다. 이 서술에서 우리는 노동에 근대적 시간관념이 도입되어 규칙성이 만들어지고, 작업을 마친 이후의 시간도 개인 여가보다는 회의와 학습이라는 공공의 영역으로 흡수된 모습을 확인할 수 있다. 예를 들어 황해남도 안악군 강철농업협동조합에서는 작업 정량을 조합 실정에 맞게 제정했다. 그리고 각종 작업에서 도급제를 실시했다. 노동 보수에서 '무원칙한 평균주의'를 근절하고 조합원들의 작업 의욕을 높이기 위함이었다. 황해북도 린산군 사장농업협동조합에서는 생산능률을 높이기 위해 작업반별 경쟁 시스템을 도입했다. 다양한 수행 지표를 세우고 그에 맞추어 점수를 계산했으며, 연말 결산 분배총회에서 경쟁 운동을 총괄 평가했다. 총회에서는 경쟁에서 1위를 한 제4작업반에 우승기와 상금 100원을 수여했다. 도급제와 작업반별 경쟁은 사회주의적 헌신성을 보완하는 효율적인 수단이 되었다.[23] 이처럼 협동조합에서의 공동생활을 통해 농민은 사회주의 근로인민으로 개조되어 갔다.

　그렇다고 북한사회의 거대한 변화가 농촌의 전통을 완전히 해체한 것은 아니었다. 소겨리*·품앗이 등 공동노동의 전통은 농업협동조합의 최소 노동단위인 '분조'의 바탕이 되었다. 마을은 급속히 리 단위 조합에 맞추어 통합·개조되었으나 상당수 지역, 특히 산간지대에서는 한 마을이 곧 하나의 작업반이 되는 등 전통적 삶의 공간이 지켜졌다.²⁴ 장례를 치를 때 조합 작업반에서 일정한 인원을 배정해 관을 운반하고 묘를 만들어주는 새로운 풍속이 형성된 것 또한 마을 단위 공동체 문화의 연장이라는 측면이 있다. 즉, 농촌의 전통 가운데 전근대적이고 비효율적인 부분은 낙후한 관습으로 간주되어 해체되었지만 공동노동에 부합하는 전통은 사회주의의 틀 안에서 새롭게 해석되고 활용된 것이다. 그런 점에서 북한의 농촌 전통은 사회주의 농업협동화 과정에서 새롭게 재해석되고 재창조되었다고 볼 수 있다.

전통과 현대의 충돌

　농업협동화가 4~5년밖에 안 되는 짧은 기간에 완료됨에 따라 농촌 마을 건설도 그에 맞추어 빨리 진행되었다. 농업협동화에 따라 농촌 마을은 사회주의적 협동경리와 협동농민의 요구에 맞게 긴실되어야 했다.

　1957년 10월 내각결정 제105호 '농촌 및 읍들에서 인민적 운동으로 진

---

* 힘든 일을 서로 거들어주면서 품을 지고 갚고 하는 품앗이와 더불어 대표적인 공동노동 전통으로 두 마리의 소가 끄는 쟁기인 '겨리'에 소를 묶고 소를 낸 양쪽 집의 논밭을 가는 일을 말한다.

행되는 생산적 건설 및 주택, 학교, 문화시설 들의 건설사업을 보장할 제 대책에 관하여'가 채택되었다. 당시의 농촌 주거지 계획은 공동경작과 공동생산을 기본으로 조합원들이 공동 주거생활을 하도록 하는 것이었다. 이는 공공장소를 통해 사회주의와 기술을 교양해 조합원들이 사회주의 체제에 맞는 생산활동과 생활에 적응하도록 하기 위함이었다.

사회주의적 집단마을 형성에 대한 반발이 전혀 없었던 것은 아니다. 연로한 조합원들이 "조상 때부터 살아온 여기를 떠나다니, 어림도 없는 말"이라며 반대하기도 했고, 이주해야 할 곳이 "집터가 세서 살림이 망하"거나 "묘를 써도 자손이 망"하는 땅이라는 이유로 반대하는 사람들도 있었다. 그러나 전통적으로 집자리 선정에 영향을 미쳐온 풍수지리는 '미신'으로 취급되어 비판을 받았다. 안주군 남칠농업협동조합에서는 「미신의 후과」「밤몰재에 새 마을이 일어선다」 등 수 편의 만담, 스케치를 만들어 가지고 뒤떨어진 계층들을 교양"해 집단 촌락 건설을 실행에 옮겼다.

집단 마을은 주거 공간과 생산 공간으로 구분되어 지어졌다. 학교와 탁아소, 유치원 등 문화시설이 건설되고 마을 한복판에 농민들이 일상적으로 이용하는 민주선전실이나 구락부가 배치되었다. 모든 건물이 새로 지어진 것은 아니었다. 조중친선 농업협동조합에서는 부농, 지주 등 '과거 부유한 사람들'이 살던 집을 개조해 공공건물인 관리위원회, 학교, 민주선전실, 상점 등으로 사용하거나 조합원의 주택으로 사용했다.

마을에 공동작업장이 생기면서 개별 농가의 경제적 기능은 상실되었다. 외양간이 사라졌고, 비 올 때 간단한 작업을 하던 봉당과 툇마루도 제기능을 잃었다. 무명을 고르고 물레를 잣던 넓은 윗목도 필요없어졌다. 개인주택은 작업 및 경제 단위로서의 의의를 상실했다. 주택 규격이 통일되면서 집의 크기로 신분의 차이를 드러내는 일도 없어지게 되었다.

남녀평등법 실시를 환영하는 북한 여성들
1946년 '북조선 로동자 및 사무원에 대한 로동법령'과 '북조선의 남녀평등권에 대한 법령'이 공포되면서
북한 여성들의 삶에 급격한 변화가 찾아왔다.

농업협동화는 기층 생활단위인 가족의 풍습에도 변화를 몰고 왔다. 농업협동화에 의해 가정이 최소 경제단위로서의 기능을 상실하면서, 남성 가부장이 다른 가족 구성원을 경제적으로 속박하는 것이 불가능해졌다. 세대주는 가족 구성원에 대한 권력을 잃었다. 세대주는 가족 집단의 대표자이자 국가에 세금을 내는 법적 책임자일 뿐이었다. 여성이 세대주가 되는 경우가 많아졌고, 표면적으로는 남자가 세대주이지만 여자가 가정에서의 모든 경리생활을 담당하는 경우도 많았다.

민속학자들이 조중친선 농업협동조합을 조사한 바에 의하면, 남녀관계, 상하관계의 변화는 협동조합에서뿐만 아니라 가정생활에서도 일어났다. 농업협동화 이후 대가족제도가 해체되어 소가족제도로 바뀌었다.

소가족제도가 일반화되었다고 해서 늙은 부모를 봉양하는 풍습이 없어진 것은 아니다. 젊은이들은 조합에서 분배받은 현금을 마음대로 쓰지 않고 늙은 부모에게 맡겼다가 찾아 쓰거나 부모와 상의한 후 사용했다.[25] 며느리와 시부모의 관계도 변했다. 협동화 초기에는 노력일로 계산해주는 조합 일에만 며느리를 내보내고 회의나 문화활동에는 보내지 않는 경우가 많았다. 이 경우 며느리 대신 시어머니가 문화활동에 참가하고 며느리는 집에서 일을 해야 했다. 그러나 이러한 과도기적인 양상이 사라지면서 며느리도 딸과 같은 대우를 받게 되었다. 물론 장구하게 내려온 며느리 경시 풍조가 생산방식의 변화 하나로 쉽게 바뀌었을 것 같지는 않다. 다만 가족관계의 근본적인 성격이 바뀌고 여성이 가정에서 해방된 상황에서, 며느리가 시어머니에게 일방적으로 예속된 양상은 점차 약화되었으리라 짐작할 수 있다.

부부가 혼자된 장모 또는 장인을 부양하는 새로운 현상이 나타나기도 했다. 과거에는 아들 없이 딸만 있을 경우 '데릴사위'를 맞아서 자기 집에 살게 하거나, 딸들을 모두 시집보내고 조카와 함께 사는 것이 일반적이었다. 딸에게 부양받는 것을 수치로 여겼기 때문이다. 그러나 농업협동화 이후 이러한 풍습은 없어져갔다. 이 또한 남녀관계의 변화를 보여주는 현상 중 하나다.

한편 인구의 급속한 이동은 농촌사회의 전통 유지에 핵심적인 역할을 담당해온 동족마을의 폐쇄성을 약화시키는 계기로 작용했다. 1958년 북한정부가 모든 농업협동조합을 리 단위로 통합하면서 촌락 단위의 결속이 급속히 약화되었다. 다만 자연촌락은 많은 지역, 특히 교통이 불편한 산간지대에서 작업반의 기초 단위로서 존속했다. 촌락 안의 혈연적·친족적 유대관계는 완전히 해체되지 않고 협동조합 내부로 스며들었다.

북한의 체질이 바뀐
1950년대

1950년대에 전쟁과 농업협동화를 겪으면서 북한의 농민과 농촌은 체질이 크게 바뀌었다. 토지개혁 이후에도 농촌에 남아 있던 유력 가문의 연장자나 부농, 그리고 남성을 중심으로 한 전통적 권위가 해체되었으며, 이를 대신해서 빈농, 제대군인, 애국열사 유가족, 인민군 후방가족, 혁명투쟁 경력자, 열성 농민을 중심으로 한 새로운 혁명적 농촌 '핵심 진지'가 등장했다. 이들은 조합의 간부직을 맡는 등 조합 운영의 중심이 되었다. 농촌의 체제 자체가 전시동원적인 성격이 강한데다가 전후 농촌의 주역들이 전쟁과의 연관성 속에서 형성됨으로써 북한 농촌은 강고하게 준전시 체제적인 성격을 지니게 되었다.

농업협동화는 농민을 농업노동자로 전환시켰다. 가족 단위로 작업하던 소농경리의 관습은 더이상 존속할 수 없었다. 전생산과정이 체계화·합리화되고 노동규율이 개개인에게 직접적으로 부과되었다. 또한 농업협동화에 발맞추어 공동경작과 공동 사회문화 활동을 하는 데 적합하도록 마을과 주택이 개조되었다. 그 과정에서 개별 농가주택의 경제적 기능이 사라졌으며, 최소 경제단위이던 가정의 경제적 성격도 소멸되었다.

농업협동화는 농민의 관습과 사회의식에도 거대한 변화를 일으켰다. 전통적인 관습 중 상당 부분은 구시대의 산재로 취급되었다. 풍수지리에 의거한 주택 관념이 비판받았고, 민간신앙은 '미신'으로 간주되어 타파되었다. 사회의식의 '근대화'가 진행된 것이다. 그리고 그 근대적 자각은 개인적 자각이 아니라 당과 국가를 따르면 무엇이든 가능하다는 집단적 주체로서의 자각, 즉 '인민'으로서의 자각이었다.

　그러나 농업협동화가 일으킨 변화가 장기간 지속된 농촌의 전통적 풍습 전체를 완전히 해체한 것은 아니었다. 부모나 시부모를 존중하는 풍습은 '미풍양속'으로서 장려되었다. 소겨리·품앗이 등 공동노동의 전통은 농업협동조합의 최소 노동단위인 '분조'의 바탕이 되었다. 마을은 리 단위 조합에 맞추어 급속히 통합·개조되었으나 상당수 지역, 특히 산간지대에서는 한 마을이 하나의 작업반이 되는 등 전통적 삶의 공간이 내면적으로 지속되었다. 작업반장이 주도해 장례를 치르는 새로운 풍속 또한 마을 단위 공동체 문화의 연장이었다.

　친족적인 결합은 약화되었으나 농촌이 점차 안정화되고 농민의 도시이동이 억제되면서 마을 단위의 내적 연계망은 1960년대 이후 다시 강화되었다. 하지만 분명한 것은 1950년대 북한의 농업협동화가 농민을 전통적 생활과 전혀 다른 사회주의적 생활로 이끌었고, 그 과정에서 전통은 완전히 해체되는 대신 사회주의 양식에 흡수되어 새롭게 재구성되었다는 점이다. 북한 내 전통의 계승과 단절 문제는 1950년대 이후의 사정까지 고려해 종합적으로 분석해야 온전히 파악할 수 있을 것이다.

북한 사람들의
지구화 경험

이유재

1950

미지의 땅이 되어버린
북한 역사의 첫 장면

100여 년 전 서구인들이 조선을 보고 은둔의 나라라고 했던 것처럼 오늘날 북한은 그 전통을 잇는 제2의 은둔의 나라가 된 듯하다. 북한에 대한 정보를 접하기가 쉽지 않은 탓에 언론들은 선별적인 시사 기사들을 쏟아 낸다. 독특한 정치체제, 기아와 자연재해에 시달리는 주민, 핵무기로 강대국을 협박하는 예측 불가능한 지도자, 살길을 찾아 나라를 등지고 탈출하는 탈북자에 대해 보도하면서 고립된 북한의 신비스러움을 강화하는 데 한몫하고 있다. 세상과 동떨어지고 시대착오적인 것 같아 보이지만 그런 만큼 더욱 신기하게 여겨지는 북한은 모험가와 예술가들에게 마지막으로 남은 미지의 땅이 되어버렸다.

하지만 북한 역사의 첫 장면은 우리가 생각하는 것과 크게 다르다. 믿기 어렵겠지만 1950년대 북한은 놀라울 정도로 개방적이었다. 이후 세대에게 선전된 주체사상을 바탕으로 이해하기에는 상상도 못할 정도다. 당시 북한은 적극적으로 지구화를 추구하고 있었고, 냉전이란 세계질서에서 스스로의 위치를 명확하게 인지하면서 사회주의 진영 내에서의 교류, 협력, 협조에 활발하게 참여했다. 막강한 자본과 물품뿐만 아니라 수많은 사람들이 북한의 경계를 넘나들었다. 북한의 국가 형성은 이 시대 지구화를 빼고는 이해할 수도, 설명할 수도 없다. 그렇다면 이 무렵 굉장히 급격하게 그리고 집중적으로 이루어진 북한 사람들의 지구화 경험은 과연 어떤 것인가? 먼저 동독으로 떠난 고아와 대학생들의 이야기부터 알아보자.

전쟁고아의
세계 경험

한국전쟁이 아직 끝나지 않은 1953년 2월 15일. 10살에서 16살 먹은 200명의 북한 전쟁고아들이 6주 동안 걸어서 신의주에 도착했다. 솜이 든 바지와 잠바를 입은 그들에게는 등에 지고 온 작은 배낭 외에 다른 짐은 없었다. 기차로 국경을 넘은 아이들은 중국 안둥安東에서 대기하고 있던 기차로 갈아타고 시베리아를 횡단했다. 최종 목적지는 동독 드레스덴시 근교 모리츠부르크라는 작은 마을이었다.

모리츠부르크에 도착한 이 200명의 아이들은 사회주의 형제국가에 간 수많은 북한 전쟁고아들의 일부였다. 1953년 10월 11일, 2진으로 400명의 청소년이 추가로 베를린에 도착했다. 같은 시기 중국이 2만 명의 북한 전쟁고아를 받았고, 루마니아에서 1500명, 불가리아에서 500명을 수용했다. 그리고 1952년에 이미 헝가리 200명, 폴란드 200명, 체코 200명 등 동구에서 전체 4000여 명을 초빙했으며 몽골에서도 200명(1952년)의 북

북한을 위한 모금운동 때 쓰인 동독의 포스터
포스터에 "영웅같이 싸우는 코리아 민족을 위해 기부하라! 코리아는 코리아인에게, 독일은 독일인에게!"
라고 적혀 있다. 동독은 소련과 중국 다음으로 북한에 많은 지원을 했다.

한 전쟁고아를 수용했다. 소련이 전쟁고아를 얼마큼 받았는지 아직 밝혀
지지 않았지만 그 수가 다른 사회주의 국가들보다 적지는 않을 것이라는
점을 감안할 때 해외로 나간 북한의 전쟁고아 수는 2만 4000명 이상일 것
이다.[1]

그렇다면 이렇게 많은 전쟁고아들은 어떻게 해외로 나갈 수 있었을까?
동구에서는 1951년에 이미 북한의 전쟁고아 문제가 널리 소개되었고, '미
제국주의의 침략'에 맞서 용감하게 싸우는 북한에 대한 주민들의 연대의
식과 구제활동이 밑에서부터 즉흥적이고 자발적으로 나타나기 시작했다.
그 결과 동구 국가의 정부들이 전쟁 대피 차원에서 북한 전쟁고아들을 초
대해야겠다고 결정하게 되었고 대부분 청소년들이 1953년 이전에 도착

유학길에 나선 북한 소녀들
1952년 10월 30일, 동독 베를린 오스트반호프 기차역에 도착한 북한 유학생들이 동독정부 간부들에게 환영받고 있다. 이들은 보통 라이프치히대학교에서 반년간 독일어 공부를 한 뒤 전공에 따라 각기 다른 대학교에 배정받았다. 학생들이 들고 온 여행 보따리가 인상적이다.

했다. 다른 인민공화국들의 선행을 보고만 있을 수 없었던 동독정부는 다소 늦은 1952년 10월 전쟁 기간 동안 북한 고아들을 받아들이도록 결정했다.

북한정부는 이런 분위기를 이용해서 가능하면 많은 아이들을 해외로 보내려고 했는데, 전쟁 대피의 차원을 넘어 사회주의 국가에서 기초교육은 물론이고 직업교육까지 받고 돌아오는 장기 체류를 구상하고 있었다. 이렇게 북한의 전쟁고아 해외 '파견'은 하나의 포괄적인 프로젝트가 되어버렸는데, 거기에는 두 가지 전제가 있었다. 첫째는 고아들의 이동, 체류 및 교육에 들어가는 모든 비용은 초빙 국가가 부담한다는 것이고, 둘째는 교육이 끝난 청소년들은 모두 북한으로 돌아가 전후 복구 사업에 전문가로서 참여하는 것이었다. 하지만 이 프로젝트는 체계적으로 기획되고 실행되었다기보다는 즉흥적이고 임시방편적인 성격이 강했다.

600명의 고아들이 어떤 아이들이었는지 좀더 자세히 살펴보자. 우선 성별로 나누어보면 여성의 비율은 20퍼센트에 불과했다. 나이별로 보면 10살, 11살과 16살이 상대적으로 적었고, 12살에서 15살 사이의 청소년이 주를 이루었다. 그리고 600명의 아이들이 모두 전쟁고아는 아니었다. 200명의 1진 아이들 가운데 136명(66.2퍼센트)만 고아였다. 나머지 64명은 부모나 본인의 전쟁 기간 활동이나 성과를 기준으로 뽑힌 것 같다. 상당수 아이들의 건강상태는 좋지 않았다. 600명 중 144명(14퍼센트)은 동독에 도착해 병원에 입원했다. 소포자균증, 폐결핵, 말라리아에 걸린 아이들이 제일 많았다.

동독에 온 아이들은 드레스덴 근교의 네 군데 고아원에서 생활했다. 총 200명이 넘는 동독 직원 및 보육자들과 북한에서 온 13명의 선생이 고아원 청소년들을 돌봤는데, 북한 학생들의 조직은 군대 성격을 띤 조직체로

동독에서 우수한 성적을 거둔 북한 유학생들
북한 유학생들은 자연과학과 수학, 공학 등의 분야에서 뛰어났다. 이 사진은 1956년 라이프치히대학교
의 외국인 유학생 모임을 담은 것으로, 가운데가 북한 유학생 하태삼이다.

운영되었다. 북한 선생들은 학생 중 '지휘자'를 지명했고 이들이 일반 학
생들을 통제했다. 방과 후에는 아이들이 활동반으로 나뉘어서 노동규율
교육과 정치교육을 받았다. 청소년들은 첫 6개월에서 1년 동안 고아원에
서 집중적인 독일어 교육을 받은 후 일반 동독 초등학교에 편입되었다. 북
한 학생들의 성적은 전반적으로 우수했다. 고학년 학생들은 독일어와 고
전문학을 어려워해서 이 과목들은 동독 학생들과 따로 교육받았지만, 저
학년 학생들은 자연과학과 수학에 뛰어나서 독일 학생들보다 우수하기도
했다. 동독의 교육 책임자들은 전반적으로 북한 학생들이 아주 열심히 공
부를 하고, 규율이 좋아 동독 학생들에게 모범이 된다고 판단했다. 1점 만
점이고 6점 불합격인 점수체계에서 북한 학생들은 초등학교를 평균

1.98점이라는 우수한 성적으로 졸업했다.

1959년까지 동독의 초등교육제는 8년제였다. 동독의 학생들은 초등학교를 졸업하고 더 공부하지 않을 경우——학생의 80~90퍼센트가 이에 해당한다——보통 2~3년제 직업교육을 받았는데, 그들의 나이는 평균 만 14살이었다. 첫 학생들이 동독에 도착한 지 2년 반 정도 지나자 북한 학생들의 거의 절반이 직업교육을 받기 시작했다. 전체적으로 인민교육부는 북한 견습생들을 21개 도시에 있는 73개 공장에서 46개의 직업교육을 시켰다. 직종은 중기계공학, 보편적 기계공학, 화학, 제철산업, 광산업, 전기공학, 폴리그래프, 방직공업, 유리산업 등이었는데 공업 분야에 대한 집중이 확연했다. 학생들의 직업교육에 대한 발안권은 북한정부가 가지고 있었는데, 북한정부에서 학생들의 직업교육안을 제때 보낸 적이 거의 없는데다가 직업 리스트가 구체적이지 않고 포괄적이어서 동독 인민교육부의 고민이 이만저만이 아니었다. 동독의 책임자 입장에서는 북한정부가 각 직종 아래 어떤 직업이 있는지 알고나 있는지 의심스러울 지경이었다. 도중에 교육을 중단하거나 직업을 바꿔달라는 북한 측의 빈번한 요구는 이런 의심을 돋우었다. 동독 교육자들의 가장 큰 불만은 북한정부가 학생들 개인의 희망과 능력, 신체적 조건 등은 전혀 고려하지 않고 일방적으로 결정을 내린다는 것이었다. 그 때문에 동기가 부족해진 학생들이 교육을 거부하는 일도 종종 발생했다. 예를 들어 변압기 기술자로 교육받던 채군은 자기는 노래와 기타를 좋아하기 때문에 음악을 공부하고 싶다며 모든 것을 거부했다. 북한정부 입장에서는 웬 뚱딴지같은 소리냐고 하셨지만, 채군의 반응은 문제의 핵심을 찌르고 있었다.

이런 문제들이 있었음에도 견습생들의 성적 자체는 그리 불만스럽지 않았다. 오히려 그들의 성과는 과시할 만한 수준이었다. 1955년부터 참가

라이프치히대학교 기숙사의 북한 유학생들
동독 외국인 학생 가운데 가장 큰 비중을 차지했던 북한 유학생들은 무료로 기숙사를 이용할 수 있었고
매달 장학금을 받아서 생활했다.

한 연례 동독 견습생 대회에서 북한 견습생은 금메달 4개, 은메달 26개,
동메달 110개를 땄다. 숙련공 졸업시험 평균 점수는 이론이 2.34점 실습
이 2.24점이었다.

첫 견습생들이 졸업하게 되는 1957년부터 동독정부 내에서 이 젊은 숙
련공들을 전문대로 진학시켜 심화교육을 시킬지 아니면 모두 북한으로
돌려보낼지 하는 문제에 대한 토의가 시작되었다. 동독정부가 봤을 때 북
한 학생에게는 견습생과 대학생 사이의 중간층 엔지니어와 장인을 위한
간부교육이 필요했기 때문이다. 그래서 일각에서는 학생들의 교육 차원
이나 장기적인 북한의 전문가 양성을 위해 모든 교육 단계를 빈틈없이 시
행하는 것이 중요하다는 이유로 학생들의 전문대 진학을 지지했다. 반대

쪽에서는 동독이 재정적으로 지나친 부담을 지게 된다는 이유를 들었다.

1956년 600명의 북한 견습생을 위한 체류비와 교육비를 계산해본 결과 1953년에서 1961년까지 소요되는 비용만 1630만 마르크가 넘었다. 여기에 1952~56년 동안 온 357명의 북한 유학생에 대한 지출금이 추가됐다. 독일어 습득 기간을 포함해서 북한 유학생들이 평균 6년간 공부한다고 치면 — 사실은 그것보다 더 오래 걸리지만 — 총 1650만 마르크 정도가 들었다. 당시 북한 대학생은 동독 체류 외국인 대학생의 37퍼센트를 차지할 만큼 많았다. 북한 청소년과 대학생에게 드는 비용을 합하면 전체 3280만 마르크 정도의 예산이 필요한데, 동독이 모두 부담하기에는 과도하게 큰 금액이었다. 그 때문에 동독에서는 북한이 50퍼센트라도 재정을 부담할 것을 희망했다.

막상 재정문제를 거론하려고 보니 문제가 있었다. 알고 보니 동독정부는 학생들의 체류, 교육, 자격증, 의무와 권리, 귀국방법 등에 대한 공식적인 합의 문서 하나 없이 약 1000명이나 되는 북한 학생에 대한 교육과 생활을 책임지고 있었던 것이다. 그런 협약서에는 관심이 없던 북한정부는 협약을 계속 미루다가 1959년 12월에야 대학 졸업생, 대학생, 전문대생 교환에 대한 협약을 맺었다. 이 협약서에 따라 교육비는 목적 국가인 동독에서 담당하고, 파견 국가인 북한은 여비, 휴가비, 생활을 위한 장학금을 부담하기로 했다.

기나긴 논의 결과 동독은 1957년 이후 몇 년간 북한에서 새로운 유학생을 받지 않는 대신 견습생 중 두세 명을 전문대에 진학시킨다는 데 합의했다. 1961년 8월 4일 마지막 34명의 북한 숙련공들이 동독을 떠났고, 추가적으로 전문교육을 받은 2명이 1962년 6월 6일 북한으로 향함으로써 북한 고아에 대한 동독의 교육 프로그램은 막을 내렸다.

선택받은
아이들의 고민

북한 전쟁고아들이 동독에 체류하면서 뜻하지 않은 문제들도 발생했다. 여러 문제가 있었지만 제일 결정적인 문제는 이들의 인격교육이었다. 동독 보육자들은 이에 대해 북한 청소년들을 "특별한 손님에서 보통 사람"으로 바꾸는 데 실패했다는 자기비판적 평가를 내리며 이렇게 말했다. "어린이들은 수많은 기관과 단체에서 박수갈채와 선물 세례를 받았으며, 수많은 행사에 형식적으로 모습을 드러내야 했다. 북한 아이들은 가는 곳마다 중심에 서서 좋은 대접을 받았다. (…) 결국 이들은 사실 북한 인민에게 돌아가야 할 존경과 예우를 본인에 대한 개별적 존경과 예우로 믿게 되었다. 그에 따라 이들은 어떤 훌륭한 대접도 결국 받아 마땅한 것이며 당연한 것이라고 여기게 되었다."[2] 북한 학생들은 자기네끼리 폭력을 쓰면서 싸우기도 했다. 야영 프로그램 중에 침대가 없고 가마니만 내준다고 불평을 터뜨리면서 야영 참여를 거부하는 학생이 있는가 하면, 항상 새로운 신발이나 옷만 요구하고, 시설을 함부로 다루는 학생들도 있었다. 동독의 보육자들이 보기에 북한 아이들은 지금 이렇게 살 수 있는 것이 동독 사람들의 희생과 노고 덕이라는 것을 인식하지 못하는 듯했다.

동독 교육자들은 시간이 지날수록 초기에 눈에 띈 북한 학생들의 공손한 태도와 엄격한 규율이 내면에서 나오는 인격의 표현이 아니고 외면적인 것이었다고 판단했다. 이 학생들이 환경이 더 어렵고, 물질적으로도 부족한 북한에 돌아가면 어떻게 될까? 그들이 북한정부가 감당하지 못할 요구를 하거나 자기네는 더 좋은 것을 누릴 자격이 있다고 말하면 어떻게

선택받은 아이들의 고뇌
1953년 8월 2일, 이제 막 동독에 도착한 128명의 북한 유학생들을 환영하는 행사가 열렸다. 이들은 모두 라이프치히 칼마르크스대학교에 배치될 예정이었다. 아이들의 표정에 긴장한 기색이 역력하다.

될까? 동독은 잘사는데 북한은 왜 이렇게 못사냐고 물으면 어떻게 될까? 북한 아이들이 동독에서 익힌 '이기주의, 교만, 버릇없음' 등 때문에 고아원 선생들의 고민은 이만저만이 아니었다.

주동독 북한대사관에서는 동독이 소시민적 전통이 강해서 사회주의 문화가 관철되기 쉽지 않다고 여겼다. 또한 1953년 베를린 봉기, 1956년 헝가리 봉기, 그리고 당시 대두하고 있던 자본주의 진영과의 평화적 공존 문제 등을 불안한 사회적 환경의 표출로 해석했다. 따라서 그들은 북한 청소년들의 정치적인 문제를 이런 환경으로부터 생긴 악영향 때문이라고 생각했다. 또 북한 아이들 가운데 문제가 있는 경우는 부모가 남한 출신이든지 정치적으로 문제가 있는 집안 출신인 아이들에 한한다고 판단했다.

한편 북한 학생들은 처음부터 '선택'받은 아이로서 부담을 지고 있었다. 어린 나이에 해외에서 북한을 '대표'해야 하는 부담과 함께 공부를 잘해야 한다는 압박까지 받았다. 밤늦게까지 공부하는 통에 수면 부족에 시달리는 학생들도 허다했다. 게다가 그들은 전쟁과 폭력을 경험했고, 가족을 잃은 아픈 상처가 있었다. 하지만 아무도 그들이 가진 트라우마를 치료해줄 생각을 하지 않았다. 그들이 폭력성을 보이고, 자살을 시도하고, 모든 것을 거부하고, 우울증에 걸리는 것이 북한에서 전쟁기에 겪은 체험과 연관되었을 수도 있다는 것을 아무도 고려하지 않은 것이다.

이렇듯 북한 전쟁고아들은 과거의 트라우마를 극복하지도 못한 상황에서 엄청난 도전에 맞서야 했다. 굉장히 이질적인 환경에서 새로운 문화를 익히고, 새로운 언어를 배워야 했다. 동독사회에 적응하면 할수록, 동독의 문화를 익히면 익힐수록, 북한 전쟁고아들은 북한과 점점 더 멀어졌다. 그들이 12살 이후 배운 지식은 모두 독일어로 사고하고 생산된 것이었다. 그만큼 한국어로 생각하고 표현하는 것이 어려워졌다. 그들은 어디에서도 찾아볼 수 없는 '잡종'의 정체성을 형성해가고 있었는데, 이 '잡종' 정체성은 아무에게도 인정받지 못했다. 동독 교육자들은 "너희는 독일 아이가 될 수 없고 되어서도 안 돼."라고 했고, 북한 교육자들은 "너희는 조선사람이라는 것을 잊어서는 안 돼."라고 했다. 그런데 둘 사이에 있거나 둘다 아우르기 위한 인식이나 정책은 준비되어 있지 않았다.

북한 유학생들의
질풍노도

북한은 전쟁고아들처럼 대학생들을 형제국가에 유학 보내려는 계획도 가지고 있었다. 유럽 형제국가에서는 기술이나 자연과학을 공부하고, 아시아 형제국가에서는 농업이나 목축, 역사를 공부하게 했다. 총 5000여 명의 북한 대학생이 1950년대에 유학을 하게 되는데 그중 2000여 명은 소련으로 유학을 갔다. 사회주의 형제국가들의 자발적 초빙으로 해외여행에 나선 북한 전쟁고아들과는 달리 대학생 유학은 북한 측에서 먼저 나서서 형제국가들에게 문의를 했다. 동독정부는 1952년 3월에 북한으로부터 첫 비공식 문의를 받았다. 50~100명의 대학생들을 3~4년 정도 유학 보내도 되느냐는 질문이었다. 북한이 미 제국주의와 싸우고 있으니 어렵겠지만 동독에서 교육비와 체류비를 부담해주십사 했다. 이에 따라 1952년 7월 동독 고등교육 차관이 100명의 북한 유학생을 초빙하며 민족 해방을 위해 싸우는 북한을 돕겠다는 입장을 표명했고, 같은 해 10월 30일 37명의 북한 대학생들이 동베를린에 도착했다. 이때부터 1956년까지 총 357명의 북한 유학생이 동독으로 향했다. 그중 여학생의 비율이 어땠는지는 확실하지 않다. 다만 1953년까지 230명의 유학생 중 18명이 여자였던 것을 보면 전체 10퍼센트 미만이었던 것으로 추정된다. 유학생들은 고등학교 졸업생, 대학 재학생, 군인의 세 그룹에서 선발되었다.

유학생들은 거의 빈손으로 동독에 왔지만 도착 직후 새 옷을 지급받았으며(겨울 외투 1벌, 양복이나 평상복 2벌, 신발 2켤레, 속옷 2벌, 트레이닝복 1벌), 중앙 집중식 난방시설과 세면장, 욕실 등이 갖춰진 안락한

3~4인실 기숙사에서 살게 되었다. 용돈과 월정 장학금(300마르크, 1955년 이후 200마르크)도 받았다. 매일 고기 150그램, 설탕 135그램, 버터 65그램, 그리고 우유 4분의 1리터가 제공되었다. 처음 동독에 도착했을 때 폐결핵에 걸린 학생들도 있었지만 건강상태는 전반적으로 좋은 편이었다.

학생들은 첫 1~2년 동안 라이프치히대학에서 독일어를 배웠다. 이 기간에 북한 학생들은 새벽 두세 시까지 공부하며 전쟁기에 제대로 쌓지 못한 고등학교 지식을 보충하기도 했다. 어학 연수 이후 학생들은 각 대학에 가게 되는데, 학생들의 전공은 북한정부에서 정해서 동독 고등교육 차관에게 전달했다. 전공은 주로 기계, 조선, 전기 등 공학 분야와 의학, 화학이었다. 독문학이나 철학처럼 인문학을 전공한 학생은 극소수였다. 자연히 견습생의 직업교육 선택 때처럼 학생들이 전공을 바꾸든가, 학업 기간이 전체적으로 늦어진다든가 하는 상황이 비일비재했다. 학생들의 성적은 우수하지 않았고 많은 경우 심각했다. 무엇보다 언어가 제일 큰 장애였고, 그다음으로는 수학과 물리학에 대한 지식이 부족했다. 물론 개중에는 공부한 만큼 성적을 내는 뛰어난 학생들이 있었지만 전반적으로는 유학 교육 체제에 문제가 많았다. 1958년 북한정부는 새로운 대학생을 파견하는 것보다 이미 대학교육을 받은 간부를 동독에 연수 보내는 게 낫겠다고 생각했다. 대학교육이 7~8년 걸리는 반면 연수는 4년이면 될 것 같았기 때문이다.

동독 당국자들은 북한 유학생들의 학습 능력보다 그들의 태도와 생활이 더 문제라고 여겼는데, 크게 네 가지를 지적했다. 첫째, 북한 유학생은 동독 학생과 교수를 불신하고 인간적인 관계를 형성하지 않는다고 했다. 정치교육에서는 문제가 더 많았는데, 북한 학생들은 동독 대학생과 같이 공부하는 것을 아예 거부하기도 했다. 미 제국주의를 상대로 싸운 경험이 있는 그들이 나치체제하에 있었던 동독인들보다 정치적 경험이 훨씬 더 뛰어나다고 여겼기 때문이다. 둘째, 북한 학생들은 건강을 제대로 챙기지 않는다고 했다. 특히 폐결핵이 자주 발생했는데 북한 학생들은 병에 걸려도 신고를 미루어 병이 악화되도록 방치하고, 병가 후에도 푹 쉬지 않고 막바로 공부해서 건강을 해롭게 한다는 것이다. 이에 대해 북한 유학생회에서는 학생이 병들면 죄인 취급하기 때문에 어쩔 수 없다고 항변했다. 셋째, 북한 유학생들은 전반적으로 매우 건방지고 교만하다고 지적했다. 독일 동료들에게만이 아니라 대학교 부총장에게도 예의를 갖추지 않는다는 것이다. 넷째, 북한 유학생들은 낭비하면서 퇴폐적인 생활을 한다고 했다. 사진기, 라디오, 시계 또는 비싼 가죽장갑을 구입하는 데 돈을 쓰기 일쑤이며 전화 통화를 지나치게 많이 하고 자주 여행을 한다는 것이다.

—

"사랑은
경계를 넘는다"

1957년부터 북한정부는 학업이 끝나지 않은 고아들과 대학생들을 대대적으로 소환하기 시작했다. 고아들의 경우 1957년 10월에 직업교육을 시작한 지 3개월이 채 안 되는 70명의 견습생과 24명의 전문교육생들까지 한 번에 조기 소환했다. 대학생들은 1959년에 40명을 조기 소환했다. 건강문제나 부족한 성적 또는 임신 때문에 학생들이 개별 소환되는 경우는 있었지만 이렇게 집단적으로 소환되는 경우는 없었다. 그 이유는 동독으로 간 첫 고아들이 교육을 마치고 온 후 북한정부가 두 가지 문제에 대면했기 때문이다. 하나는 '퇴폐적 유럽' 생활이고 다른 하나는 노동자계급에 반하는 사상이었다.

1959년 여름 북한정부는 고아와 대학생들의 정치적 문제를 매우 심각하게 판단했다. 우선 동구에 있는 모든 유학생을 일시적으로 귀국시켜 북한에서 이들 개개인을 조사한 후 정치사상교육을 시킨 뒤 다시 파견하는 사업을 진행했다. 동독에서는 모든 유학생이 소환되지는 않았지만 90명의 유학생이 일시적으로 귀국했다. 그중 22명이 동독으로 다시 돌아오지 못했다. 같은 시기 10명의 견습생이 교육 프로그램 참여란 명분으로 북한에 귀국했다가 그중 7명만 동독으로 돌아왔다. 이 프로그램에서 돌아온 학생들의 얘기를 들어보면, 50일 중 3일만 가족과 함께 보냈고 나머지 시간은 정치사상 교육을 받았다고 한다. 이들은 한 명씩 조사를 받았는데, 길게는 12시간이 넘는 경우도 있었다. 북한에 돌아간 학생들은 북한의 환경과 생활수준을 보고 매우 실망했고 동독에 남은 학생들은 친구들이 소환되는 것을 보고 자기도 소환될까봐 공포와 불안에 휩싸였다.

바로 그해인 1959년 11명의 학생이 서베를린을 통해 서독으로 탈출하는 사건이 발생했다. 서독으로 망명한 북한 고아와 유학생만 20명이 넘는다.[3] 이로써 북한정부와 대사관의 정치사상 교육이 효과가 없다는 것이 증명되었다. 이는 소환 조치의 역작용이기도 했다. 학업을 마치지 못하고 소환된다는 것은 학생들에게 치욕적인 일이었다. 그 때문에 소환당할 위험이 있다고 생각한 학생들은 탈출을 선택할 수도 있었다. 실제로 동독정부는 탈출자 가운데 학업성과가 낮거나 정치활동이 적고 공동체 활동을 꺼리는 학생들이 많다고 보고했다. 북한대사관에서는 북한 남자들의 탈출에 동독 여자들이 연루되어 있는 것 같다는 의견을 내기도 했다.

북한 학생들의 탈출을 막고 정치사상 교육을 강화하기 위해 북한정부

이루어질 수 없는 사랑, 한독연인
발트 해 우제돔 휴양지에서 동독 여성들과 함께 찍은 북한 유학생의 사진이다. 북한에서 유학 온 남학생들은 이국적인 이미지로 동독 여성들에게 상당한 인기를 끌었다.

는 우선 1957년에 참사관을 한 명 파견했다. 또한 북한 청소년과 대학생들의 베를린 출입을 금하고, 직업교육도 서독과 최소 40킬로미터 정도 거리를 둔 도시에서만 가능하게 했다. 한편 정치교육을 위해 '에른스트 텔만'과 '자유독일청년단' 회원이었던 북한 청소년을 모두 모아 별개의 정치단체로 조직하고 조직 내에서 서로에 대한 감시를 강화했다. 그러나 북한 고아와 유학생들은 40개가 넘는 도시에 흩어져 살았기 때문에 통제에는 한계가 있었다. 동독 담당자는 동독을 떠나고 싶은 사람은 무슨 수를 쓰든 탈출할 방법을 찾을 거라고 했다. 사실 동독정부도 1961년 8월에 베를린장벽을 만들고 나서야 동독 주민들의 '공화국 탈출'을 어느정도 막을 수 있었다.

정치적인 문제를 떠나 북한 학생들과 동독 학생들 사이에 아름답고 깊은 우정이 생기기도 했다. 대표적인 예가 '한독연인'들이다. 그들은 서로 사귀고 사랑하면서, 아이도 낳고 결혼도 했다. 1955년에 처음으로 한독연인 사이에서 아이가 태어났을 때, 동독정부는 이들이 다른 북한 유학생들에게 본보기가 될까 우려했다. 그래서 가족을 돌보다보면 학업에 집중하기 어렵다는 이유를 들어 한독연인들의 혼인신고를 쉽게 허락하지 않았다. 이에 대해 북한 대표 탁동무는 "사랑은 경계를 넘는다."라는 발언을 남겼다.

1950년대 말 1960년대 초 학업을 마친 북한 유학생들이 고국으로 돌아갈 때가 되자 북한정부에서도 문제의 심각성을 알았다. 연인들은 동독에 좀더 체류하거나 영주하기를 원했다. 그렇지만 이는 양국 정부의 정책상 허락되지 않았다. 결국 그들에게 선택은 두 가지뿐이었다. 둘 다 서베를린 서독으로 탈출하든지, 북한으로 가서 사는 것이었다. 참혹하게도 현실은 이들을 이산가족으로 만들었다. 대부분의 독일 여성들은 남편이나 연인을 따라 북한에 갈 수가 없었던데다가, 간간이 이어지던 편지 교환마저도 1963년 이후 북한에서 중단했기 때문이다.

남편을 따라 북한으로 간 동독 부인들은 약 10명 정도였다. 그 당시 체코, 폴란드, 불가리아 등 다른 동유럽에서 북한 유학생을 따라온 부인들도 나라별로 3~7명씩 있었다. 소련 여성은 1962년까지 400명이 등록됐을 정도로 많았다. 하지만 동독 부인들의 북한 생활은 쉽지 않았다. 우선 북한 당국이 동독에서의 결혼을 인정하지 않았다. 북한에서 다시 결혼 사실을 등록해야 했는데, 그 절차가 매우 까다로웠다. 또 외국 여자와 결혼한 남자들은 당원이 될 수가 없었고, 가족들은 평양에 거주하기가 힘들었다. 발령받아 간 청진, 함흥, 원산 등 지방은 당연히 평양보다 생활조건이 좋지 않았다. 외국인과의 접촉으로 피해를 입을 것을 우려해 이웃들이 관계를 꺼려했기 때문에 '한독가족'은 고립되었다. 아이들의 건강 및 출산 문제, 학위논문을 위한 연구 등으로 동독 부인들이 잠깐 동독에 들어갈 기회가 있었는데, 그들 대부분은 북한으로의 재입국 허가를 받지 못했다. 결국 이들은 이산가족이 되었다.

1962년 알바니아를 제외한 모든 동구권 유학생들은 갑작스럽게 북한으로 소환되었다. 1962년 9월 주동독 북한대사관에서는 북한이 충분한 발전을 이룩해 이제 외국에 유학하던 학생들을 북한에서 교육시킬 수 있게 되었다고 설명했다. 앞으로는 북한에서 교육시킬 수 없는 분야에만 유학생을 파견하겠다는 입장이었다.

그렇다면 귀국한 고아들과 유학생들은 어떻게 살았을까? 이들은 우선 수용소에 집단 수용되어 40일간 정치사상 교육을 받았고 혹독한 자아비판을 해야 했다. 핵심은 사회주의 형제국가에서 전염된 수정주의 바이러스를 말살시키는 것이었다. 의복이나 개인 소유물뿐 아니라 교과서와 학업 자료도 모두 반납해야 했다. 교육 후에는 직장에 투입되었는데 전공 분야가 아닌 곳도 많았다. 귀국 유학생들은 유학생끼리는 물론 동독 친구들과의 관계를 유지할 수도 없었다. 동독대사관과도 접촉이 금지되어 있었다. 폴란드나 체코 등 다른 동구 국가에서 돌아온 학생들도 마찬가지였다. 한 체코 외교관이 "만약에 체코에서 공부하고 교육받은 젊은이들이 모두 이런 대우를 받는다면 교육을 위해 우리가 투자한 돈은 창밖에 던지는 것이나 마찬가지다."라고 한탄할 정도였다. 동독 외무부 보고서에는 더 극단적인 예도 있다. 고아들을 지도하는 선생으로 동독에 갔던 심선생은 고아원의 독일 여직원과 사랑에 빠져 함께 서독으로 탈출했다가 다시 동독으로 돌아왔다. 이후 그는 북한으로 소환되어 감옥살이를 했고, 출옥 후 사회에서 부정적 활동을 했다는 이유로 다시 체포되어 결국 사형선고를 받게 되었다. 이는 물론 극단적인 예일 뿐 귀국한 유학생 가운데 북한에서 출세한 사람도 있었다. 그들은 대개 통역자로 일하거나 김일성대학 교수가 되거나 주동독 북한대사관에 참사관 또는 대사로 파견되었다.

북한 내부로
밀려드는 세계

북한이 1950년대에 겪은 지구화는 약 4만 명의 고아, 대학생, 노동자가 세계로 나가 직업교육과 대학교육을 받고 노동을 하는 것 이상이었다. 같은 시기 세계는 물밀듯이 북한으로 들어오고 있었다. 그 형태는 사람, 물품, 자본 등 다양했다. 한국전쟁 발발 후 사회주의 국가에서 산발적으로 이루어지던 북한에 대한 연대활동과 지원사업은 1953년 9월 소련에 의해 체계화되었다.4 그 결과 전체 원조의 33.3퍼센트를 소련이, 29.4퍼센트를 중국이, 그외 37.3퍼센트는 사회주의 인민공화국들이 분담했다. 동독은 1억 2270만 루블을 지출함으로써 전체 원조액의 7.3퍼센트를 부담했다. 1955년 북한의 전체 소득에서 해외 원조가 차지하는 비율은 27.6퍼센트에 달했다. 1954~56년 전체 투자액의 약 40퍼센트가 중공업에 투입되었다. 그 결과 1950년대 북한 경제의 연평균 성장률이 30퍼센트를 웃돌았고, 북한은 1961년까지 달성하기로 설정했던 5개년 계획을 한 해 빠른 1960년에 달성했다.5 북한 주민들은 이 집중적 교류를 어떻게 경험했는지 동독의 함흥작업단을 통해 살펴보자.

1955년 2월 17일 동독정부는 1955~64년에 걸친 함흥 재건 작업에 대한 원조를 결정했다. 현지에서의 재건 작업은 독일작업단Deutsche Arbeitsgruppe

에 의해 수행되었다. 이 작업단에는 도시계획 전문가, 건축가, 기술자 및 수공업자 들이 속해 있었다. 예정보다 이른 1962년에 종료된 이 프로젝트에는 총 457명의 인원이 투입되었다. 이들은 평균 약 1년간 현장에 체류했다. 함흥프로젝트에 투자된 자본은 총 1억 1800만 마르크에 달했다.[6]

초기 독일작업단은 북한에 적응하는 데 어려움을 겪었다. 함흥프로젝트의 첫해인 1955년에는 독일작업단 소속 파견 인원의 40퍼센트가 "정치적, 업무적, 도덕적 기대에 미치지 못한다."는 이유로 6개월을 채우지 못하고 돌아갔다. 그러나 북한에서의 근무는 많은 동독 참가자들의 인생에서 가장 큰 모험이었다. 아직 젊은 전문가들이었던 그들에게 북한은 자신의 성숙도를 시험하는 장이기도 했다. 그중 몇몇의 사진첩을 보면 동독인들이 당시로서는 극히 드물었던 오토바이 여행을 하고, 사냥을 즐겼으며, 외국에서 구입한 식료품과 통조림 등을 가지고 해변에서 피크닉을 하거나 수영했던 사실이 확인되기도 한다. 이들은 또 예전의 선교사들처럼 자체 숙박시설을 가지고 있었으며, 넓은 정원과 분수를 구비한 주택을 보유하는 등 특권적 세계를 창출하기도 했다.

공식적인 보고서들에서는 북한 사람들과의 협력이 대부분 긍정적이었다고 평가되었다. 그러나 동독인들의 소명의식과 오만이 협력관계에 부정적인 영향을 끼치기도 했다. 일부 동독 전문가들이 북한과 북한인을 비하하는 시각을 가졌음은 동독 측 보고서에 분명히 나타나 있다. "현재의 어려운 상황을 근거로 북한 인민의 힘을 과소평가할 위험이 존재한다. 다른 전문가 집단이나 대사관 대표들과의 대화에서 가끔 이러한 성향을 확인할 수 있다." 동독이 북한보다 문화적으로 우월하다고 느끼는 감정은 종종 북한인들이 외국인에게 가지는 이미지를 통해 확인되기도 한다. 동독 수상 오토 그로테볼Otto Grotewohl의 북한 방문을 계기로 전달된 북한 어린이들의 편지에서, 국가의 근대화라는 개념 자체가 서양의 사례를 통해 북한에 전달되었을 뿐 아니라, 근대화가 지향하는 바 역시 서양의 사례를 따르고 있음을 확인할 수 있다. "우리는 우리 조국을 세계 수준으로 끌어올리기 위해, 당신들 문화가 가진 광범위한 지식을 적용하는 방법을 배우고 싶습니다."[7]

"이 독일인은
히틀러의 어조로 이야기한다"

독일작업단 대표는 협력관계에서 긴장이 많이 조성됐던 2차연도를 "한국 동지들과의 협력은 진정으로 우월감이나 명령 없이 작업할 때만이 성공적이다."라고 요약했다. 독일작업단이 초기 단계에서 마주한 가장 큰 문제는 이 광범위한 과업이 지닌 전체 맥락을 인식하는 기관이 아무 데도 없었다는 점이었다. 독일작업단이 재건을 맡은 함흥과 흥남은 약 35만 명의 주민이 사는 완전히 다른 성격을 지닌 도시였다. 1957년 2월까지 독일작업단과 북한 중앙행정부의 간부로 구성된 자문기관은 성립되지 않았다. 이 때문에 계획 단계에서부터 의견 차이가 두드러졌다. 동독의 파견 기술자들은 1955~58년까지 '주택 건설'에 중점을 둔 반면, 북한의 부수상이었던 김일은 주택보다 산업설비를 우선 건설하기로 한 당 중앙위원회의 결의가 제대로 시행되지 않고 있다며 불만을 제기했다.

그러나 동독 전문가들도 구체적인 건설 계획 수립 과정에서는 북한의 문화적인 조건에 적응하려고 노력했다. 재료 부족 등을 고려해 진흙벽돌 집을 지었고, 다층 건물에도 전통적인 온돌 시스템을 넣었다. 공원 기획에는 그들이 생각한 '동양'적 요소가 더해졌다.

그렇지만 무엇보다 북한에 모범적인 사회주의 도시를 건설하는 것이 중요했다. 같은 시기 동독에서 모범적인 사회주의 도시에 대한 토론이 진행 중이었고 함흥에서도 같은 논쟁이 벌어졌다. 중앙광장의 형태에 관한 것이 논쟁의 핵심이었다. 함흥프로젝트의 도시설계 책임자였던 콘라트 퓌셀Konrad Püschel은 자신의 설계를 베를린의 스탈린 대로와 알렉산더 광장과 비교했다. 그는 중심대로와 광장이 권력의 표상이자 '대중공연의 무대'로서의 기능을 가진다고 생각했다. 그의 후임자인 카를 좀머러Karl Sommerer는 게라Gera시를 재건했던 경험을 바탕으로 중앙광장이 행정 중심지가 아니라 문화와 쇼핑의 중심지가 되어야 한다고 주장했다. 그에게 중앙광장에서의 '권력의 과시'는 옳지 않았다. 이렇듯 '우아한' 토론에 북한인들은 자기 나름의 '엉뚱한' 행동으로 찬물을 끼얹었다. 북한인들의 이러한 '방해'는 동독 기술자의 계획과는 완전히 달랐다. 동독 전문가들은 이러한 현상의 근원이 북한인들의 전문지식 부족, 무계획성, 전체 계획에 대한 몰이해에 있다고 해석했다.

실제로 잠시 동독을 방문했다가 돌아온 좀머러는 그가 모르는 사이에 주거지역으로 설정되었던 공간 25헥타르가 지역 경제시설 공간으로 변경되었다는 사실을 알았다. 좀머러는 "이는 뻔뻔스러운 방법이며, 주거지역을 엉망진창으로 만들었다!"라고 논평했다. 그러면서도 "내가 여기서 도시설계를 책임지는 한 어떤 경우에도 투쟁을 포기하지 않을 것이며, 일들이 제대로 진행될 수 있도록 항상 노력할 것이다."[8]라며 의지를 다졌다. 카를 좀머러는 도시 건설 프로젝트에서 자신의 계획을 관철하는 것을 '일들'을 '제대로' 진행하도록 하는 하나의 '투쟁'으로 이해했다. 이 같은 무오류성과 투쟁의 수사학은 전통적인 유럽 중심적 식민주의의 기본 관점

함흥 정성거리
동독의 도시 설계자들은 북한에 모범적인 사회주의 도시를 건설하고자 노력했다. 정성거리는 본래 독일 민주공화국 초대 대통령의 이름을 따 빌헬름피크거리라고 불렸으나 이후 지금의 명칭으로 바뀌었다.

을 대변하는 것이며, 동시에 그가 협조의 필요성을 제대로 인식하지 못하고 있음을 보여준다. 북한 사람들은 이런 형태의 논쟁에서 자기들이 무시당한다고 생각할 때 "이 독일인은 히틀러 파시스트의 어조로 이야기한다."라며 불만을 표현했다. 이는 동독인들에게 심각한 상처가 되는 말이었다.

동독 기술자들의 태도에는 그들 특유의 직업윤리와 독일 전통으로 자리 잡은 "독일적인 품질 노동"에 대한 자부심이 결부되어 있었다. 재건 원조를 위해 동독에서 파견된 기술자들은 북한인들의 노동속도나 열성에 놀라고 경탄했지만, 다른 한편으로는 빠른 속도가 노동의 질 저하로 이어져서는 안 된다고 요구했다. 동독에서 북한 견습생들이 "정밀하고, 깔끔하며, 정확한 노동 수행"을 교육받았던 것처럼, 현지 북한인들도 마찬가지 지시를 받았다. 수도관을 책임졌던 볼프강 뤼프케는 북한에서 작업할 때 실수를 허용하지 않았다. 그가 북한인들이 '정확하게' 일할 수 있도록 교육시킨 것은 '전문가'로서 자신이 실패할지도 모른다는 두려움과 긴밀히 연결되어 있었다. 뤼프케는 자신이 북한인들의 기대에 부응해야 하며, 그들로부터 인정받아야 비로소 본인이 진정한 전문가로 행세할 수 있다고 느꼈다. 그의 표현대로 그가 만약 실수를 저지른다면, 그는 전문가로서 "영원히 끝장날 것"이었다. 아마도 이러한 두려움은 뤼프케 자신이 다른 동료들과 마찬가지로 학업을 마친 지 몇 년 되지 않아 북한으로 파견되었기 때문에, 즉 본인 스스로 고백하듯 "전문가로부터는 거리가 멀었기" 때문에 생겨났을 것이다. 이처럼 외부의 인식과 자의식 사이에 존재하는 모순은 언제나 그 스스로 타협해야 할 대상으로 여겨졌다.

"독일 노동자의 명성을 외국에서도 드높이고 심화시킨다."는 선전 문구에서처럼 "독일적인 품질 노동"에 대한 자부심은 민족주의와도 연관되어 있다. 그들은 "깔끔한 구조, 색깔의 구성 및 규칙을 통해서 독일이 원조했다는 것을 알아볼 수 있다."면 그 작업은 성공한 것이라고 여겼다.

—

1950년대 지구화 충격이
남긴 것들

1950년대 북한정부는 여러 목적을 가지고 약 2만 4000명의 고아, 5000명의 유학생, (이 글에서 언급하지는 않았지만) 7837명의 노동자를 사회주의 형제국가로 보냈다. 동시에 사회주의 형제국가에서 3675명의 자문가와 전문가, 기술자 들이 북한에 들어왔다. 사람과 함께 엄청난 양의 자금과 물품도 오고갔다. 모두 넓게는 사회주의 진영을 공고화하기 위한 수단들이었고, 좁게는 북한의 전후 복구를 위한 연대활동이었다. 북한정부는 이 예외적 기회를 자기 이해를 위해 적극적으로 이용하려 했다.

냉전 초기 사회주의 진영은 북한 사례에서 볼 수 있듯이 체계적인 지구화를 추구하고 있었다. 하지만 전체 사회주의 진영을 아우르는 지구화 전략은 오래 가지 못하고 1962년 사회주의 내부의 분열에 의해 종말을 맞게 되었다. 북한의 경우 주체성을 부각시키면서 폐쇄적인 현상이 나타나기 시작했다. 그것이 외부와의 완전한 단절로 이어지지는 않았지만 말이다. 북한은 1960년대 이후에도 동구와 관계를 유지하고 1970년대에는 무역 관계를 강화했다. 하지만 1950년대의 집중도에는 다시 도달하지 못했다. 흔히들 그 원인을 외부적으로는 중소 갈등, 탈스탈린화, 자본주의 진영과의 평화적 공존에 대한 입장 차이 등에서, 내부적으로는 1956년 김일성 반대파에 대한 대대적 숙청, 개인 숭배와 주체사상의 등장 등에서 찾는다.

북한이 1950년대에 이룬 성장을 기반으로 원조라는 종속적 형태 대신 상호 대등한 차원의 교류를 추구했다고 볼 수도 있을 것이다.

하지만 다른 해석도 가능하다. 어쩌면 10년 동안 겪은 사회주의 지구화의 경험이 이러한 북한의 선택을 뒷받침한 게 아니었을까? 고아와 유학생의 사례에서 발견되는 동구 사회주의 인민공화국에서의 생활은 북한정부에 크나큰 도전으로 다가왔다. 학생들은 '퇴폐'적이고 '타락'적인 생활을 즐겼을 뿐 아니라 정치적으로도 걷잡을 수 없을 정도로 '일탈'했던 것이다. 북한 당국은 이들을 모두 소환해 재교육시키고, 학생들을 더이상 이런 환경에 노출시킬 수 없다는 결론을 냈다. 북한 주민들은 북한에 온 동독 기술자들의 가부장적이고, 독단적이며, 북한인을 무시하는 태도를 용납할 수 없었다. 그들은 사회주의 형제관계에서 동구 사람이 형, 북한 사람이 아우로 설정되는 것을 거부했다. 일상생활에서의 이런 경험은 정치라는 큰 영역에서도 유사하게 반영되었다. 연대활동과 원조로 나타나는 사회주의 가부장성은 북한이 사상, 정치, 경제 협력 면에서 다른 사회주의 강대국과 거리를 두게 되는 결과를 가져왔다.

1950년대 사회주의 진영 내에서의 지구화는 사회주의 코스모폴리탄을 형성할 수 있는 절호의 기회였는데, 북한은 왜 여기에 실패했을까? 북한 정부는 약자이면서도 당당한 면이 있었다. 형제국가에 의존적이면서도 상대의 희생을 당연하게 요구하는 뻔뻔함이 있었다. 이런 태도에는 겸손과 오만 사이에서 균형을 잡는 기술이 요구되었다. 하지만 상대방이 그 희생을 버거워하기 시작하면 이 관계는 상대에게 부담으로 작용한다. 부담은 '접촉지대'에서의 연대를 권력관계로 바꾸고, 쌍방의 관계에 내재했던 비균등성이 표면으로 나타나게 한다. 이는 종속성의 위험을 암시하기도 했다. 한편 북한정부는 선진과 후진의 잣대를 인지했고, 이것이 같은 이념

을 추구하는 나라 사이에도 존재한다는 것을 알았지만 문화적 차이에 대
해서는 충분히 고려하지 않았다. 북한정부가 학생들의 개인적 욕망을 존
중하지 않은 것도 문제지만, 문화 간 접촉에서 발생하는 예측 불가능한 공
간 형성에 대해 고민하지 않았던 것도 큰 문제였다. 게다가 따라잡기식 근
대화 추구는 '일탈'과 '오류'를 용납할 여유를 갖지 못하게 했다. 다른 문
화를 받아들인 북한 고아와 유학생들이 집단적 의심을 받게 되었던 것도
바로 그 때문이다. 발전에 대한 환상과 정치이념, 타 문화와의 관계 사이
에 발생한 긴장과 갈등을 겪으면서 유연성보다는 경직성으로 지구화에
대응했던 북한정부는 오늘날까지도 1950년대 지구화의 충격에서 벗어나
지 못하고 있는지도 모른다.

일본: 빈곤에서 벗어나다
중국: 자력갱생의 노선

강진아

1950

일본: 빈곤에서 벗어나다

GHQ혁명 이후의
일본사회

1950년대 일본의 경험은 전후 처리의 종결과 냉전의 본격화, 고도성장의 시작으로 요약할 수 있다. 1945년 9월 2일 일본은 도쿄 만에 정박한 미 전함 미주리호에서 항복문서에 서명했다. 이때부터 시작된 연합군총사령부GHQ, 사실상 미군의 일본 점령은 1952년 4월까지 약 7년간 지속되었다. 이 기간 동안 일본의 전시체제를 혁신하기 위해 미군이 실시한 일련의 개혁을 GHQ혁명이라고 한다. 주둔군 총사령관 맥아더의 지휘 아래 전개된 GHQ혁명은 밖으로부터의 혁명이자 강요된 혁신이었으나, 전후 일본 사회를 대폭 개조함으로써 일본 민주주의 발전과 경제발전에 큰 자극을 주었다. GHQ는 사상경찰을 없애고, 정치범을 석방했으며, 전황에 관한 자유토론을 천명했다. 또 민주화에 관한 5대 개혁으로 부인婦人의 해방, 노동조합의 결성, 학교 교육의 민주화, 비밀심문 사법제도의 철폐, 경제기구의 민주화를 가져왔다(1945년 10월).

야스쿠니신사에 파견된 GHQ
제2차 세계대전이 끝난 후 GHQ는 일본 군국주의의 상징이었던 야스쿠니신사의 철폐를 검토하였으나,
결국 신중론으로 기울어 존속시켰다.

경제개혁에서는 농지개혁이 중요했다. GHQ는 토지를 소작인에게 싼
값에 불하해주었다. 이로써 1941년 전체 농지의 46퍼센트를 차지하던 소
작지는 1950년에 9.9퍼센트로 격감했다. 자기 땅을 가지게 된 농민의 근
로 의욕이 상승했고, 농업생산성과 농민 소득이 증가했다. 농촌 인구의 구
매력 상승은 내수 확대를 촉진해, 1950~60년대에 걸쳐 농촌에 세탁기, 냉
장고, TV 등 가전제품이 보급되고 제조업이 성장하는 동력이 되었다.

한편 GHQ는 역사상 처음으로 조합결성권, 단체교섭권, 쟁의권 등 노
동3권을 일본 노동자에게 보장해주었다. 반면 전쟁 수행에 협조했던 미
쓰이三井, 미쓰비시三菱를 비롯한 재벌은 해체시켰다. 재벌 가족은 경영에
서 퇴진해야 했고 대기업은 100~200여 개의 회사로 분할되었다. 재계를
장악하고 있던 구舊 재벌이 해체됨으로서 각 부문의 진입 장벽이 낮아져

소니, 혼다 등 새로운 혁신기업이 성장할 수 있는 공간이 창출되었다.

개혁의 하이라이트는 제국헌법의 폐기와 일본국헌법의 제정이었다. GHQ가 초안을 만들어 일본에 '강요'한 이 헌법의 가장 큰 특징은 상징천황제(제1조)와 전쟁 방기(제9조)이다. 종전 즈음 미국의 여론조사에서는 천황의 처벌을 바라는 여론이 70퍼센트 이상이었으나, 일본 여론은 80퍼센트 이상이 천황제를 지지했다. 일본 정치계는 천황제를 유지해 '국체'를 보호하기 위해서는 앞으로 군대를 가지지 말고 전쟁을 방기하라는 GHQ의 요구를 받아들일 수밖에 없다고 생각했다.

연이은 정치적 혁신과 달리 전후 경제 회복은 만만치 않았다. 일본 애니메이션 영화 「반딧불이의 묘」가 묘사하듯이, 전후 일본사회는 물자와 식량 부족으로 만성적 기근에 시달리고 있었다. 1934~36년의 식료품 소비 수준을 100으로 설정했을 때, 1946년은 그 절반인 51에 불과했고, 1950년에 가서도 74로 전전^{戰前} 수준을 회복하지 못했다. 생산설비 자체는 전전 최고 수준이었던 1937년의 80퍼센트 정도로 꽤 살아남았으나, 전쟁동원체제의 생산설비를 민간 소비를 위한 평시경제로 전환하는 과정이 쉽지 않았다. 더구나 타이완, 한반도, 만주 등 해외로부터 500만 명 이상의 일본인이 귀환함으로써 갑자기 인구가 늘었으나, 생산 회복은 더뎠고 물자 공급은 부족했다. 결국 악성 인플레이션이 나타났고 암시장이 횡행했다. 1945년 물가지수와 비교해, 1947년의 물가지수는 13배, 1949년은 59배, 1950년은 무려 70배나 뛰어올랐다. 일본 경제의 재건을 위해 물가를 잡는 것이 무엇보다 중요하다고 판단한 GHQ는 1949년부터 재성고문 조지프 도지^{Joseph Dodge}가 제시한 경제안정 9원칙에 근거해, 초균형 예산과 1달러를 360엔에 고정하는 단일환율제도 실시를 골자로 한 강력한 디플레이션 조치에 돌입했다(도지라인^{Dodge Line}). 그러한 노력으로 인플레이션은

잡혔지만, 일본 경제는 심각한 불황에 빠졌다. 중소기업이 도산하고 실업이 크게 증가했다. 국가 부문에서도 27만 명의 공무원이 해임되었고, 국철國鐵 직원 60만 명 중에 10만 명이 해고되었다. 1950년을 한 해 앞둔 1949년은 일본사회가 바닥을 경험한 때였다. 그리고 기적처럼 한국전쟁이 찾아왔다.

—

한국전쟁의 영향

1950년 6월 25일 북한의 침공으로 한국전쟁이 발발했다. 1949년 10월 1일 중국공산당 지도자 마오쩌둥毛澤東이 베이징 톈안먼天安門 광장에서 중화인민공화국의 성립을 선언하며 중국혁명의 성공을 전세계에 알린 지 아홉 달 만의 일이었다. 동북지역에서 중국공산당과 함께 항일무장투쟁을 하면서 동고동락했던 조선노동당의 입장에서는 중국혁명이 끝나면 이번에는 우리 차례라는 의식이 있었다. 그러나 한국전쟁은 중국혁명에 이은 조선혁명의 성공이 아니라, 동족상잔의 처절한 내전을 가져왔다. 미국과 중국의 참전으로 전쟁이 국제전으로 비화하면서 향후 40년간 세계를 성격 짓는 냉전의 시작 버튼을 눌렀고, 각국의 진로를 비튼 세계사적 사건이 되었다

냉전의 기미는 1946년 영국 수상 처칠Winston L. S. Churchill이 유명한 '철의 장막'에 비유해 소련을 비난한 때로 소급된다. 1947년 미국 주도의 유럽경제부흥계획인 마셜플랜에 소련과 동유럽이 참가하기를 거부하면서 동서 분열은 가시화되었다. 1948년 10월 국무성 정책기획부장 조지 케넌 George F. Kennon 은 「일본에 대한 미국의 정책에 대한 권고」NSC 13-2라는

1955년 일본의 거리 풍경
일본의 고도성장에 조선특수가 미친 영향력이 상당했던 것은 사실이지만 일본 경제의 부활을 오직 한국전쟁이 가져온 행운이라고 해석할 수는 없다. 일본은 탄탄한 사회·경제적 기반을 토대로 1955년에 이미 1인당 GDP가 전전 수준을 넘어섰다.

20면의 짧은 문서를 작성해, 향후 미국은 일본이 스스로의 안전을 보장하고(일본의 재무장) 경제를 부흥할 수 있도록 돕고, 일본을 아시아 지역에서 공산주의가 확대되는 것을 막는 교두보로 사용해야 한다고 주장했다. 그는 미국이 일본의 전후 경제 부흥을 돕는 것을 아시아 지역의 마셜플랜으로 보았다. 이러한 그의 주장이 미국의 대일 전략으로 굳어지게 한 계기가 바로 한국전쟁이었다.

　한국전쟁의 발발은 바닥을 치던 일본 경제를 즉각적으로 소생시켰다. 이른바 '조선특수朝鮮特需'이다. 일본은 미군의 군수품을 조달하는 배후기지가 되었다. 생산이 크게 늘고 막대한 달러가 굴러들어왔다. 1949년 일본 경제는 과도한 긴축을 감행한 도지라인으로 수요 부족에 시달리고 있었다. 그러나 일본에 기지를 둔 미군이 군수물자와 서비스를 현지에서 대량 발주하자 생산설비를 풀가동해도 모자란 지경이 되었다. 1950~53년의 전쟁 기간 동안 매년 3억~4억 달러의 조선특수가 쇄도했으며, 이 기간 동안 미국이 일본에서 소비한 돈은 총 30억 달러에 이른다. 1951년 일본의 대외수출 총액이 13억 5000만 달러였음을 감안하면 조선특수가 얼마나 큰 규모였는지 알 수 있다.

그러나 일본 경제의 부활을 오로지 한국전쟁이 가져온 요행으로 보는 것은 편협한 시각이다. 한 추계에 따르면 1951년 일본의 경제성장률은 12퍼센트였는데, 조선특수가 없었다면 4.9~9.4퍼센트에 머물렀을 것이라고 한다. 조선특수의 영향력이 남달랐던 것은 부정할 수 없는 사실이지만, 조선특수가 없을 때의 성장률도 결코 낮지 않다. 한국전쟁이 없었더라도 일본 경제는 1949년의 고통스러운 구조조정을 기점으로 점차 회복되었을 것이라는 말이다. 전후 일본 경제를 평가함에 있어서 전전 일본사회의 높은 성취와 발전 잠재력을 객관적으로 바라볼 필요가 있다. 일본은 19세기 말부터 줄곧 세계 10위 안에 드는 상당한 경제 규모를 가지고 있었다. 인구 또한 세계 10위의 대국으로 내수시장 역시 컸다.* 축적된 과학과 문화의 수준도 높았다. 그렇기 때문에 일본은 전후의 폐허 속에서도 각 분야에서 높은 경쟁력을 과시했다. 수영에서 세계 신기록을 내고(1947년 후루하시 히로노신古橋廣之進의 400미터 자유형), 노벨 물리학상 수상자를

---

* 앵거스 매디슨(Angus Maddison)의 세계 각국의 구매력 기준 국내총생산(GDP)에 대한 역사적 통계에 따르면 일본은 1870년부터 1930년대까지 세계 9위, 1940년은 세계 7위였다. 종전 직후 일본의 인구는 8000만이 넘었다. 참고로 같은 시기 남한(이후 대한민국)은 1600만, 북한은 900만이며, 중국은 5억 3000만가량으로 추정한다. 오늘날 일본의 인구는 약 1억 3000만, 한국은 약 5000만, 중국은 약 14억이다.

배출하고(1949년 유카와 히데키^{湯川秀樹}의 수상), 국제영화제에서 그랑프리 수상작을 내놓을 정도로(1951년 구로사와 아키라^{黒澤明}의 「라쇼몬^{羅生門}」, 베네치아 국제영화제 그랑프리 수상) 일본은 과학과 문화에서 상당한 수준에 도달한 국가였던 것이다.

종전,
강화에서 미일동맹으로

경제적으로 기사회생한 일본은 국제정치에서도 미국의 적에서 우방으로 거듭났다. 한국전쟁이 발발하자 미국은 일본과의 강화조약을 조기에 완료하기로 한다. 1950년과 1951년에 걸쳐 일본 국내에서 강화논쟁이 벌어지는데, 쟁점은 동서 양측 진영과 일괄 타결하는 전면 강화인가, 미국 및 서방 진영과의 단독 강화인가 하는 점과, 일본 내 미군 기지 설치의 수용 여부였다. 당시 일본의 요시다 시게루^{吉田茂} 수상은 소련과 중국을 배제한 자유주의 진영과의 단독 강화, 미군 기지 수용과 조기 강화 방침을 결정했다. 이에 따라 48개국이 샌프란시스코에서 일본과의 강화조약에 서명했으며, 같은 날 오후에 샌프란시스코 만에 위치한 미국 제6군 사령부에서 미일안전보장조약이 조인되었다(1951년 9월 8일). 소련은 강화조약 서명을 거부했고, 일본의 침략으로 가장 큰 피해를 입은 중국은 회의에 초청조차 받지 못했다.

샌프란시스코 강화조약에서 시작된 냉전의 구조, 중국과 소련을 견제하는 미일동맹은 오늘날까지 이어지는 동아시아 지역구도의 기본적인 틀이 되었다. 국내 여론은 굴욕적 대미 종속이라며 비난을 쏟아냈지만, 요시

제3차 하토야마 이치로 내각
자유민주당 초대 총재였던 하토야마 이치로는 내각 총리 재임 중 아시아 국가들과의 관계 개선 및 소련
과의 국교 회복에 힘썼다.

다 수상은 우선 국방은 미국에 맡기고 무엇보다 경제를 살려야 한다고 반
박했다. 미군 주둔을 허용하는 대신 일본은 국방비 지출을 최소화해 그 자
금을 경제 재건에 사용한다는 '경무장輕武裝', '통상국가' 노선이었다.
1951년의 강화로 오키나와를 제외한 일본은 7년간의 미군 통치에서 벗어
나 주권을 회복했다.

　1955년 보수 계열의 일본민주당과 자유당이 합당해 자유민주당약칭 자
민당을 창당했다. 이 보수 대통합保守合同으로 자민당과 사회당으로 양분되
는 보수와 혁신 양대 정당 주축의 '55년체제'가 시작되었다. 자민당은
1955년 창당 이래로 1993년 호소카와 모리히로細川護熙 내각 성립까지

38년간 장기집권을 유지했다. 자민당은 오늘날 아베 신조^{安倍晋三} 정권까지 22명의 총리를 배출한 일본 최대 정당이다.

　자민당 창당 후 첫 내각 총리였던 하토야마 이치로^{鳩山一郎}는 소련과 국교를 회복해 유엔 가입을 성사시키는 것을 최대의 과제로 삼았다. 끈질긴 노력 끝에 1956년 10월, 소일 공동선언이 조인되어 양국은 전쟁 상태를 끝냈다. 또 일본은 같은 해 12월 소련의 반대로 무산됐던 유엔 가입을 이뤄냄으로써, 패전국의 멍에를 벗고 국제사회의 일원으로 등장할 수 있게 되었다. 자신감을 얻은 일본의 보수세력은 일본국헌법을 개정하고 국내 통제를 강화하려는 움직임을 보였다. 1957년 성립한 기시 노부스케^{岸信介}, 현 아베 신조 총리의 외조부 내각은 1958년 경찰관직무집행법 개정을 시도했다. 개정 내용은 경찰관의 검문 및 소지품 검사 권한을 확대하고, 국민의 집회와 시위의 자유를 크게 제한하는 것이었다. 이 법안은 큰 반발을 샀다. 기시 총리는 전쟁을 이끈 도조 히데키^{東條英機} 내각의 핵심 각료였으며 일본국헌법을 미군이 일본 국민을 무기력하게 만들려는 책략이라고 비판하는 보수적 인물이었다. 그런 그의 성향이 일본사회가 전쟁 전으로 회귀하는 것 아니냐는 우려를 키웠다. 사회당을 비롯한 노동단체 등 65개 사회단체가 참여하는 대대적인 시위가 조직되었고 이내 수백만 명이 참여하는 1950년대 최대의 대중운동으로 확대되었다. 결국 자민당 내각은 법안 상정을 포기했다. 이 투쟁은 전후 대중운동이 승리를 거둔 최초의 경험이었으며, GHQ라는 외부세력이 창출한 정치공간에서 일본 시민사회가 얼마나 성장했는지, 그 조직력을 보여준 사건이기도 했다. 전후 냉전에 따른 보수화의 움직임에 대한 일본사회의 정치투쟁은 1960년의 안보투쟁으로 절정에 달하게 되었다.

1950년대 일본 오사카역

오사카역 근방을 촬영한 것으로 한큐백화점, 한신백화점, 제일생명빌딩 등이 눈에 띤다. 밤에도 화려하게 불을 밝힌 백화점과 고층 빌딩 등에서 이 시기 일본 경제의 회복 수준을 가늠할 수 있다.

1950년대의
경제와 사회

1950년대 초 일본에서는 대규모 노동쟁의가 빈발했다. 한국전쟁이 발발하자 GHQ가 일본공산당과 노조를 북돋우던 초기 정책에서 일변해 공직과 노동조합에서 '적색분자 추방'red purge을 강화했고, 이는 노동운동에서 일본공산당의 지도력을 약화시키는 계기가 되었다. 그럼에도 일본 경제는 꽃을 피웠다. 한국전쟁 특수로 경기가 완연한 회복세로 돌아섰고, 1955년 이래 자민당 정권이 완전고용을 목표로 '경제자립 5개년 계획'을 추진해 1950년대에는 연평균 9~10퍼센트대의 지속적 성장이 이뤄졌다.

1950년대의 경제지표는 일본 경제가 전화에서 회복되었음을 알려준다. 경제 총규모를 알려주는 실질국민총생산은 1952년에 벌써 전전 수준을 넘어섰으며, 경제발전 수준을 알려주는 1인당 국민총생산 역시 1955년 전전 수준을 초월했다. 1956년 일본 조선업은 세계 1위에 올라섰다. 그렇지만 상대적 의미에서 전전(1935년) 일본의 1인당 국민총생산은 미국의 6분의 1이었으나 1955년에는 10분의 1로 하락해, 양국의 격차는 오히려 벌어졌다. 그러나 전쟁의 상흔에서 회복하고 정치적 안정이 확보되어 이 시기에 1960년대 일본의 고도성장을 위한 준비가 갖춰졌다고 할 수 있다.

1950년대 제조업의 지속적 팽창으로 1960년에는 2차 산업 취업자가 1차 산업 취업자를 능가하게 되었다. 경제의 안정된 발전과 함께 도시화가 진전되면서 1958년에는 아파트 생활자를 지칭하는 '단지족團地族'이라는 용어가 생겨났다. 패전 직후 278만 명이었던 도쿄 인구는 1955년 697만 명으로 전전 최고치를 넘어섰고, 1960년에는 831만 명까지 늘어났다. 폭발적으로 늘어나는 도시 인구를 수용하기 위해 주거 기능을 최대한 조밀하게 배치한 주택단지가 주택공단의 주도로 설계, 건설되었다. 한국의 아파트 문화에 비견되는 이러한 주택단지의 등장은 공장과 회사에 출퇴근하는 도시 중산계층의 사회적 대두를 보여주는 것이었다. '단지족'은 개인의 사생활을 존중하고 가정의 행복을 최우선하는 개인주의적 경향을 지닌 새로운 사회집단을 상징한다. 핵가족 구성으로 가정과 직장에서의 활동을 제외하면 다층의 집단 거주 건물에서 이웃이나 공동체와 교류하지 않고 고립된 형태로 사는 생활양태가 일반화되었다. 일본의 사회관계는 지나치게 직장 중심으로 변했으며, 자발적 참여가 필요한 지방자치는 형해화되었다.

단지족의 성장과 대중소비 사회의 대두는 1960년대의 고도성장 시대를 알리는 신호였다. 그렇기는 해도 1950년대의 일본에는 전쟁 전의 풍경이 아직 많이 남아 있었다. 전전과 마찬가지로 무궤도 전차가 다녔고, TV 보급률도 낮았다. 당시는 일본영화의 전성시대였다. 이 무렵 일본의 연간 영화관객 수는 1억 2700만 명으로 집계되는데 이는 일본 국민 1명이 1년에 12회나 영화를 보았다는 의미이다. 1년에 200편이 넘는 영화가 제작되고 1억 8000만 명의 관객이 극장을 찾던 1960년대가 한국영화의 전성기였다면, 일본은 한국보다 10년 일찍 그 풍경을 선도한 것이다. 1950년대에 한국의 1960년대를 미리 보여준 일본사회는 1960년대 이후 드라마틱한 성장의 시대로 진입하면서 한국과의 격차를 벌려가게 된다.

중국: 자력갱생의 노선

한국전쟁과
중국의 고립

1949년 10월 중국공산당이 국민당과의 내전에서 최종적으로 승리했다. 그리고 중국 대륙에는 중화인민공화국이라는 사회주의 국가가 탄생했다. 패배한 국민당 정권은 타이완으로 옮겨가 계속해서 중화민국의 이름을 지켰다. 1931년 일본의 만주침략으로부터 시작된 15년간의 항일전쟁과 연이은 국공내전까지 20여 년의 전쟁으로 누더기가 된 중국에 새로운 희망이 싹트고 있었다. 중국의 신정권은 '신민주주의新民主主義'의 '인민민주주의 국가'를 수립하겠다고 약속했다. 인민민주주의 국가는 프롤레타리아 계급의 독재가 이루어지는 나라가 아니라 민족부르주아지까지 포함한 '민주적 제 계급'이 함께 통치하는 국가였다. 신정권은 25년간 난계적인 과성을 거쳐 사회주의를 이룩하는 것을 최종 목표로 설정해, 급격한 사회주의화에 공포감을 가지고 있던 사회 각 계층들을 달랬다. 또 1950년에 공포된 혼인법으로 남녀평등이 보장되어 여성이 가정의 질곡에서 해방되었다. 차별받던 소수민족에 대한 평등과 우대도 약속되었다. 1950년에 실시된 토지개혁은 집단화 조치가 아니라, 경작하는 이에게 토지를 균분하고 그 소유권을 인정해준 조치였다. 일본의 GHQ가 실시한 토지개혁과 비교하면, 유상 불하와 무상 분배, 계급투쟁의 유무와 같은 차이는 있지만 비슷한 점도 적지 않다. 토지혁명 과정에서 지주계급에게 잔인한 폭력과 린치가 가해지기도 했으나, 오랜 전쟁과 빈곤에 지쳐 있던 대부분의 농민들은 정치적·경제적 안정을 보장해줄 신정권에 거는 기대가 컸다.

중국의 신정권은 새로운 국가 건설을 위한 물적 지원을 소련에 요구했다. 1950년 2월 14일 마오쩌둥은 이례적으로 모스크바에 석 달이나 장기 체류한 끝에, 소련과 중소우호동맹 상호원조조약을 이끌어냈다. 이로써 양국은 군사동맹을 맺게 되었고, 소련은 3억 미 달러 상당의 유상 차관을 중국에 제공하고, 중동中東철도와 남만주南滿洲철도, 뤼순항, 다롄항 등 동북지역의 이권을 중국에 반환했다. 영국정부는 반소 노선을 강화해나가면서도 중국에 대해서는 전향적 자세를 취했다. 식민지 홍콩이 마찰 없이 대륙과 공존하도록 해야했기 때문이다. 그런 맥락에서 영국은 1950년 1월 6일에 중화인민공화국을 승인했다. 6월에는 유엔에서 누가 중국을 대표하는가라는 문제에 대해 타이완의 중화민국이 아니라 중화인민공화국을 지지하겠다는 태도를 표명하기도 했다. 내전에서 국민당을 지지했던 미국조차도 민간무역에 대해서는 중국과의 교역을 용인했다.

그러나 신정권을 둘러싼 우호적 환경은 한국전쟁으로 순식간에 사라졌다. 내전을 끝내고 정권 장악에 성공한 중국공산당은 물론 다시 전쟁의 소용돌이에 휘말리고 싶지 않았을 것이다. 하지만 그들 또한 내전으로 정권을 잡았기에 북한의 한반도 통일 전쟁을 반대할 명분이 없었다. 그 때문에 중국은 직접 개입은 피하려 했다. 그러나 1950년 9월 유엔군이 인천상륙

중소우호동맹 상호원조조약 기념우표
1950년 마오쩌둥은 스탈린을 만나 중국의 새로운 국가 건설을 위한 물적 지원을 요구했다. 이때까지만
해도 중국은 소련뿐 아니라 영국, 미국과도 전향적 분위기 속에서 관계 개선을 모색하고 있었다.

작전을 개시하면서 미군이 전쟁에 개입하게 되었다. 타이완의 국민당 정
권이 미군의 도움으로 권토중래할 것을 두려워했던 중국의 신정권은 미
군이 국경을 넘어서 중국에 진격하기 전에 한반도에서 막는다는 방침을
세우게 된다. 그리고 북한과 소련의 요청에 응해 10월에 압록강 너머로
중국인민의용군을 투입했다.

한국전쟁 참전의 대가는 컸다. 중국은 최대 130만 명이나 되는 파견군
을 유지해야 했으며, 3년 동안 36만 명의 사상자를 냈고, 국가 예산의 절
반을 전쟁 수행 비용에 퍼부어야 했다. 게다가 유화적으로 전개될 가능성
이 있었던 서방과의 관계가 완전히 단절되었다. 유엔은 1951년에 중국을
침략자로 규정하는 결의를 채택하고, 대중국 금수결의對中禁輸決議를 통과
시켰다. 1952년 미국은 대중국수출통제위원회CHINCOM를 설치해 전시에
군사용으로 쓸 수 있는 품목의 중국 수출을 일절 금지했다. 이로써 중국은
소련 및 동구권과의 관계를 제외하고는 외교적으로 철저히 고립되었다.
유엔에 가입하고 해외에서 타이완의 국민당 대신 중국을 대표하는 정권

으로 인정받는 것 역시 난망했다. 한편 내전에서의 부정부패로 국민당에 대한 지지를 거둬들였던 미국은 한국전쟁 발발 직후 앞으로 타이완해협에서 일어나는 사태에 적극 개입하겠다고 천명했고 이내 타이완에 대한 적극적 군사 및 경제 원조를 시작했다. 미국과 타이완의 관계가 밀착되면서, 중국공산당이 무력으로 타이완을 굴복시키고 통일하는 일은 불가능해졌다. 한국전쟁의 휴전 후 1954년 9월 중국공산당이 시도한 진먼金門 섬 포격은 무위로 돌아갔다. 1954년 11월 미국은 타이완과 공동방위조약美臺共同防衛條約을 체결하고, 1955년 1월 미 의회는 '타이완 결의'를 채택해 타이완 방위를 천명했다. 사실상 중국은 무력통일 방안을 포기할 수밖에 없었다.

—

급격한 사회주의화로

신정권을 세운 지 1년도 되지 않아 한국전쟁에 개입한 상황에서 중국공산당은 내부 단속을 위해 당초 유화적이었던 사회 통제를 강화해 갈 수밖에 없었다. 군사적으로는 1950년 10월 이후 '반혁명 진압反革命鎭壓' 운동을 대대적으로 벌이면서 국민당 잔존 세력과 지방 무장세력을 공격했다. 그 과정에서 약 150만 명이 체포되고 50만 명이 처형되었다. 사상 통제 역시 강화되었다. 1951년 「무훈전武訓傳」 비판을 비롯해 '혁명을 부정하는 개량주의'에 대한 공격이 진행되었다. '사상 개조' 운동이라는 이름하에 지식인들은 좌담회에 참여해 자신의 개량주의를 회개하고 자아비판을 해야 했다. 대학에서는 영어 교육이 제한되고, 러시아어 교육이 의무화되었다. 전시 수요를 제때 공급하기 위해 '증산'과 '절약'이 선전되었다. 전시경제

를 교란한 주범으로 부르주아지와 당 간부의 비행을 적발, 비판하는 '삼반
오반운동三反五反運動'이 대대적으로 벌어졌다.

1951년 12월에 시작된 삼반운동은 전시경제 체제하에서 발생하는 '오
직汚職, 낭비, 관료주의'를 대중집회에서 상호 고발을 통해 적발하자는 운
동이었다. 1952년 6월까지 29만 명의 관료와 당 간부 들이 적발되었지만
증거가 있는 경우는 40퍼센트에 불과했다. '오반'은 민간기업에 대한 비
판으로 '뇌물 공여, 탈세, 정보 누설, 부실공사, 공공재 절도' 등 증산과 절
약을 방해하는 민간기업의 다섯 가지 비행에 대한 반대 운동이다. 이 같
은 취지의 대중집회에서 모멸적 대우를 받은 기업가 중 상당수가 자살을
택했다. 이 운동을 거치면서 일부 기업가들은 홍콩으로 탈출했고 대륙에
남은 기업인들은 이후 공산당의 어떤 조치에도 반대의 목소리를 내지 못
했다.

한국전쟁을 거치면서 생산과 유통에 대한 통제가 강화되고 사회주의화
가 앞당겨졌다. 전쟁 수행이 가장 큰 이유였지만, 또다른 이유는 역설적으
로 토지혁명에 있었다. 건국 이후 4년간 도시 인구는 2000만 명이나 늘어
나 1억에 육박하게 되었는데, 이들 도시 인구의 대다수를 차지하는 노동
자들의 생계를 위해서는 안정적인 식량 공급이 필수적이었다. 그런데 토
지혁명으로 제 땅을 얻은 농민들은 자가소비분을 늘려 기아에서 벗어나
고자 했을 뿐 도시 수요나 전시 수요를 위한 식량을 내놓으려 하지 않았
다. 중국의 신정권은 전선과 도시에 식량을 안정적으로 공급해 전쟁에서
승리를 거두고 공업생산을 유지해야 했다. 결국 신정권은 농민들에게서
작물 처분권을 회수해 국가가 식량을 모두 수매한 뒤 통제, 배분하는 강제
공출제로 나아가게 된다.

한국전쟁을 기화로 사회주의화를 추진하기 시작한 중국공산당은

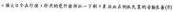

홍콩 매체에 보도된 신중국의 토지혁명

'중공 토지개혁의 진상'이라는 제목이 붙은 이 여덟 장의 사진은 중국 본토에서 홍콩으로 도망친 중국 공산당 간부가 훔쳐 나온 것이다. 광둥성의 한 현에서 31명의 농민이 군중재판에 회부되어 현장에서 11명이 악덕지주로 총살되었다.

1954년 2월 최종적으로 '과도기의 총노선'을 채택함으로써 사회주의 강행 방침을 확실히 했다. 사회주의 조기 강행의 원인에는 여러 가지가 있다. 한국전쟁에서 미군의 압도적 물량과 현대식 무기를 경험하면서 큰 위기감을 느낀 중국공산당은 군수공업 중심의 급속한 공업화가 무엇보다 절실한 과제라고 인식했다. 중공업을 중심으로 급속한 공업화를 이뤄내야 현대적 군사력을 확보할 수 있고, 정권의 존립도 가능하다고 본 것이다. 또 전시체제 분위기 속에 강행된 '삼반오반운동'으로 민간기업의 저항이 무력화되었기 때문에 중국공산당이 집단화를 추진해도 반발할 세력이 없었다. 마지막으로 토지혁명의 부작용으로 토지가 개별 호로 지나치게 쪼개진 결과, 농업경영이 과도하게 영세화되어 생산이 저조해지고 비효율이 발생했다. 결국 중국공산당은 농업생산의 효율을 높이기 위해 소련 모델을 따라 집단화를 추진해 경영 규모를 확대하는 전략을 채택하였다. 1954년 9월 채택된 중화인민공화국헌법은 1949년과 달리 "중화인민공화국 성립부터 사회주의 사회를 구축하기까지는 하나의 과도기이다."라고해, 사회주의를 명확한 목표로 천명했다.

공업과 농업의
집단화

공업 분야의 집단화는 상대적으로 순조롭게 진행되었다. 전후 중국국민당이 일본이 중국에 보유한 기업체와 적산敵産을 몰수, 국영화함으로써 제조업의 80퍼센트 이상이 수 개의 국영공사 관할에 들어가 있었기 때문이다. 국민당의 중국방직건설공사와 국민당 자원위원회 산하의 각 기업체는 그대로 중국공산당에 접수되어 국영화될 수 있었다. 이외에 소련의 지원을 받은 156개와 신규로 건설될 694개 공업 프로젝트는 모두 국영기업체였다. 또 은행 등 금융업이 이미 국영화되고, 1953년 이래 생산 원료의 국가 배급제가 시행되었기 때문에 민간기업이라도 자율성은 거의 없던 상태였다. 경공업 중심으로 남아 있던 민간기업은 1954년부터 1956년 사이에 '공사합영公私合營' 정책으로 국가와 민간기업 원소유주가 경영에 공동 참여하는 형태로 전환되었다. 이 사회주의 개조 과정에서 주요 대기업은 대부분 중앙정부 직속 기업이 되었다. 1957년에 중앙정부 직속 기업의 수는 9300여 개로, 공업 총생산액의 49퍼센트를 차지했다.

농업집단화는 공산당 내에서도 그 수준을 둘러싸고 논쟁이 있었다. 대규모의 집단화로 증산을 꾀하자는 의견과 그 전에 농업기계 및 화학비료 공급 능력이 충분히 갖춰져야 한다는 신중론이 부딪쳤다. 마오쩌둥은 농업 증산을 이루려면 집단화를 강행하는 것이 최선이라고 굳게 믿었다. 마오쩌둥 노선에 따라 1955~56년에 걸쳐 총인구의 약 90퍼센트를 차지하는 농민 전부가 200~300호의 농가로 이뤄진 고급합작사高級合作社로 조직되었다. 농산물은 생산에서 유통까지 모두 집단화되었으며, 전국적으로 통제되었다. '과도기의 총노선'이 제기된 후 1956년 말까지 단 3년 만에 생산의 사회주의적 개조가 완료되었다.

지식인에 대한
사상 통제

1956년 소련공산당 서기 흐루쇼프가 스탈린과 그의 급격한 집단화 정책을 비판한 것이 알려졌다. 폴란드, 헝가리에서는 사회주의체제 이후에 오히려 생활수준이 낮아지고 자유가 억압되었다는 체제 비판이 터져나왔다. 노동자들의 파업과 데모가 동구권에서 퍼져나가는 가운데, 위기감을 느낀 소련군은 10월에 무력 개입에 나섰다. 소련은 무력 개입을 합리화하기 위해 사회주의 방위를 위해서는 각국의 국가주권이 제한될 수 있다는 '제한주권론制限主權論'을 펼쳤지만, 중국공산당은 소련의 패권주의를 의심하며 제한주권론에 불신을 표했다.

중국공산당은 동구권과 같은 사태가 발생하기 전에 지식인들의 불만을 포용하고 수용한다는 자세를 취했다. 1956년부터 건국 후 중국공산당의 사회 시책과 정책에 대해 자유롭게 발언하라는 '백화제방百花齊放 백가쟁명百家爭鳴' 운동을 제기한 것도 그런 맥락에서다. 1950년대 초 수차례의 사상 비판을 겪은 지식인 계층은 처음에는 입을 열려고 하지 않았다. 그러나 마오쩌둥의 잇따른 독려와 장려로 겨우 시작된 지식인들의 쓴소리는, 마오쩌둥과 중국공산당의 예상을 뛰어넘어 공산당의 통치 전반에 통렬한 비판을 가하는 수준으로 치달았다. 이에 중국공산당은 1957년 6월부터 얼굴을 바꾸고 '반우파 투쟁'을 전개했다. 우선 공산당을 비판했던 지식인 50만 명 이상을 '인민공화국을 적대시하고 자본주의를 지지하는 우파'로 규정하고 직위를 박탈한 뒤 노동 개조를 위한 정치수용소로 보내는 등 강력하게 탄압했다. '반우파 투쟁' 이후 중국의 정치권력을 비판할 목소리는 사실상 사라졌다. 아무도 아니라고 말하지 않고, 말할 수도 없는 사회가 된 것이다.

멀어지는
중소 관계

이즈음 '소련 일변도'로 불릴 정도로 정치와 경제 모두에서 밀착해 있던 중소 관계가 흔들리기 시작했다. 중국은 한국전쟁에 개입하는 조건으로 소련에게서 군사현대화를 위한 지원을 약속받았다. 1957년 8월 소련의 대륙간탄도탄 발사 실험이 성공하고, 10월에는 세계 최초의 인공위성 스푸트니크 제1호의 발사가 성공하면서, 중국은 사회주의 모델이 자본주의 모델보다 우수함이 증명됐다고 흥분했다. 그해 10월 중국은 소련과 '국방신기술에 관한 협정'을 맺고 원폭 생산 기술 이전을 약속받았다. 그러나 1959년 6월 20일, 소련은 일방적으로 이 협정을 파기했고 중소 관계는 급격히 냉각되었다.

소련의 일방적인 협정 파기에는 세계전략을 둘러싼 양자의 입장 차이와 사회주의 진영의 주도권을 둘러싼 두 국가의 경쟁이 복합적인 원인으로 작용했다. 흐루쇼프는 미국과의 평화공존을 우선시해 냉전 격화로 인한 군사비 낭비를 줄이고자 했다. 그러나 중국은 민족해방투쟁을 중시해 미국과의 공존은 불가능하다는 주장을 반복했다. 중국은 1958년 진먼 섬 포격을 재차 시도해 섬을 40일간 봉쇄하고 포격을 퍼부었다(1958년 8월 23일~10월 6일). 미국은 전투에 개입하지는 않았지만 타이완 측에 군수물자를 제공했다. 중국 역시 원거리에서 포격만 하고 섬에 상륙하지는 않았다. 중국 입장에서는 타이완 수복이 민족해방투쟁임을 천명하고 그에 대한 의지를 드러낸 것이었으나 소련 입장에서는 중국에 제공하는 군사기술이 결국 미국과의 긴장을 격화시키고 소련의 평화공존 노선을 파괴할 것이라는 의혹을 확인한 셈이었다.

대약진운동

1953~57년 중국 국민소득의 연평균 성장률은 8.9퍼센트로 상당히 높은 수준이었다. 그러나 성장은 대부분 군사적 목적으로 투자를 몰아준 중공업 부문에서 발생했고, 민간 수요를 충족시킬 경공업 부문의 성장은 더뎠다. 그럼에도 오랜만에 찾아온 평화 속에 출생률은 증가하고 사망률은 감소해 인구가 급증했다. 1953년부터 1957년 사이 중국 인구의 자연증가율은 2.23퍼센트로 세계 수준보다 높다고 할 수는 없지만, 그 정도로도 인구가 7000만 명이나 늘었다. 경공업의 저성장으로 민수民需 공급이 인구 증가를 못 따라가면서 1956년부터 소비물자의 부족이 심각해졌다. 또 고용효과가 큰 경공업 부문이 정체하고, 기계 및 자본 투입 비중이 높은 중공업 위주의 성장이 이뤄진 결과, 늘어난 노동 인구에 비해 일자리가 턱없이 부족해 실업률이 증가했다.

한편 마오쩌둥은 소련 모델과는 다른 급진적 사회주의화 정책으로 정치적·경제적 난항을 타개하고자 했다. 마오쩌둥은 중국의 풍부한 노동력을 이용해 생산을 증가시키면 15년 만에 영국을 따라잡을 수 있다고 주장했다. 기계가 할 일은 사람을 더 투입하면 대체할 수 있고, 그렇게 많은 인력을 조직적으로 동원하려면 집단화기 필수직이라는 것이 마오쩌둥의 생각이었다. 대약진운동의 아이디어는 1957년 식량 증산을 위한 수리시설 확보 목적에서 대규모 인력을 동원하면서 구상되었다. 수리설비를 건설하려면 곡괭이나 삽 같은 농기구가 필요하고, 농기구를 만들려면 철이 있

토법고로(土法高爐)
대약진운동 당시 농촌에서 자체 제작한 소규모 용광로이다. 용광로는 대부분 각 인민공사의 뒤뜰에 설치되었는데, 여기서 만들어진 철은 조잡한 기술 탓에 대부분 쓸모가 없었다.

어야 한다. 마오쩌둥은 농촌마다 전통적 방식의 소규모 용광로土法高爐를 만들어 자체적으로 철을 생산하게 하면 제철-수리-증산의 사이클을 완성할 수 있다고 믿었다. 또 식량 증산을 위해 더 많은 인력을 투입해서 땅을 깊게 갈고 작물을 빽빽이 심도록 했다深耕密植. 인력 동원을 원활히 할 목적으로, 고급합작사보다 수배나 큰 8000~1만 호 규모의 '인민공사人民公社'를 조직해, 대규모 집단농장으로 생산을 집단화했다. 중국공산당이 당초에 제시한 목표치를 보면 농업 성장률은 연간 13~16퍼센트, 공업 성장률은 연간 26~32퍼센트나 된다. 철강 생산량의 목표치는 1958년 전년

실적의 2배에 달하는 1070만 톤을 달성하고, 1959년에는 전년의 3배인 2700만~3000만 톤을 달성하는 것으로 잡았다.

1958년 60만 개의 용광로가 전국 각지의 농촌에 건설되었고, 인민공사 내에는 공동식당, 탁아소, 학교가 만들어졌다. 중국공산당은 공산주의 낙원이 곧 실현될 것이라고 대대적으로 선전했으며 중국 인민 대다수가 이를 믿었다. 계획에 의구심을 품은 전문가들은 반우파 투쟁 이후 입을 닫았기 때문이다.

하부 단위에서는 자신들의 사회주의적 열정을 증명하기 위해, 마오쩌둥이 추진한 집단적 방식으로 생산이 비약적으로 늘어났다는 과장되고 거짓된 보고를 경쟁적으로 올렸다. 중앙에서는 이를 믿고 경작지 면적을 줄이고 철강 생산에 더 많은 토지와 노동력을 투입했다. 숙련된 남성 노동력이 대거 철강 생산에 동원된 사이, 농촌 노동의 공백을 메운 것은 토지혁명과 사회개혁으로 새롭게 노동에 투입된 2000만 명의 지주계층과 여성이었다. 한국과 달리 중국은 남경여직男耕女織, 남자는 경작을 여자는 방직을 함의 성별 노동분업이 발달해 있었으므로, 여성도 지주계층과 마찬가지로 경작 경험이 부족했다. 더구나 공산주의의 실현으로 당이 모든 것을 해줄 것이라는 '공산풍共産風'의 믿음이 있었기 때문에, 농민들은 공동식당에서 식량을 마음껏 소비했고, 심지어 식량이 다 떨어지면 내년에 뿌릴 씨앗까지 가져다 먹었다.

사회주의 유토피아의 꿈은 1959년 초에 벌써 악몽으로 드러났다. 농촌 용광로에서 생산된 철은 조잡한 기술 탓에 대부문 쓸모가 없었다. 경작지의 축소와 잘못된 노동력 배치는 농업생산성 악화에 결정타가 되었다. 1959년 미곡 생산은 15퍼센트가 감소했고, 1960년에는 다시 16퍼센트나 감소했다. 생존선상에 겨우 서 있던 중국의 농촌은 수확량 감소를 견디지 못했다. 1959년부터 1960년 사이에 2000만 명 이상이 기아나 영양실조로 사망했다. 이 참혹한 결말은 마오쩌둥과 공산당 지도부의 잘못된 정책이 초래한 인재였다. 마오쩌둥과 중국공산당은 항일전쟁의 영웅으로 내전에서까지 승리했지만 대약진운동 실패 후 기아로 인한 사망자 수는 항일전쟁 중 중국인 사망자 수보다 더 많았다.

1950년대의 마지막 해인 1959년 중국은 안팎으로 흔들리고 있었다. 명백한 정책 실패 앞에서 마오쩌둥은 국가 주석의 자리를 류사오치劉少奇에게 넘겨주었다. 그러나 1959년 7~8월 루산廬山에서 열린 중국공산당 제8기 중앙위원회 제8차 전체회의에서 마오쩌둥과 대약진운동을 비판하던 펑더화이彭德懷는 오히려 마오쩌둥과 당내 좌파의 반격을 받아 숙청되었다. 사회주의 건설의 방식을 둘러싼 중국공산당의 내부 갈등은 심화되었다.

1959년 3월에는 티베트 지도층이 라싸에서 반란을 일으키고 독립을 선포했다. 중국의 무력 진압으로 달라이 라마 14세는 라싸를 탈출해 인도로 망명했다. 같은 해 8월과 10월 중국과 인도 사이에 국경분쟁이 발생했다. 동요하는 대내외 환경 속에서 중국은 1960년대의 급진적 이념의 광풍에 빠져들게 된다.

주

크게 본 1950년대

1 에릭 홈스봄『폭력의 시대』, 이원기 옮김, 민음사 2007, 23면, 57면.

2 강진호『현대소설과 분단의 트라우마』, 소명출판 2013, 214면; 하정일「주체성의 복원과 성찰의 서사」, 민족문학사연구소 현대문학분과 엮음『1960년대의 문학연구』, 깊은샘 1998, 17면.

3 "Telegram from U.S. Embassy in Seoul to the Department of State," December 11, 1959, 795B.00, Decimal Files, RG59, National Archive at College Park, Maryland, The United States (이하 'NA'로 약칭).

4 United States Information Service in Korea, *Survey on the Aspirations of the Korean Farm Population in 1957*, Field Research Files 1952-1982, RG 306, NA.

5 역사문제연구소 연구실「책을 내면서」, 역사문제연구소 엮음『1950년대 남북한의 선택과 굴절』, 역사비평사 1998, 5~6면.

6 「1958년도 76회 국무회의록」6월 26일자 3면.

7 홍석률『통일문제와 정치사회적 갈등 — 1953~1961』, 서울대학교출판부 2001, 32~40면.

8 손호철「1950년대의 이데올로기」,『해방 50년의 한국정치』, 새길 1995, 63~69면 참조.

9 이대근『해방 후 1950년대의 경제』, 삼성경제연구소 2002, 407~14면.

10 정성호「한국전쟁과 인구사회학적 변화」, 한국정신문화연구원 엮음『한국전쟁과 사회구조의 변화』, 백산서당 1999, 34면.

11 박태균『원형과 변용』, 서울대학교출판부 2007; 홍석률, 앞의 책 참조.

12 강인철「한국전쟁과 사회의식 및 문화의 변화」, 한국정신문화연구원 엮음, 앞의 책

250면.

13 김동춘 「1950년대 한국 농촌에서의 가족과 국가 — 한국에서의 '근대'의 초상」, 역사 문제연구소 엮음, 앞의 책 참조.

14 김기석·강일국 「1950년대 한국 교육」, 문정인·김세중 엮음 『1950년대 한국사의 재조 명』, 선인 2004.

자유진영의 최전선에 선 국민

1 이 글은 다음 기존 연구들을 바탕으로 재구성했다. 김학재 외 『죽엄으로써 나라를 지키 자』, 선인 2007; 김학재 「한국전쟁 전후 민간인학살과 20세기의 내전」, 『아세아연구』 53권 4호, 2010.

2 『동아일보』 1950년 6월 20일자.

3 *FRUS 1953*, 1463~65면, 1472~75면.

4 「오제도의 흥국훈(興國訓)」, 국제보도연맹 엮음 『적화삼삭9인집(赤禍三朔九人 集)』, 1951. 원문은 容共卽協共 協共卽反逆 反逆卽亡國 / 反共卽打共 打共卽滅共 滅共卽興國.

5 박원순 「전쟁부역자 5만여 명 어떻게 처리되었나」, 『역사비평』 9호, 1990년 여름호 21면.

6 「1949년에 개칭된 '국군맹서'」, 『건군사』, 국방부 군사편찬연구소 2001, 60면.

7 육군본부 엮음 『6·25사변 후방전사 — 인사편』, 1956, 9~17면, 217면.

8 김세중 「국민방위군 사건」, 『한국과 6·25전쟁』, 연세대학교출판부 2002, 105면.

9 국방군사연구소 『한국전쟁피해통계집』, 1996, 46면.

10 배상하 「전시말단행정강화론」, 『지방행정』 2권 1호, 1953년 1월호 23면.

11 박완서 『그 많던 싱아는 누가 다 먹었을까』, 웅진닷컴 2002, 258면.

12 한국교육10년사간행회 엮음 『한국교육 10년사』, 풍문사 1959.

13 *FRUS 1953*, 1280면, 91~92면, 96면, 1326~28면.

14 홍석률 「이승만 정권의 북진통일론과 냉전외교정책」, 『한국사연구』 85호, 1994, 162면.

15 서중석 「이승만과 북진통일 — 1950년대 극우반공독재의 해부」, 『역사비평』 31호, 1995년 겨울호 119면, 129면.

16 『조선일보』 1957년 3월 27일자.

전쟁미망인 그리고 자유부인

1 이근필「해방을 바라는 여성들에게 ― 경제적으로 독립하여 향락적 결혼을 폐하라」,『동아일보』1927년 2월 5일자.

2 「근우회선언」,『근우』, 1927, 4면.

3 윤혜원「전후 일본 여성운동에 관한 연구 ― 가사노동문제를 중심으로」,『아시아여성연구』26집, 1987, 164~68면.

4 정진성·안진 외『한국현대여성사』, 한울아카데미 2004, 60면.

5 「전쟁미망인들 대분개」,『조선일보』1954년 2월 10일자.

6 강정구「한국전쟁 민간인 학살의 양태분석」, 한국산업사회학회 엮음『남북간 대립사회체제의 동요와 새로운 갈등구조의 이해 ― 상생적인 민족공동체의 구성을 위하여』, 한울 2001.

7 김귀옥『이산가족, ‘반공전사’도 ‘빨갱이’도 아닌…』, 역사비평사 2004.

8 「자살미수극까지 ― 천여만환의 계소동」,『동아일보』1955년 10월 23일자.

9 「계가 빚은 또 하나의 비극. 여인 4층서 투신자살」,『조선일보』1956년 9월 14일자.

10 「나는 너를 미워한다 ― 전 부흥부 차관 오영재 씨 부인 간통 피의사건」,『동아일보』1959년 7월 19일자.

11 이임하「간통쌍벌죄의 제정 및 적용과정에 나타난 여성관」,『사총』56권, 고려대역사학연구회 2003, 141~49면.

12 「증거 없어 무죄를 언도, 오 전 차관 부인 피고사건에」,『조선일보』1959년 7월 27일자.

13 배은경「1950년대 한국사회의 출산통제 여성운동」,『한국사회학회 사회학대회논문집』, 2012.6.

‘난민’이라는 존재의 인식과 삶

1 변화영「이범선의 〈오발탄〉에 나타난 월남인 연구」,『건지인문학』1집, 전북대 인문학연구소 2009, 129~30면.

2 강성현「한국전쟁기 한국정부와 유엔군의 피난민 인식과 정책」, 서중석·김학재·이임하·강성현·양정심『전장과 사람들』, 선인 2010을 주로 참조해 구성.

3 김석원『노병의 한』, 육법사 1977, 261면, 300면.

4 중앙일보사 편『민족의 증언 1』, 1983, 31면, 35면, 151~53면.

5 김성칠『역사 앞에서』, 창작과비평사 1993, 68면.

6 중앙일보사 편, 앞의 책 132~34면.

7 *New York Times*, 1950. 9. 1.

8 최상훈 외 『노근리 다리』, 잉걸 2003, 90면.

9 5AF Advance Headquarters Turner C. Rogers, "Policy on Strafing Civilian Refugees," NARA RG 342, Entry 5AF, Box 3541, 〈NoGunRi File〉 342.093.

10 『민주신보』 1951년 1월 18일자.

11 『민주신보』 1951년 4월 3일자; 『동아일보』 1951년 4월 13일자; 『조선일보』 1951년 5월 8일자.

12 Sahr Conway-Lanz, *Collateral Damage*, Routledge 2006, 166면.

13 『동아일보』 1952년 4월 13일자.

14 차철욱 외 「한국전쟁 피난민들의 부산 이주와 생활공간」, 『민족문화논총』 45집, 2010.

15 차철욱 「한국전쟁 피난민과 국제시장의 로컬리티」, 『한국민족문화』 38호, 2010; 이신철 「월남인 마을 '해방촌'(용산2가동) 연구 ─ 공동체의 성격을 중심으로」, 『서울학연구』 14호, 2000.

16 변재란 「유현목 영화에서의 도시 서울읽기 ─〈오발탄〉(1961)과 〈수학여행〉(1969)을 중심으로」, 『영화연구』 49호, 2011.

17 변화영, 앞의 글 133면.

팽창하는 학교와 학생

1 「팔통정」, 『동아일보』 1969년 1월 21일자; 「60년대 신어(新語) ─ 그 어원에 비친 세태」, 『동아일보』 1969년 12월 20일자.

2 오제연 「전인적 지도자 양성에서 고급 기술인력 양성으로 ─ 해방 후 1970년대까지 대학의 위상 변화」, 『역사비평』 104호, 2013년 가을호, 56~58면.

3 오유석 「서울의 과잉도시화과정: 성격과 특징」, 역사문제연구소 엮음 『1950년대 남북한의 선택과 굴절』, 역사비평사 1998, 296면.

4 강인철 「한국전쟁과 사회의식 및 문화의 변화」, 한국정신문화연구원 엮음 『한국전쟁과 사회구조의 변화』, 백산서당 1999, 206~7면.

5 오유석, 앞의 글 297면.

6 강일국 「1950년대 중학교입시제도개혁의 전개과정」, 『아시아교육연구』 5권 4호, 2004, 198~203면.

7 김진송 『장미와 씨날코 ─ 1959년 이기봉가의 선물 꾸러미』, 푸른역사 2006, 185면.

8 김기석·강일국 「1950년대 한국 교육」, 문정인·김세중 엮음 『1950년대 한국사의 재조

명』, 선인 2004, 543~45면.

9 오제연, 앞의 글 47~49면.

10 윤금선 『우리 책읽기의 역사』, 월인 2009, 142~85면.

11 김한식 「학생 잡지 〈학원〉의 성격과 의의 ─1950년대를 중심으로」, 『상허학보』 28집, 2010, 292~315면.

12 이선미 「 '미국'을 소비하는 대도시와 미국영화 ─1950년대 한국의 미국영화 상영과 관람의 의미 1」, 『상허학보』 18집, 2006, 84~96면.

13 「학교환경백서」, 『동아일보』 1958년 7월 31일자.

14 「정체 드러난 학생강도 '이빨단'」, 『동아일보』 1961년 4월 3일자(조간).

15 박형준·민병욱 「1950년대 반공교과서의 서술 전략 연구 ─〈반공독본〉과 〈애국독본〉을 중심으로」, 『한국민족문화』 33호, 2009, 277~82면.

16 「북한학도궐기촉구」, 『동아일보』 1956년 11월 24일자.

17 이유리 「1950년대 '도의교육'의 형성과정과 성격」, 『한국사연구』 144호, 2009, 259~77면.

18 후지이 다케시 「 '이승만'이라는 표상 ─이승만 이미지를 통해 본 1950년대 지배 권력의 상징 정치」, 『역사문제연구』 19호, 2008, 26~29면.

19 홍영유 구술(구술일시: 2009년 12월 12일, 면담자: 오제연).

20 김진송, 앞의 책 268~70면.

21 후지이 다케시, 앞의 글 29~36면.

22 오제연 「1960~1971년 대학 학생운동 연구」, 서울대학교 국사학과 박사학위논문 2014, 29~35면.

23 연정은 「감시에서 동원으로, 동원에서 규율로 ─1950년대 학도호국단을 중심으로」, 『역사연구』 14호, 2004, 247~50면.

24 오제연, 앞의 논문 37~40면.

25 안동일·홍기범 『기적과 환상』, 영신문화사 1960, 97~98면.

26 같은 책 73~83면.

미국화와 욕망하는 사회

1 요시미 순야 『왜 다시 친미냐 반미냐 ─전후 일본의 정치적 무의식』, 오석철 옮김, 산처럼 2002.

2 1950년 4월 전남 영광군 계림고등공민학교 교장이 미공보원 광주지부로 보낸 영화 상

영에 대한 감사 편지. 허은 『미국의 헤게모니와 한국 민족주의 — 냉전시대 (1945~1965) 문화적 경계의 구축과 균열의 동반』, 고려대학교 민족문화연구원 2008, 270면에서 재인용.

3 한국영화진흥조합 『한국영화총서』, 1972, 255~300면.

4 허은, 앞의 책 271면.

5 「자유부인」(한형모, 1956)에서 파리양행에 매니저로 취직한 오선영과 손님으로 온 신사와의 대화.

6 장세진 『상상된 아메리카 — 1945년 8월 이후 네이션 서사는 어떻게 만들어졌는가』, 푸른역사 2012, 196~206면.

7 「바다의 정열」(서정규, 1947) 「밤의 태양」(박기채, 1948) 「수우(愁雨)」(안종화, 1948) 「여명」(안진상, 1948) 등이 그것이다. 이하나 『국가와 영화 — 1950~60년대 '대한민국'의 문화재건과 영화』, 혜안 2013, 200면.

8 「9개월에 근백억, 적발된 막대한 밀수입품 총계」, 『조선일보』 1952년 11월 29일자.

9 「한국의 타향 2, PX」, 『동아일보』 1961년 3월 15일자.

10 박완서 「1950년대 — '미제문화'와 '비로도'가 판치던 거리」, 『역사비평』 15호, 1991년 여름호.

11 「우리 연예계 혁신에 큰 구실하는 맘모스 연예지대 미8군 쇼」, 『조선일보』 1962년 10월 10일자.

12 「유엔군 쑈단체 정례 오디숀」, 『동아일보』 1961년 6월 7일자.

13 황문평 『인물로 본 연예사, 삶의 발자국 2』, 선 2000, 248면.

전쟁의 공포와 반미 애국주의

1 NARA, Entry 299 SA 2012 Box 1139 Item 4-31, 발신인 김정숙(함흥시 지락리 5구 1반 2번지), 수신인 리제환(중앙우편국 사서함 제10호), 1950년 9월 20일.

2 NARA, Entry 299 SA 2012 Box 1139 Item 4-31, 발신인 이중호(평양특별시도 내무부), 수신인 한금녁(평남 개천군 개천면 통성리 일구이반), 1950년 10월 15일.

3 NARA, SA 2010 Box 832 Item 31, 안탄산보, 「지시문급 보고서철」, 1951년도. 「여론」, 1950년 9월에 수집되어 보고한 안주탄광의 「여론」 8건; 「여론수집제출에 대하야」, 평남안탄산보 제73호(1950. 9. 1.), 안주탄광산업보위주재책임자 박리근; 「정치보위국장 명령13호에 의한 9월분 월례보고서 제출에 대하야」, 평남안탄정산보 제97호(1950. 10. 1., 박리근); 「9월분 종업원 이동 및 근무정형통계표 제출에 대하야」, 평남안탄정산

보 제93호(1950.10.1., 박리근). 이 내용은 다음에서 수정 인용했다. 한성훈 『전쟁과 인민 — 북한 사회주의 체제의 성립과 인민의 탄생』, 돌베개 2012, 275〜79면.

4   Du Ping, "Political Mobilization and Control," Xiaobing Li, Allan R. Millet and Bin Yu, *Mao's generals remember Korea*, University Press of Kansas 2001, 66〜67면.

5   미국 중앙정보국 정보보고서(Intelligence Report of the Central Intelligence Agency) Daily Report I, 『한국전쟁 자료총서 16』, 493〜94면. 1951년 2월 6일. 무초 대사는 북한 내각명령 197호를 전문으로 보냈다.

6   김한길 『현대조선력사』, 사회과학출판사 1983, 312면.

7   『중앙일보』 2005년 4월 12일자.

8   Carter Eckert, "Korean Reunification in Historical Perspective," paper prepared for a conference on Korean reunification sponsored by *Seoul Shinmun*, Feburary 3, 7면; Selig Harrison, *Korean Endgame: A Strategy for Reunification and U.S. Disengagement*, Princeton, N.J.; Oxford: Princeton University Press 2002, 8면.

9   사회과학원 력사연구소 『조선전사 23』, 평양: 과학백과사전출판사 1981, 439〜43면.

10 리화준 「과외 및 교외 교양사업을 통한 애국주의 교양」, 『교원경험론문집』, 교육도서출판사 1955, 4〜15면.

11 최혜옥 「나는 신입 아동들의 애국주의 교양을 이렇게 하였다」, 같은 책 34〜37면.

12 김일성 「공산주의 교양에 대하여」, 『김일성저작집 12권』, 평양: 조선로동당출판사 1981, 591면, 596〜98면.

13 공산주의 교양에 대한 자세한 내용은 한성훈, 앞의 책 432〜34면 참고.

14 중국 군사과학원 군사역사연구부 『중국군의 한국전쟁사 1』, 오규열 옮김, 국방부군사편찬연구소 2002, 655〜56면. 북한은 1958년 3월 미군이 춘천지역에 유도탄사령부를 설치한 것으로 기록하고 있다.

15 국방정보본부 『군사정전위원회 편람』, 1986, 161면.

16 김일성 「쏘련을 선두로 하는 사회주의 진영의 위대한 통일과 국제공산주의 운동의 새로운 단계」, 『김일성선집 5권』, 조선로동당출판사 1960, 230면.

17 『천리마』 1984년 제6호 31면. 이 문헌에는 김정일을 "당중앙"으로 표현하고 있으며 당시 그가 20대 초반임을 감안하면 이런 지시 내용은 이후에 각색되었을 가능성이 있다.

18 김정일 「신천박물관을 통한 계급 교양사업을 강화할 데 대하여」, 『김정일선집 14권』, 조선로동당출판사 2000, 450면.

19 조선화보사 『조선: 화보』 540호, 2002년 3월호.

20 『조선중앙통신』 2001년 9월 12일자.

21 『천리마』2008년 제11호 31~32면.

22 『로동신문』2008년 3월 27일자.

23 『로동신문』2003년 2월 17일자.

24 『천리마』2009년 제11호 18면.

농업협동화의 물결

1 조선중앙년감 편집위원회『조선중앙년감(1960)』, 평양: 조선중앙통신사 1960, 7~17면, 286면.

2 과학원 고고학 및 민속학 연구소 민속학 연구실『조중친선농업협동조합 농민들의 문화와 풍습』, 평양: 과학원출판사 1960, 155면.

3 같은 책 225면.

4 조선로동당 중앙위원회 농업협동조합 경험집 편집위원회『농업협동화운동의 승리 (1)』, 평양: 조선로동당출판사 1958, 83~84면.

5 같은 책 72면.

6 『로동신문』1954년 2월 11일자.

7 조선로동당 중앙위원회 농업협동조합 경험집 편집위원회, 앞의 책(1) 91면.

8 조선로동당 중앙위원회 농업협동조합 경험집 편집위원회, 앞의 책(6) 145면.

9 같은 책 234~45면, 246~47면.

10 같은 책 74~78면.

11 서동만『북조선사회주의체제성립사』, 선인 2005, 758~59면.

12 조선로동당 중앙위원회 농업협동조합 경험집 편집위원회, 앞의 책(2) 3~5면.

13 김웅교『조국』상권, 풀빛 1993, 215면.

14 같은 책 213~14면.

15 과학원 고고학 및 민속학 연구소 민속학 연구실, 앞의 책 145~57면.

16 조선로동당 중앙위원회 농업협동조합 경험집 편집위원회, 앞의 책(2) 39면.

17 조선로동당 중앙위원회 농업협동조합 경험집 편집위원회, 앞의 책(6) 26면.

18 조선로동당 중앙위원회 농업협동조합 경험집 편집위원회, 앞의 책(4) 132~50면.

19 조선로동당 중앙위원회 농업협동조합 경험집 편집위원회, 앞의 책(6) 337면.

20 김웅교, 앞의 책 258면.

21 조선로동당 중앙위원회 농업협동조합 경험집 편집위원회, 앞의 책(3) 374면.

22 김일출「농촌 근로자들의 새로운 문화와 생활 풍습에 관하여」, 과학원 고고학 및 민속

학 연구소 『민속학 론문집』, 과학원출판사 1959, 3면.

23 조선로동당 중앙위원회 농업협동조합 경험집 편집위원회, 앞의 책(2) 180~81면.

24 김성보 「1960년대 초반 북한 농업협동조합 운영체계의 성립과 그 역사적 맥락」, 『충북 사학』 13집, 2002, 86~97면.

25 과학원 고고학 및 민속학 연구소 민속학 연구실, 앞의 책 145~57면.

북한 사람들의 지구화 경험

1 Avram Asenov Agov, *North Korea in the Socialist World: Integration and Divergence, 1945-1970. The Crossroads of Politics and Economics*, University of British Columbia 2010 박사논문, 202면.

2 인민교육부의 청소년 원조/고아원 부서가 드레드덴시 교육위원회에 보내는 편지 (1954. 9. 10.). "MfV Abt. Jugendhilfe/Heimeryiehung an den Rat des Bezirkes Dresden Abtl. Volksbildung, 10.9.1954," in: PA, MfAA, A 5586, 130면. (독일 외무부 정치 문서고에는 동독외무부 문서들이 모두 보관되고 있다.)

3 Liana Kang-Schmitz, *Nordkoreas Umgang mit Abhängigkeit und Sicherheitsrisiko. Am Beispeil der bilateralen Beziehungen zur DDR*, Berlin 2011, 217~24면.

4 김성보 『북한의 역사 1 — 건국과 인민민주의의 경험 1945~1960』, 역사비평사 2011, 179면.

5 Charles K. Armstrong, Tyranny of the Weak. *North Korea and the World*, 1950-1992, Cornell University Press 2013 참조.

6 Rüdiger Frank, *Nordkorea: Innenansichten eines totalen Staates*, München 2014.

7 사리원의 고등학생이 동독 수상에게 보내는 글(1955. 12. 30). "Oberschüler aus Sariwon an den Ministerpraesidenten der DDR, 30.12.1055," in: SAPMO-BArch, NY 4090/469, 266면. (동독 정당들과 대중단체들의 문서들은 현재 베를린 소재 독일 연방문서고에 보관되고 있다.)

8 콘라트 퓌셸에게 보내는 카를 좀머러의 편지(1960. 1. 9.). "Karl Sommerer an Conrad Püschel vom 9.1. 1960," in: Archiv Bauhaus Dessau, I 10252 D. 함흥재건에 대해서 는 독일 연방문서고와 외무부 문서고 외에 데사우에 있는 바우하우스 문서고에 독일 작업단 자료가 많다.

기획위원

김성보 연세대학교 사학과 교수. 연세대학교 사학과에서 박사학위를 받았다. 주요 저서로 『남북한 경제 구조의 기원과 전개』 『사진과 그림으로 보는 북한 현대사』, 주요 논문으로 「남북국가 수립기 인 민과 국민 개념의 분화」 「1960년대 남북한 정부의 '인간개조' 경쟁」 등이 있다.

김종엽 한신대학교 사회학과 교수. 서울대학교 사회학과에서 박사학위를 받았다. 주요 저서로 『연대와 열광』 『에밀 뒤르켐을 위하여』 『우리는 다시 디즈니의 주문에 걸리고』 『左衝右突』 『시대유감』 『87년체제론』(편저) 등이 있다.

이혜령 성균관대학교 동아시아학술원 HK교수. 성균관대학교 국문학과에서 박사학위를 받았다. 주요 저서로 『한국 근대소설과 섹슈얼리티의 서사학』 『검열의 제국』(공저), 주요 논문으로 「해방 (기): 총 든 청년의 나날들」 「친일파인 자의 이름」 등이 있다.

허은 고려대학교 사학과 교수. 고려대학교 한국사학과에서 박사학위를 받았다. 주요 논문으로 「유신 시대 학생, 모의 수류탄을 던지다」 「1970년대 박정희 정부의 총력안보체제 구축과 학교의 역 할」 「동아시아 냉전의 연쇄와 박정희정부의 '대공새마을' 건설」 등이 있다.

홍석률 성신여자대학교 사학과 교수. 서울대학교 국사학과에서 박사학위를 받았다. 주요 저서로 『분단 의 히스테리』 『통일문제와 정치·사회적 갈등』 『박정희시대 연구』(공저), 주요 논문으로 「4월혁 명과 이승만 정권의 붕괴과정」 「5·16쿠데타의 원인과 한미관계」 등이 있다.

지은이

홍석률 성신여자대학교 사학과 교수.

김학재 서울대학교 통일평화연구원 HK교수. 서울대학교 사회학과에서 박사학위를 받았고, 베를린자 유대학교 프리드리히 마이네케 연구소에서 지구사 연구 프로젝트 연구원으로 일했다. 주요 저 서로 『판문점 체제의 기원』 『전장과 사람들』(공저) 『전쟁 속의 또 다른 전쟁』(공저), 주요 논문 으로 「한국전쟁기 대통령 긴급명령과 예외상태의 법제화」 등이 있다.

이하나 서울대학교 규장각 한국학연구원 선임연구원. 연세대학교 사학과에서 박사학위를 받았다. 주 요 저서로 『국가와 영화』 『'대한민국', 재건의 시대』, 공저로 『반공의 시대』 『감성사회』 『감정의 인문학』, *Korean Screen Cultures*, 주요 논문으로 「1970년대 감성 규율과 문화위계 담론」 「유 신체제 성립기 '반공' 논리의 변화와 냉전의 감각」 등이 있다.

강성현 성공회대학교 동아시아연구소 HK연구교수. 서울대학교 사회학과에서 박사학위를 받았다. 주요 저서로『한국전쟁 사진의 역사사회학』(공저)『식민지 유산, 국가 형성, 한국 민주주의』(공저)『전쟁 속의 또 다른 전쟁』(공저), 주요 논문으로「한국 사상통제기제의 역사적 형성과 '보도연맹 사건', 1925~50」「'아카'와 '빨갱이'의 탄생」 등이 있다.

오제연 성균관대학교 사학과 조교수. 서울대학교 국사학과에서 박사학위를 받았다. 주요 저서로『보수주의자의 삶과 죽음』(공저), 주요 논문으로「전인적 지도자 양성에서 고급 기술인력 양성으로」「4월혁명의 기억에서 사라진 사람들」 등이 있다.

김진호 제3시대그리스도연구소 연구실장. 한신대학교 신학대학원 졸업 후 한백교회 담임목사로 재직했다. 주요 저서로『시민 K, 교회를 나가다』『리부팅 바울』『예수의 독설』『반신학의 미소』『지금, 여기의 극우주의』(공저)『우리 안의 파시즘』(공저)『사회적 영성』(공저) 등이 있다.

한성훈 연세대학교 역사와공간연구소 연구교수. 연세대학교 사회학과에서 박사학위를 받았고, 튀빙겐대학교에서 박사후 연수를 마쳤다. 주요 저서로『전쟁과 인민』『가면권력』, 주요 논문으로「전쟁사회와 북한의 냉전 인식」「중국 조선족의 독일 이주 연구」 등이 있다.

김성보 연세대학교 사학과 교수.

이유재 튀빙겐대학교 한국학과 교수 및 학과장. 에어푸르트대학 역사학과에서 박사학위를 받았다. 주요 저서로 *Koloniale Zivilgemeinschaft. Alltag und Lebensweise der Christen in Korea 1894-1895*,『한국전쟁에 대한 11가지 시선』(공저)『일상사로 보는 한국근현대사』(공저) 등이 있다.

강진아 한양대학교 사학과 교수. 도쿄대학교에서 박사학위를 받았다. 주요 저서로『동순태호』『문명제국에서 국민국가로』『1930년대 중국의 중앙·지방·상인』, 주요 역서로『다시 보는 동아시아 근대사』『베이징의 애덤 스미스』『미완의 기획, 조선의 독립』 등이 있다.

한국현대 생활문화사 1950년대

초판 1쇄 발행/2016년 8월 30일
초판 2쇄 발행/2021년 8월 9일

지은이/홍석률 김학재 이하나 강성현 오제연 김진호 한성훈 김성보 이유재 강진아
기획/김성보 김종엽 이혜령 허은 홍석률
펴낸이/강일우
책임편집/윤동희 최란경 신채용
조판/박아경
펴낸곳/(주)창비
등록/1986년 8월 5일 제85호
주소/10881 경기도 파주시 회동길 184
전화/031-955-3333
팩시밀리/영업 031-955-3399 편집 031-955-3400
홈페이지/www.changbi.com
전자우편/nonfic@changbi.com

ⓒ 김성보 김종엽 이혜령 허은 홍석률 김학재 이하나 강성현 오제연 김진호 한성훈 이유재 강진아 2016
ISBN 978-89-364-7305-1 04910
     978-89-364-7962-6 (세트)